NEOLIBERALISMO
como gestão do sofrimento psíquico

Vladimir Safatle | Nelson da Silva Junior | Christian Dunker
(Orgs.)

NEOLIBERALISMO
como gestão do sofrimento psíquico

5ª reimpressão

autêntica

Copyright © 2021 Os organizadores

Todos os direitos reservados pela Autêntica Editora Ltda. Nenhuma parte desta publicação poderá ser reproduzida, seja por meios mecânicos, eletrônicos, seja via cópia xerográfica, sem a autorização prévia da Editora.

EDITORAS RESPONSÁVEIS
Rejane Dias
Cecília Martins

REVISÃO
Aline Sobreira

CAPA
Alberto Bittencourt (sobre imagem de Werner Amann)

DIAGRAMAÇÃO
Larissa Carvalho Mazzoni

Dados Internacionais de Catalogação na Publicação (CIP)
(Câmara Brasileira do Livro, SP, Brasil)

Neoliberalismo como gestão do sofrimento psíquico / Vladimir Safatle, Nelson da Silva Junior, Christian Dunker (Orgs.). -- 1.ed.; 5. reimp. -- Belo Horizonte : Autêntica, 2023.

Vários autores.
Bibliografia.
ISBN 978-65-88239-81-0

1. Filosofia 2. Neoliberalismo 3. Psicologia 4. Psiquiatria 5. Sofrimento psíquico 6. Teoria social I. Safatle, Vladimir. II. Silva Junior, Nelson da. III. Dunker, Christian.

20-46966   CDD-330.122

Índices para catálogo sistemático:
1. Neoliberalismo : Economia   330.122

Cibele Maria Dias - Bibliotecária - CRB-8/9427

Belo Horizonte
Rua Carlos Turner, 420
Silveira . 31140-520
Belo Horizonte . MG
Tel.: (55 31) 3465 4500

São Paulo
Av. Paulista, 2.073, Conjunto Nacional
Horsa I . Sala 309 . Bela Vista
01311-940 . São Paulo . SP
Tel.: (55 11) 3034 4468

www.grupoautentica.com.br
SAC: atendimentoleitor@grupoautentica.com.br

A Ruy Fausto, que acompanhou a formação do Latesfip e de quem recebemos nossas primeiras críticas e incentivos.

09 Introdução

A economia moral neoliberal e seus descontentes

17   A economia é a continuação da psicologia
     por outros meios: sofrimento psíquico e
     o neoliberalismo como economia moral

     Vladimir Safatle

47   O sujeito e a ordem do mercado:
     gênese teórica do neoliberalismo

     *Fábio Franco, Julio Cesar Lemes de Castro, Ronaldo Manzi,
     Vladimir Safatle, Yasmin Afshar*

77   Matrizes psicológicas da episteme neoliberal:
     a análise do conceito de liberdade

     *Daniel Pereira da Silva, Heitor Pestana, Leilane Andreoni,
     Marcelo Ferretti, Marcia Fogaça, Mario Senhorini, Nelson da Silva Junior,
     Paulo Beer, Pedro Ambra*

A produção neoliberal do sofrimento

125 A psiquiatria sob o neoliberalismo:
     da clínica dos transtornos ao aprimoramento de si

     *Antonio Neves, Augusto Ismerim, Bruna Brito, Fabrício Donizete da Costa,
     Luckas Reis Pedroso dos Santos, Mario Senhorini, Nelson da Silva Junior,
     Paulo Beer, Renata Bazzo, Rodrigo Gonsalves, Sonia Pitta Coelho, Viviane
     Cristina Rodrigues Carnizelo*

177 A hipótese depressiva
Christian Dunker

Neoliberalismo à brasileira

215 Para uma arqueologia da psicologia neoliberal brasileira
Christian Dunker, Clarice Paulon, Daniele Sanches, Hugo Lana, Rafael Alves Lima, Renata Bazzo

255 O Brasil da barbárie à desumanização neoliberal: do "Pacto edípico e pacto social", de Hélio Pellegrino, ao "E daí?", de Jair Bolsonaro
Nelson da Silva Junior

283 Sobre os autores

286 Agradecimentos

Introdução

Este livro é resultado de três anos de pesquisas do Laboratório de Pesquisas em Teoria Social, Filosofia e Psicanálise (Latesfip). Trata-se de um laboratório interdepartamental da Universidade de São Paulo que congrega pesquisadoras e pesquisadores do Instituto de Psicologia e do Departamento de Filosofia. Seu objetivo principal é analisar as clínicas do sofrimento psíquico a partir de abordagens capazes de mobilizar de modo articulado a crítica social, a crítica do sujeito e as críticas das formas históricas de racionalidade. O trinômio "teoria social, filosofia, psicanálise" organiza, a nosso ver, o eixo fundamental da abordagem crítica da contemporaneidade, por expor as dinâmicas de poder em seu ponto de contato entre racionalização social, instauração da vida psíquica e padrões gerais de racionalidade.

A escolha em abordar o neoliberalismo não apenas como modelo socioeconômico, mas também como gestor do sofrimento psíquico se impôs a nós como resultado da natureza disciplinar de seu discurso, no qual categorias morais e psicológicas são constantemente utilizadas como pressupostos silenciosos da ação econômica. Ações econômicas são justificadas nem sempre devido à sua eficácia propriamente econômica na produção e circulação de riquezas, mas devido à sua pretensa justeza moral na realização social da liberdade – conceito esse de liberdade, como veremos, assentado na generalização irrestrita da forma-propriedade e que encontra suas raízes na noção liberal da liberdade como propriedade de si. Nesse sentido, o neoliberalismo, com suas doses maciças de intervenção estatal no campo político e social, aparece como uma engenharia social para uma noção de liberdade pouco discutida.

Procuramos mostrar como essa redução da liberdade ao exercício livre da propriedade não é apenas peça decisiva na despolitização da sociedade e na criminalização de seus conflitos. Ela é uma forma de gestão psíquica, de produção de figuras da subjetividade com seus padrões de ação e, principalmente, de sofrimento. Não é um mero acaso que a ascensão do neoliberalismo nos anos 1970 tenha sido acompanhada pela reformulação brutal da gramática do sofrimento psíquico através da hegemonia do *Manual Diagnóstico e Estatístico de Transtornos Mentais*, em sua terceira edição (DSM-III). Há relações profundas entre os experimentos de engenharia social do neoliberalismo e a reconstrução das estruturas categoriais clínicas, reconstrução que se expressa, principalmente, com o apagamento das neuroses, com a hegemonia da depressão, com a redução da psicose à forma unitária da esquizofrenia, com a consolidação dos transtornos *borderline* e, finalmente, com a substituição da clínica tradicional, restrita ao tratamento de doenças, pela lógica do *enhancement*, que começa a explorar cada vez mais os fármacos, inicialmente concebidos para o sofrimento psíquico, em um novo objetivo, aquele da potencialização de performances no trabalho. O que esse conjunto de transformações torna manifesto é que categorias clínicas dependem de sistemas de valores sociais exteriores à clínica. Tais processos, que expressam a colonização da clínica pelos modos de racionalização econômicos, foram analisados de forma detalhada neste livro.

Nesse sentido, a noção de "gestor" do sofrimento psíquico ganha importância em dois sentidos, a saber, como aquele que gera e aquele que gerencia. Pois o sofrimento psíquico é não apenas produzido, mas também gerido pelo neoliberalismo. Por isso, cabe compreender o neoliberalismo como uma forma de vida nos campos do trabalho, da linguagem e do desejo. Como tal ele compreende uma gramática de reconhecimento e uma política para o sofrimento. Enquanto liberais clássicos, descendentes de Jeremy Bentham e Stuart Mill, consideravam que o sofrimento, seja do trabalhador, seja do cidadão, era um problema que atrapalhava a produção e criava obstáculos para o desenvolvimento e para o cálculo da felicidade, como máximo de prazer com mínimo de desprazer, a forma de vida neoliberal descobriu que se pode extrair mais produção e mais gozo do próprio sofrimento. Encontrar o melhor aproveitamento do sofrimento no trabalho, extraindo o máximo de cansaço com o mínimo de risco jurídico, o máximo de engajamento no projeto com o mínimo de fidelização recíproca da empresa, torna-se regra espontânea de uma vida na qual cada relação deve apresentar um balanço e uma métrica.

É por tais razões que este livro aborda o neoliberalismo não apenas como uma teoria sobre o funcionamento da economia, desenvolvida entre 1930 e 1970, por Von Mises, Hayek, Friedman e Becker, mas também como uma forma de vida definida por uma política para a nomeação do mal-estar e por uma estratégia específica de intervenção com relação ao estatuto social do sofrimento. Essa forma de vida articula moral e psicologia, economia e direito, política e educação, religião e teologia política, propondo um tipo de individualização baseado no modelo da empresa. Uma vida que deve ser apreendida, dirigida e avaliada como se o faz com uma empresa. Mas essa análise de risco, esse cálculo de decisões e essa administração de si presume uma psicologia implícita. A arqueologia dessa psicologia nos levará ao problema da instauração da vida psíquica no interior do liberalismo, envolvendo premissas sobre a determinação do sofrimento psíquico e seu consequente tratamento.

Podemos falar em "instauração" porque a força do neoliberalismo é performativa. Ela não atua meramente como coerção comportamental, ao modo de uma disciplina que regula ideais, identificações e visões de mundo. Ela molda nossos desejos, e, nesse sentido, a performatividade neoliberal tem igualmente efeitos ontológicos na determinação e produção do sofrimento. Ela recodifica identidades, valores e modos de vida por meio dos quais os sujeitos realmente modificam a si próprios, e não apenas o que eles representam de si próprios. Se admitimos que uma forma de vida tende a manter sua unidade extraindo produtividade de suas contradições, determinadas e indeterminadas, de acordo com estratégias provenientes do trabalho e do mercado, do desejo e da linguagem, poderemos localizar os efeitos estruturais da dimensão performativa da gestão neoliberal do sofrimento.

Tomamos o conceito de sofrimento como uma noção-chave para nossos propósitos, porque ele localiza-se de modo intermediário entre, por um lado, os sintomas e sua regularidade clínica e, por outro lado, o mal-estar e suas conflitivas existenciais. Nem todo sintoma nos faz sofrer, e nem toda forma de sofrimento é um sintoma. Determinar qual sofrimento é legítimo e qual não é, portanto, é uma questão não apenas clínica, mas também política. Por isso esta pesquisa tenta isolar qual seria a política específica que o neoliberalismo desenvolve com relação ao sofrimento.

Essa perspectiva foi aberta por nossa pesquisa anterior, em que nosso interesse na mutação de formas de sofrimento foi sinalizado pelo estudo precedente sobre *Patologias do social: uma arqueologia do sofrimento psíquico*, no qual mapeamos a relação intrínseca entre o destino das principais modalidades diagnósticas na modernidade em sua relação com gramáticas de reconhecimento e impasses de individualização. Naquela pesquisa coletiva, percebemos diferentes metamorfoses dos sistemas de diagnóstico, desde a psicopatologia clássica do século XIX, passando pela psicanálise e chegando aos grandes sistemas classificatórios, como o *Manual Diagnóstico e Estatístico de Transtornos Mentais* (DSM), editado pela Associação Americana de Psiquiatria, e a Classificação Internacional de Doenças (CID), coligido pela Organização Mundial de Saúde. Cada forma de psicopatologia se mostrava compatível com uma política de sofrimento que, por exemplo, confirmava e replicava políticas específicas em termos de modos de subjetivação. Diante disso, é possível dizer que cada época prescreve a maneira como devemos exprimir ou esconder, narrar ou silenciar, reconhecer ou criticar modalidades específicas de sofrimento. Isso explica a emergência e o declínio sazonal de determinados quadros clínicos em detrimento de outros. Isso se tornou assombrosamente explícito quando, no contexto do neoliberalismo, encontramos manuais e estratégias para literalmente confeccionar novas doenças, para as quais se dispõe de novas medicações.

Em resumo: menos do que expressões culturais modificadas de uma mesma essência biológica causal, buscamos demonstrar como a ascensão e o declínio de formas de nomeação do sofrimento psíquico possuem e refletem um valor etiológico na determinação deste. Tal perspectiva implica tomar tais formas de nomeação como equivalentes de certos fenômenos que só se podem obter em situação experimental, em laboratório, na dependência de recursos indutores e que jamais ocorreriam livremente na natureza. Em outras palavras, a forma como uma cultura escolhe nomear e narrativizar o sofrimento psíquico, a maneira como ele é incluído ou excluído por determinados discursos, o modo como ele reconhece sujeitos para certas demandas e estados informulados de mal-estar possuem valor etiológico, tanto quanto as determinações orgânicas. A maneira como interpretamos o sofrimento, atribuindo-lhe causalidade interna ou externa, imputando-lhe razões naturais ou artificiais, agregando-lhe motivos dotados ou desprovidos de sentido, muda literalmente a experiência mesma de sofrimento. Isso é crucial na determinação dos sintomas e condiciona eventualmente sua reversibilidade clínica. O corpo sempre foi essencialmente plástico frente à cultura, e hoje é claro que mesmo os processos neurodesenvolvimentais, os moduladores químicos e os neurotransmissores não continuam a agir da mesma maneira em diferentes situações sociais, alterando e modulando seus processos de acordo com diferentes discursos.

As transformações clínicas não descrevem assim apenas alterações expressivas nos modos culturais de sofrer, chamados de patoplastias na história da psicopatologia. Mudanças nas operações de linguagem, tais como narrativização, nomeação, metaforização ou alegorização, possuem força de determinação da vida psíquica em sua integralidade. Controlar a gramática do sofrimento é um dos eixos fundamentais do poder.

A ECONOMIA MORAL NEOLIBERAL
E SEUS DESCONTENTES

A economia é a continuação da psicologia por outros meios: sofrimento psíquico e o neoliberalismo como economia moral

Vladimir Safatle[1]

> *Um paraíso habitado por assassinos sem maldade e vítimas sem ódio.*
> Günther Anders
>
> *No era depresión, era capitalismo.*
> Pixação no Chile,
> feita à ocasião da revolta de 2019

O ano foi 2015, em plena efervescência da crise econômica grega. A tensão era contínua entre os negociadores do governo grego, à procura de evidenciar a irracionalidade das políticas econômicas implementadas na Grécia após a crise de 2008, e os representantes da chamada *troika*, composta pelos principais detentores da dívida grega. Diante do desejo dos gregos em trilhar um caminho heterodoxo, a então presidente do Fundo Monetário Internacional (FMI), Christine Lagarde, não teve dúvida: foi à imprensa exigir o fim do "comportamento infantil" dos seus contendores e dizer que esperava retomar o diálogo "com adultos na sala". No dia seguinte, a então vice-presidente da Comissão Europeia, Viviane Reding, cantava a mesma música, ao dizer que chegara a hora de termos diante de nós adultos, e não "crianças mal educadas". Ou seja, discordar não era entrar em um embate sobre visões macroeconômicas distintas, mas agir como crianças que desconheceriam a "responsabilidade" da emancipação, com suas "obrigações". O embate era simplesmente entre maturidade e minoridade psicológica.[2] Por isso, o embate não era debate algum, a voz dos gregos era apenas a expressão patológica da irracionalidade.

---

[1] Agradeço a Fabian Freyenhagen e Timo Jutten pelo trabalho conjunto em um estágio de pesquisa na Universidade de Essex (julho de 2019), que me permitiu a escrita deste texto.

[2] Ver, a esse respeito, Varoufakis (1997).

Talvez não tenham sido muitos os que estranharam o uso de um vocabulário entre o psicológico e o moral em meio àquela discussão eminentemente política e econômica. Afinal, o mundo já estava paulatinamente se acostumando a isso. Durante anos, as políticas de combate à crise econômica foram vendidas como políticas de "austeridade". No entanto, até segunda ordem, ninguém até então tivera notícia de alguma "teoria econômica da austeridade" elaborada, até porque "austeridade" não era exatamente um termo técnico da teoria econômica,[3] mas um termo vindo diretamente da filosofia moral. O uso cada vez mais extenso do termo aparece apenas com a hegemonia neoliberal, mesmo que as políticas de controle de gastos do Estado encontrassem suas bases em John Locke, Adam Smith e David Hume.

Mas a nomeação de tais políticas como "austeridade" era um fato a ser sublinhado. Pois ela explicitava como valores morais eram mobilizados para justificar a racionalidade de processos de intervenção social e econômica. Note-se que ser contra a austeridade é, inicialmente, uma falta moral, um desrespeito ao trabalho de terceiros, além de uma incapacidade infantil de retenção e poupança. Criticar a austeridade é assim colocar-se fora da possibilidade de ser reconhecido como sujeito moral autônomo e responsável. Da mesma forma, era moral a defesa de que os indivíduos deveriam parar de procurar "proteção" nos braços paternos do Estado-providência a fim de assumir a "responsabilidade" por suas próprias vidas, aprendendo assim a lidar com o mundo adulto de uma "sociedade de risco" (embora nunca tenha realmente ficado claro se os riscos afinal eram para todos).

Mas há algumas perguntas que acabamos por não fazer até agora. Pois o que termos vindos da filosofia moral estavam fazendo em meio a debates econômicos? Como eles chegaram lá? Seriam meras metáforas, usos mais ou menos livres visando "dramatizar" o problema? Mas se aceitarmos que nenhuma metáfora é "mera", que seus usos indicam

---

[3] "Não há uma bem elaborada 'teoria da austeridade' no pensamento econômico que parta de algumas proposições fundamentais que se tornam mais sistematizadas e rigorosas com o passar do tempo, como vemos, por exemplo, com a teoria do comércio. Temos, na verdade, o que David Colander chamar de 'sensibilidade' referente ao Estado, inerente ao liberalismo desde sua concepção, que produz 'austeridade' como resposta padrão para a questão: o que fazemos quando o mercado falha?" (BLYTH, 2013, p. 152).

decisões conscientes de colocar em relação profunda sistemas distintos de referência, como deveríamos compreender tal fenômeno?

Pois era fato que estávamos a assistir a uma tendência, cada vez mais extensa, em se servir de termos psicológicos e morais para falar sobre processos econômicos. Como se certa psicologia moral estivesse a colonizar as múltiplas esferas da vida social através do discurso econômico. Certamente, o fenômeno não era exatamente novo. Quando Stuart Mill afirmou, no final do século XIX, que a economia política era "'a ciência que trata da produção e distribuição da riqueza na medida em que elas dependam das leis da natureza humana' ou ainda 'a ciência relacionada às leis morais ou psicológicas da produção e distribuição da riqueza" (MILL, 1973, p. 303), a referência às leis morais ou psicológicas era vaga o suficiente para se referir simplesmente à racionalidade de um pretenso "desejo de riqueza" inscrito no coração das paixões humanas. A economia política analisaria assim as dinâmicas coordenadas socialmente a fim de realizar o desejo humano de enriquecimento, ou antes a obtenção da: "maior soma de coisas necessárias, de conveniências e de luxos com a menor quantidade de trabalho e abnegação física exigidas para poder obtê-los no estado existente de conhecimento" (MILL, 1973, p. 304).

No entanto, Stuart Mill ainda tinha o cuidado de afirmar que tal princípio de racionalidade era uma "premissa" que poderia não ter nenhum fundamento nos fatos, embora pudesse ter efeitos na dimensão concreta, com "concessões apropriadas". Isso significava, entre outras coisas, que a redução da estrutura da motivação humana ao desejo de riqueza era uma abstração útil, e não uma explicação geral sobre o comportamento humano, com sua multiplicidade de variáveis singulares e efeitos imprevistos.

Mas o que vemos atualmente é algo de outra ordem, a saber, a justificação de ações econômicas e a paralisia da crítica através da mobilização massiva de discursos psicológicos e morais. O que pode nos levar a questões sobre a efetiva natureza epistemológica do discurso econômico, isso em um momento no qual ele arroga para si autonomia operacional completa em relação à esfera do político, como antes ocorrera quando enfim a economia ganhou autonomia em relação ao sagrado.[4] Pois podemos nos perguntar sobre o quanto essa autonomia

---

[4] Ver Dupuy (2014).

do discurso econômico em relação à política é ela mesma a mais clara expressão de uma decisão política violenta.

Nesse sentido, devemos meditar a respeito do significado dessa relação inesperada entre autonomia da economia em relação ao político e sua transmutação em psicologia moral. Como se um processo só fosse possível através do outro. A autonomia da economia, sua posição de discurso de poder ilimitado na definição das orientações de gestão social, caminha juntamente com a legitimação cada vez mais clara de suas injunções como uma psicologia moral, ou seja, como um discurso no qual se articulam injunções morais e pressuposições a respeito de desenvolvimento e maturação. O que nos leva a afirmar que o império da economia é solidário da transformação do campo social em um campo indexado por algo que poderíamos chamar de "economia moral", com consequências maiores não exatamente para os modos de produção e circulação de riqueza, mas para a eliminação violenta da esfera do político enquanto espaço efetivo de deliberação e decisão, com a redução da crítica à condição de patologia. Uma eliminação que, como gostaria de mostrar, tem consequências maiores para os modos de sujeição psíquica e sofrimento social.

A tese a ser defendida aqui é que o uso reiterado de tal estratégia cresce com a hegemonia do neoliberalismo. Fato que os textos da Sociedade Mont Pèlerin não nos deixa esquecer. Lembremos, por exemplo, como se iniciava o texto que apresentava os objetivos dessa sociedade, primeiro grupo formado nos anos 1940 para a difusão dos ideais neoliberais: "Os valores centrais da civilização estão em perigo... O grupo defende que tal desenvolvimento tem sido impulsionado pelo crescimento de uma visão da história que nega todo padrão moral absoluto e por teorias que questionam a desejabilidade do império da lei" (*apud* MIROWSKI; PLEHWE, 2009, p. 25).

De onde se seguia a exortação para explicar a pretensa crise atual a partir de suas "origens morais e econômicas". Essa dupla articulação é extremamente significativa. A recusa ao primado da propriedade privada e da competividade não seria apenas um equívoco econômico, mas principalmente uma falta moral. Sua defesa deverá ser não apenas assentada em sua pretensa eficácia econômica diante dos imperativos de produção de riqueza. Ela devia se dar através da exortação moral dos valores imbuídos na livre iniciativa, na "independência" em relação ao Estado e na pretensa autodeterminação individual.

> Assim, o que faz a economia possível e necessária é uma perpétua e fundamental situação de escassez: diante de uma natureza que, por si mesma, é inerte e, salvo para uma parte minúscula, estéril, o homem arrisca sua vida. Não é mais nos jogos da representação que a economia encontra seu princípio, mas é do lado desta região perigosa na qual a vida se afronta à morte […] O *homo œconomicus* não é este que representa suas próprias necessidades e os objetos capaz de satisfazê-las. Ele é este que passa, e usa, e perde sua vida tentando escapar da iminência da morte (Foucault, 1966, p. 269).

Essa situação fundamental de escassez não é, no entanto, um "dado evidente", uma realidade natural inelutável. Ela é uma derivação relativa, pois depende de onde se encontrará a linha do horizonte que define a abundância.[5] Daí por que Foucault precisa articulá-la à fantasmagoria moral da finitude e da iminência da morte. Pois a transformação da escassez em dado evidente só pode ser produzida através da absorção, pelo discurso econômico, da força disciplinar da crença na vulnerabilidade da vida, em sua fragilidade constitutiva. Crença que é peça fundamental para certa moral e uma circulação de afetos fundados no medo e capazes de motivar a ação em direção ao trabalho compulsivo e à poupança.

Vale a pena ainda salientar como essa psicologização muito específica do campo econômico tendo em vista a eliminação da possibilidade de contestação política a respeito de sua "racionalidade" não deixa de ter, por sua vez, uma espécie de efeito reverso. Efeito esse visível no próprio redimensionamento contemporâneo do campo político. Pois é um dos fatos contemporâneos mais relevantes a redescrição completa da lógica motivacional da ação política em uma gramática das emoções. É cada vez mais evidente como lutas políticas tendem a não ser mais descritas a partir

---

[5] Sobre essa questão, lembremos o que já dizia Marx a respeito da distinção entre pobreza relativa e pobreza absoluta: "O samoiedo, com seu óleo de fígado de bacalhau e peixes rançosos, não é pobre porque na sua sociedade fechada todos têm as mesmas necessidades. Mas num Estado que avança, que no decorrer de mais ou menos uma década aumenta a sua produção total relativamente à sociedade em um terço, o trabalhador que antes ou depois destes dez anos ganha a mesma quantia, não ficou tão abastado quanto antes, mas tornou-se um terço mais carente" (MARX, 2007, p. 31). Isso explica, para Marx, por que quanto mais o trabalhador produz, menos tem para consumir. A pobreza relativa implica diminuição gradativa do que consigo consumir em relação às exigências renovadas do meu sistema de interesse.

de termos eminentemente políticos, como justiça, equidade, exploração, espoliação, mas através de termos emocionais, como ódio, frustração, medo, ressentimento, raiva, inveja, esperança.[6] E em um movimento que parece complementar tal lógica, chegamos rapidamente ao momento em que novas levas de políticos parecem especializados em mobilizar setores da população como se estivessem diante de sujeitos eminentemente psicológicos. Assim, suas falas são feitas para serem lidas não como confrontações políticas a respeito da vida em sociedade, mas como "ofensas", como "desrespeito"; suas promessas são permeadas por exortações ao "cuidado", ao "amparo".

Como sabemos, falas constituem seus ouvintes. Um discurso construído como "ofensivo" visa produzir um sujeito que reagirá como "ofendido". A fala ofensiva é astuta. Ela procura, inicialmente, quebrar uma espécie de solidariedade genérica diante de uma injustiça feita não apenas contra um, mas contra todos ou, antes, contra todos através de um. A fala ofensiva visa quebrar a emergência da reação de "todos", pois ela singulariza, ela ofende um, ela escarnece um. Não falamos: "Você ofendeu a sociedade brasileira em mim". Antes, dizemos: "Você me ofendeu". O problema parece algo entre "você" e "ela/e". O problema não parece mais político, mas de respeito à integridade psicológica.

É fato que na esfera política conhecemos múltiplas estratégias de psicologização de seu campo desde os tempos mais remotos. Uma das mais antigas é a redução das relações políticas à expressão de relações familiares. Sobreposições da autoridade às figuras paternas e maternas, sobreposições das relações entre iguais às figuras fraternas, que visam fazer das demandas sociais demandas decalcadas nas expectativas de amor e reconhecimento próprias ao núcleo familiar. Essa sobreposição entre corpo social e estrutura familiar tem função clara. Tudo se passa como se a família fosse o modelo de "relações harmoniosas" que teria a força de eliminar o caráter muitas vezes aparentemente intransponível dos conflitos sociais. O familiarismo em política pressupõe a fantasia social da família como núcleo de relações hierárquicas naturalizadas, não problemáticas, da autoridade baseada no amor e na devoção. Núcleo no qual os lugares sociais de autoridade e submissão são lugares naturais. Algo muito distante da explicitação freudiana da família como núcleo produtor de neuroses.

---

[6] Ver, por exemplo, Fassin; Rechtman (2011); Illouz (2011).

Lembremos que a economia ainda guarda seu traço familiarista. Ela guarda sua lógica originária da *oikos* que aparece periodicamente, principalmente quando se acredita que *o governo deva fazer o mesmo que uma dona de casa quando falta dinheiro*.[7] Essa sobreposição das relações econômicas sociais complexas à lógica elementar da "casa" não visa apenas à produção ideológica de ilusões de naturalidade dos modos de circulação e produção de riquezas. Ela visa à sobreposição fantasmática entre corpo social e o corpo do pai, da mãe e dos irmãos. Sobreposição essa que deve produzir a docilidade em relação à autoridade, a perpetuação de um sentimento de dependência e, principalmente, a naturalização da sujeição de gênero.[8] No limite, ela deve produzir uma "identificação com o agressor".[9]

O Estado total neoliberal

Mas se é fato que a hegemonia neoliberal exige a explicitação da economia como uma psicologia moral, há de se compreender melhor as razões de tal processo e suas consequências. Nesse sentido, voltemos um instante os olhos para o ano 1938. No ano anterior à eclosão da Segunda Grande Guerra, vários economistas, sociólogos, jornalistas e mesmo filósofos se reuniram a fim de discutir o que aparecia à época como o ocaso do liberalismo. A reunião passou à história como Colóquio Walter Lippmann, nome de um influente jornalista norte-americano que havia escrito um dos mais discutidos livros de então, *A boa sociedade*, e um dos responsáveis pela organização do evento.[10] Em seu livro, Lippmann insistia em que o mundo via a derrocada do liberalismo devido à ascensão do comunismo, de um lado, e dos fascismos, de outro. Mesmo o capitalismo estaria sob a

---

[7] Margaret Thatcher, em discurso de 29 de fevereiro de 1949. Disponível em: <https://youtu.be/WPrIGhyPSsE>. Acesso em: 11 nov. 2020.

[8] Em um estudo maior, Melinda Cooper explora o paradoxo de que um discurso da autonomia individual, como o neoliberalismo, seja tão solidário da ressureição da família como célula social inquestionável. Pois a família não aparece exatamente como o contraponto à sanha intervencionista do Estado. Ela é a perpetuação de relação de dependência, de sujeição fantasmática e de naturalização da ordem. Ver Cooper (2017).

[9] Sobre o papel decisivo desse conceito na formação da personalidade neoliberal, ver Gandesha (2018).

[10] Para uma discussão sobre o colóquio, ver Audier; Reinhoudt (2018).

hegemonia do intervencionismo keynesiano. Havia então de se perguntar por que isso estava a ocorrer e o que fazer para reverter a situação.

Um diagnóstico que se impôs no colóquio fora o equívoco da crença, própria ao liberalismo manchesteriano do século XIX, de que livre-iniciativa, empreendedorismo e competitividade seriam características que brotariam quase que espontaneamente nos indivíduos, caso fôssemos capazes de limitar radicalmente a intervenção econômica e social do Estado. Antes, a liberdade liberal teria de ser produzida e defendida. Como dirá décadas depois Margareth Thatcher: "Economia é o método. O objetivo é mudar o coração e a alma".[11] E essa mudança dos corações e mentes teria de ser feita através de doses maciças de intervenção e de reeducação.[12] Isso até o momento em que os indivíduos começassem a ver a si mesmos como "empreendedores de si", isso até o momento em que eles internalizassem a racionalidade econômica como a única forma de racionalidade possível.

Assim, a ideia de que o advento do neoliberalismo seria solidário de uma sociedade com menos intervenção do Estado, ideia tão presente nos dias de hoje, é simplesmente falsa. Em relação ao liberalismo clássico, o neoliberalismo representava muito mais intervenção do Estado. A verdadeira questão era: onde o Estado efetivamente intervia? De fato, não se tratava mais da intervenção na esfera da coordenação da atividade econômica. Para os neoliberais, mesmo a regulação de moldes keynesianos era tão insuportável quanto qualquer forma de Estado socialista, embora valha a pena lembrar que o nível de regulação econômica aceito pelo ordoliberalismo alemão e sua "economia social de mercado" é maior do que aquele pregado, por exemplo, pela Escola Austríaca, que dará o tom do neoliberalismo norte-americano. Na verdade, o que o neoliberalismo pregava eram intervenções diretas na configuração dos

---

[11] Disponível em: <https://bit.ly/3ohckLZ>. Acesso em: 11 nov. 2020.

[12] Como dirá Rüstow: "a coincidência do interesse egoísta individual com o interesse geral que o liberalismo descobre e proclama com entusiasmo como o mistério da economia de mercado aplica-se apenas no interior de uma livre competição de serviços e, como resultado, apenas na medida em que o Estado, encarregado de policiar o mercado, observa que os atores econômicos respeitem cuidadosamente esses limites. Mas o Estado da era liberal era desprovido do conhecimento e da força necessária para desempenhar tal tarefa" (AUDIER; REINHOUDT, 2018, p. 160).

conflitos sociais e na estrutura psíquica dos indivíduos. Mais do que um modelo econômico, o neoliberalismo era uma engenharia social.

Ou seja, o neoliberalismo é um modo de intervenção social profunda nas dimensões produtoras de conflito. Pois, para que a liberdade como empreendedorismo e livre-iniciativa pudesse reinar, o Estado deveria intervir para despolitizar a sociedade, única maneira de impedir que a política interviesse na autonomia necessária de ação da economia. Ele deveria bloquear principalmente um tipo específico de conflito, a saber, aquele que coloca em questão a gramática de regulação da vida social.[13] Isso significava, concretamente, retirar toda a pressão de instâncias, associações, instituições e sindicatos que visassem questionar tal noção de liberdade a partir da consciência da natureza fundadora da luta de classe.

Mas o aprofundamento desse processo exigia uma destituição completa da gramática do conflito e da contradição objetiva. Ou seja, tratava-se de passar do social ao psíquico e levar sujeitos a não se verem mais como portadores e mobilizadores de conflitos estruturais, mas como operadores de performance, otimizadores de marcadores não problematizados.[14] Para tanto, seria necessário que a própria noção de conflito desaparecesse do horizonte de constituição da estrutura psíquica, que uma subjetividade própria a um esportista preocupado com performances se generalizasse, e para isso a mobilização de processos de internalização disciplinar de pressupostos morais era fundamental. Por isso, as modalidades neoliberais de intervenção deveriam se dar em dois níveis, a saber, no nível social e no nível psíquico. Essa articulação se explica pelo fato de os conflitos

---

[13] A esse respeito, lembremos uma colocação precisa de Theodor Adorno, que compreendera rapidamente a natureza meramente gestionária de certas teorias do conflito social: "As atuais teorias do conflito social, que não podem mais negar sua realidade, atingem apenas o que nele é articulado e coisificado em papéis e instituições, aquém da perene violência que se oculta por trás da reprodução da sociedade. Implicitamente, já é considerado o controle social dos conflitos, os quais deveriam ser 'regulados', 'interferidos', 'dirigidos' e 'canalizados'" (ADORNO, 1972, p. 81). Isso pressupõe a aceitação forçada de uma gramática comum: "Os participantes deveriam ter reconhecido o sentido e a inevitabilidade dos conflitos e previamente concordado com as regras de conciliação do jogo – uma condição que elimina operacionalmente o caso crítico de os conflitos quebrarem as regras vigentes do jogo" (ADORNO, 1972, p. 81). Mas não estamos a falar de regras de um jogo aceito "consensualmente". Estamos a falar da sedimentação de relações de poder e força.

[14] Em um movimento claramente descrito em Ehrenberg (2000).

psíquicos poderem ser compreendidos como expressões de contradições no interior dos processos de socialização e individuação. Eles são as marcas das contradições imanentes à vida social.[15]

Assim, em um primeiro nível, o Estado neoliberal agia de forma direta para desregular a vida associativa e sua força de pressão na partilha dos bens e das riquezas. Esse ponto foi explicitado de maneira precisa nas pesquisas de Grégoire Chamayou a respeito dos vínculos entre neoliberalismo e fascismo.[16] Por exemplo, pode parecer estranho para alguns que um dos pais do neoliberalismo, o economista Frederick Hayek, seja defensor explícito da tese da necessidade da ditadura provisória como condição para a realização da liberdade neoliberal. Lembremos um significativo trecho de uma entrevista dada ao jornal chileno *El Mercurio*, em 1981:

> Eu diria que, enquanto instituição de longo termo, sou totalmente contra ditaduras. Mas uma ditadura pode ser um sistema necessário durante um período de transição. Às vezes, é necessário para um país ter, durante certo tempo, uma forma de poder ditatorial. Como vocês sabem, é possível para um ditador governar de maneira liberal. E é possível que uma democracia governe com uma falta total de liberalismo. Pessoalmente, prefiro um ditador liberal a um governo democrático sem liberalismo.

"Às vezes" aparece aqui como indicação de uma possibilidade de uso sempre iminente, desde que a sociedade não se conforme às injunções econômicas neoliberais de forma passiva. Nesse sentido, notemos como 1981 era o ano em que a ditadura de Augusto Pinochet estava no auge. Hayek estava entusiasmado com a transformação do Chile no laboratório mundial das ideias que ele, Milton Friedman, Gary Becker, Ludwig von Mises e outros pregavam com afinco. Em um impressionante documentário sobre a experiência neoliberal no Chile, *Chicago Boys* (2015), vemos a formação do grupo de economistas que implementaram o neoliberalismo em nosso continente pela primeira vez. Em dado momento, quando os entrevistadores perguntam ao futuro ministro da Economia de Pinochet, o Sr. Sergio de Souza, sobre o que ele sentiu quando viu o Palacio La Moneda ser bombardeado por aviões militares até a morte do então

---

[15] A esse respeito, ver Safatle; Silva Junior; Dunker (2018).

[16] Ver Chamayou (2019).

presidente Salvador Allende, ele afirma: "uma alegria imensa. Eu sabia que era isso que devia ser feito". Ou seja, essa é uma imagem explícita da maneira como a liberdade do mercado só poderia ser implementada calando todos os que não acreditam nela, todos os que contestam seus resultados e sua lógica. Para isso, seria necessário um Estado forte e sem limites em sua sanha para silenciar a sociedade da forma a mais violenta. O que nos explica por que o neoliberalismo é, na verdade, o triunfo do Estado, e não sua redução ao mínimo.

O uso da noção de ditadura provisória não será um desvio de rota. Hayek já havia deixado claro seu receio de uma democracia sem restrições, de onde se seguiam suas diatribes contra uma pretensa "democracia totalitária" ou uma "ditadura plebiscitária" (Hayek, 1982, p. 4) que não respeitaria a tradição do império da Lei (*Rule of Law*). O respeito a tal *Rule of Law*, no qual encontraríamos a enunciação dos fundamentos liberais da economia e da política, seria o melhor remédio contra a tentação de sucumbir a um processo de barganha através do qual o Estado se transformaria na mera emulação de interesses múltiplos da sociedade, na mera coalização de interesses organizados. Fato que impediria o Estado de defender a liberdade (que, no caso, não é nada mais que a liberdade econômica de empreender e de possuir propriedade privada) contra os múltiplos interesses das corporações da vida social, submetendo assim a maioria ao interesse de minorias organizadas. Contra essa forma de submissão de meus interesses pelos interesses de outro, seria necessário que todos se submetessem a regras racionais e às forças impessoais do mercado, como se fosse questão de assumir uma experiência de autotranscendência, uma Lei produzida pelos humanos e que os transcende.[17]

No entanto, submeter-se à pretensa racionalidade das leis da economia exige uma despolitização radical da sociedade, uma recusa violenta de seus questionamentos a respeito da autonomia do próprio discurso econômico em relação aos interesses políticos. Ou seja, tal

---

[17] "É fácil de dizer por que Hayek pode afirmar que tal submissão a regras abstratas e a forças que nos ultrapassam, mesmo quando as engendramos, é a condição da justiça e da paz social. É que ela cala a fonte do ressentimento, da inveja, das paixões destruidoras. Este de quem o mercado retirou seu emprego, seu negócio ou mesmo sua subsistência sabe bem, segundo Hayek, que nenhuma intenção quis isso. Ele não foi submetido a humilhação alguma" (DUPUY, 2014, p. 37).

submissão exige assumir a economia como a figura mesma de um poder soberano, provido de uma violência propriamente soberana. Nesse ponto, podemos encontrar a expressão da natureza política autoritária da economia neoliberal, e aqui se desenha o mesmo modelo de gestão social que podemos encontrar em teóricos do nazismo, como Carl Schmitt.[18]

A esse respeito, lembremos como é possível encontrar a gênese da noção de despolitização da sociedade, tão necessária à implementação do neoliberalismo, na noção fascista de "Estado total". Noção que, como compreendera Marcuse já nos anos 1930, nunca havia se contraposto ao liberalismo. Antes, era seu desdobramento necessário em um horizonte de capitalismo monopolista. Compreendendo como o fundamento liberal da redução da liberdade à liberdade do sujeito econômico individual em dispor da propriedade privada com a garantia jurídico-estatal que esta exige permanecia como a base a estrutura social do fascismo, Marcuse alertava para o fato de o "Estado total" fascista ser compatível com a ideia liberal de liberação da atividade econômica e forte intervenção nas esferas políticas da luta de classe. Daí por que:

> Os fundamentos econômicos desse trajeto da teoria liberal à teoria totalitária serão assumidos como pressupostos: repousam essencialmente na mudança da sociedade capitalista do capitalismo mercantil e industrial, edificado sobre a livre concorrência dos empresários individuais autônomos, ao moderno capitalismo monopolista, em que as relações de produção modificadas (sobretudo as grandes "unidades" dos cartéis, dos trustes etc.) exigem um Estado forte, mobilizador do todos os meios do poder (MARCUSE, 1997, p. 61).

Essa articulação entre liberalismo e fascismo fora tematizada por Carl Schmitt, pois vem de Schmitt a noção de que a democracia parlamentar, com seus sistemas de negociações, tendia a criar um "Estado total".[19]

---

[18] "A fraqueza do governo em uma democracia onipotente foi claramente vista pelo extraordinário estudante alemão de política Carl Schmitt, que nos anos 1920 entendeu provavelmente melhor que ninguém o caráter da forma desenvolvida do governo e posteriormente caiu naquilo que, para mim, aparece como o lado moralmente e intelectualmente errado" (HAYEK, 1982, p. 194).

[19] Ver Schmitt (1933).

Tendo de dar conta das múltiplas demandas vindas de vários setores sociais organizados, a democracia parlamentar acabaria por permitir ao Estado intervir em todos os espaços da vida, regulando todas as dimensões do conflito social, transformando-se em mera emulação dos antagonismos presentes na vida social. Contra isso não seria necessário menos Estado, mas pensar outra forma de Estado total: um Estado total "qualitativo", como dirá Schmitt. Nesse caso, um Estado capaz de despolitizar a sociedade, tendo força suficiente para intervir politicamente na luta de classes, eliminar as forças de sedição a fim de permitir a liberação da economia de seus pretensos entraves sociais.[20] Schmitt não quer um Estado planificador, mas um Estado capaz de garantir uma intervenção autoritária no campo político a fim de liberar a economia em sua atividade autônoma. Essa noção era extremamente presente no debate alemão do final dos anos 1920 e início dos anos 1930 e vem daí a perspectiva política de Hayek.[21]

Esse modelo distingue-se do "capitalismo de Estado" de Friedrich Pollock, na medida em que não se trata de uma regulação direta da atividade econômica visando à substituição do primado da economia pelo da administração, mas de uma regulação direta no campo político a fim de liberar a ação econômica de entraves. No entanto, ele se aproxima do modelo de Pollock na compreensão de que o eixo dos processos de gestão social estará fundado na procura em eliminar as contradições sociais através da gestão do campo econômico. Esse mesmo modelo poderá operar em chave tanto de democracia liberal quanto de regime autoritário. Se pudermos completar, essa indiferença vem do fato de os dois polos estarem menos longe do que se gostaria de imaginar. Na verdade, tanto em um caso como em outro os fundamentos da racionalização liberal, com sua noção de agentes econômicos maximizadores de interesses individuais, permanecia como a estrutura da vida social e dos modos de subjetivação, justificando toda forma de intervenção violenta contra tendências contrárias.

---

[20] "Este Estado Total Qualitativo é um Estado Forte, total no sentido da qualidade e da energia ('*total im Sinne der Qualität und der Energie*'), além de autoritário no domínio político, para poder decidir sobre a distinção entre amigo e inimigo, e fiador da liberdade individual no âmbito da economia" (BERCOVICI, 2003, p. 35).

[21] Ver, por exemplo, a distinção entre Estado total e Estado autoritário em Ziegler (1932). Aqui, o Estado autoritário aparece como um "Estado neutro", despolitizado, capaz de se impor a despeito dos múltiplos interesses de classes e corporações.

Desenhando pessoas

Mas isso nunca funcionaria se não houvesse outra dimensão dos processos de intervenção social. Dimensão na qual podemos encontrar um profundo trabalho de design psicológico, ou seja, de internalização de predisposições psicológicas visando à produção de um tipo de relação a si, aos outros e ao mundo guiada através da generalização de princípios empresariais de performance, de investimento, de rentabilidade, de posicionamento, para todos os meandros da vida.[22] Dessa forma, a empresa poderia nascer no coração e na mente dos indivíduos. Um design psicológico que só poderia ser feito através da repetição generalizada de exortações morais que nos levavam a compreender toda resistência a tal redescrição empresarial da vida como falta moral, como recusa em ser um "adulto na sala", em assumir a virtude da coragem diante do risco de empreender e abrir novos caminhos por conta própria. Algo que ressoa as análises de Weber a respeito do ideal empresarial como expressão da orientação puritana da conduta como missão. Não por outra razão conta-se constantemente a história de empresários que "desbravam" territórios infectados pela letargia e pelo marasmo, impondo corajosamente o gosto do risco e da inovação, como se estivessem imbuídos de um destino de redenção moral da sociedade.[23]

Esse ideal empresarial de si foi o resultado psíquico necessário da estratégia neoliberal de construir uma "formalização da sociedade com base no modelo da empresa" (FOUCAULT, 2010, p. 222), o que permitiu à lógica mercantil, entre outras coisas, ser usada como tribunal econômico contra o poder público. Pois é fundamental ao neoliberalismo "a extensão e disseminação dos valores do mercado à política social e a todas as instituições" (BROWN, 2007, p. 50). Como sabemos, a generalização da forma-empresa no interior do corpo social abriu as portas para os indivíduos se autocompreenderem como "empresários de si mesmos" que definem a racionalidade de suas ações a partir da lógica de investimentos e retorno de "capitais"[24] e que compreendem seus afetos

---

[22] Esse é o tópico central das pesquisas de Foucault em *La naissance de la biopolitique* (2010) e que serão retomadas por Dardot e Laval (2010).

[23] Ver Weber (2004)

[24] Fundamental para isso foi a consolidação do uso da noção de "capital humano", tal como podemos encontrar em Becker (1994).

como objetos de um trabalho sobre si tendo em vista a produção de "inteligência emocional"[25] e otimização de suas competências afetivas. Ela permitiu ainda a "racionalização empresarial do desejo" (DARDOT; LAVAL, 2010, p. 440), fundamento normativo para a internalização de um trabalho de vigilância e controle baseado na autoavaliação constante de si a partir de critérios derivados do mundo da administração de empresas. Essa retradução total das dimensões gerais das relações inter e intrasubjetivas em uma racionalidade de análise econômica baseada no "cálculo racional" dos custos e benefícios abriu uma nova interface entre governo e indivíduo, criando modos de governabilidade muito mais enraizados psiquicamente.

Notemos ainda que essa internalização de um ideal empresarial de si só foi possível porque a própria empresa capitalista havia paulatinamente modificado suas estruturas disciplinares a partir do final dos anos 1920. A brutalidade do modelo taylorista de administração de tempos e movimentos, assim como a impessoalidade do modelo burocrático weberiano, havia paulatinamente dado lugar a um modelo "humanista" desde a aceitação dos trabalhos pioneiros de Elton Mayo, fundados nos recursos psicológicos de uma engenharia motivacional na qual "cooperação", "comunicação" e "reconhecimento" se transformavam em dispositivos de otimização da produtividade.[26] Essa "humanização" da empresa capitalista, responsável pela criação de uma zona intermediária entre técnicas de gestão e regimes de intervenção terapêutica, com um vocabulário entre a administração e a psicologia, permitiu uma mobilização afetiva no interior do mundo do trabalho que levou à "fusão progressiva dos repertórios do mercado com as linguagens do eu" (ILLOUZ, 2011, p. 154). As relações de trabalho foram "psicologizadas" para serem mais bem geridas, até chegar ao ponto em que as próprias técnicas clínicas de intervenção terapêutica começaram por obedecer, de forma cada vez mais evidente, a padrões de avaliação e de gerenciamento de conflitos vindos do universo da administração de

---

[25] Ver Goleman (1996).

[26] O que permitiu a uma socióloga como Eva Illouz lembrar que "a esfera econômica, longe de ser desprovida de sentimentos, tem sido, ao contrário, saturada de afeto, um tipo de afeto comprometido com o imperativo da cooperação e com uma modalidade de resolução de conflitos baseada no 'reconhecimento' bem como comandada por eles" (ILLOUZ, 2011, p. 37).

empresas.²⁷ As técnicas de *steps*, de foco, de gerenciamento de "capital humano", de "inteligência emocional", de otimização de performance que tinham sido criadas nas salas de recursos humanos das grandes empresas agora faziam parte dos divãs e consultórios. Nem todos tinham percebido, mas não estávamos apenas falando como empresários de nós mesmos. Estávamos transformando tal forma de organização social em fundamento para uma nova definição de normalidade psicológica. Nesse sentido, tudo que fosse contraditório em relação a tal ordem só poderia ser a expressão de alguma forma de patologia. Patologizar a crítica era simplesmente mais um passo.

Note-se ainda como esse tópico da generalização da forma-empresa é, ao mesmo tempo, a descrição das formas hegemônicas de violência no interior da vida social. Pois a empresa não é apenas a figura de uma forma de racionalidade econômica. Ela é a expressão de uma forma de violência. A competição empresarial não é um jogo de críquete, mas um processo de relação fundado na ausência de solidariedade (vista como entrave para o funcionamento da capacidade seletiva do progresso), no cinismo da competição que não é competição alguma (pois baseada na flexibilização contínua de normas, nos usos de toda forma de suborno, corrupção e cartel), na exploração colonial dos desfavorecidos, na destruição ambiental e no objetivo monopolista final. Essa violência pede uma justificação política, ela precisa se consolidar em uma vida social na qual toda figura da solidariedade genérica seja destruída, na qual o medo do outro como invasor potencial seja elevado a afeto central, na qual a exploração colonial seja a regra.

O que é uma categoria clínica?

Esse tópico da conformação dos ideais psicológicos à forma-empresa foi largamente debatido pela literatura especializada. Mas há um ponto

---

[27] Exemplar nesse sentido são as técnicas de psicoterapias breves, como a terapia cognitivo-comportamental (TCC). Várias dessas técnicas são baseadas em práticas comuns em administração de empresas, como a organização das intervenções em um conjunto limitado de "*steps*", o foco no aqui e agora, a definição clara e prévia de resultados a serem alcançados, o estabelecimento de padrões de mensuração para a tomada de decisões, entre outras.

pouco explorado para o qual gostaria de chamar a atenção. Essa criação de um discurso híbrido entre economia e psicologia como fundamento para os regimes de gestão social implicou a reconfiguração completa do que poderíamos chamar de "gramática do sofrimento psíquico". Pois, para serem realmente internalizadas, tais disposições de conduta não deveriam ser apenas ideais normativos. Elas deveriam também reconfigurar nossa forma de compreender e classificar os processos de sofrimento. Não basta gerir o centro, há de se saber gerir as margens, configurar as formas possíveis do afastamento da norma.

Lembremos inicialmente que modelos socioeconômicos são animados não apenas por proposições a respeito do modo de funcionamento de sistemas econômicos de produção e consumo. Como eles devem também determinar a configuração de seus agentes racionais, definindo com isso um conjunto de comportamentos, modos de avaliação e justificativas a serem internalizados pelos agentes que se queiram reconhecidos, tais modelos não podem ser abstraídos da força de produção de uma psicologia que lhe seja própria, quer dizer, de uma figura antropológica, fortemente reguladora, a ser partilhada por todos os indivíduos que aspiram a ser socialmente reconhecidos. Tais modelos definem padrões de individuação a partir da racionalidade que eles procuram realizar. No interior de tais padrões encontramos sistemas profundamente normativos de disposição de conduta, de produção de afetos e de determinação das formas de sofrimento. Nesse sentido, podemos dizer que modelos socioeconômicos são modelos de governo e gestão social de subjetividades, por isso, não podem ser compreendidos sem sua capacidade de instauração de comportamentos e modos subjetivos de autorregulação. Eles não podem ser elucidados sem a gestão de uma psicologia que lhes é inerente.

Isso significa dizer que não se sofre da mesma forma dentro e fora do neoliberalismo. Essa modificação implica a eliminação de dimensões dinâmicas da doença. Pois o sofrimento psíquico guarda uma dimensão de expressão de recusa e de revolta contra o sistema social de normas.[28] Uma

---

[28] Lembremo-nos de Adorno, a afirmar: "as neuroses deveriam, de fato, segundo sua forma, ser deduzidas da estrutura de uma sociedade em que elas não podem ser eliminadas. Mesmo a cura bem-sucedida carrega o estigma do danificado, da vã adaptação pateticamente exagerada. O triunfo do eu é o da ofuscação pelo particular. Este é o fundamento da inverdade objetiva de toda psicoterapia, que incita os terapeutas à fraude. Na medida em

revolta que se expressa nas três dimensões do que entendemos comumente por forma de vida, a saber, o desejo, a linguagem e o trabalho. Já Hegel insistia, em sua *Fenomenologia do espírito*, nos vínculos orgânicos entre a lei do coração e o delírio da presunção, ou seja, entre a revolta contra a ordem social que sai ao mundo em vista de grandes transformações e o delírio de quem vê suas intenções serem continuamente invertidas pelo curso social.

A disciplina social neoliberal deve anular tal dimensão de revolta que se exprime no sofrimento psíquico. Por isso, ela deve reconstruir completamente o que podemos chamar de "gramática social do sofrimento". Não por acaso, a ascensão do neoliberalismo nos anos 1970 é seguida por uma modificação brutal das formas de descrição e categorização do sofrimento psíquico. Essa modificação consolida-se através do advento da terceira edição do *Manual Diagnóstico e Estatístico de Transtornos Mentais* (DSM-III), no final dos anos 1970: manual de psiquiatria que representa uma ruptura profunda com uma gramática social do sofrimento que, até então, dava paulatinamente espaço à consciência da dimensão conflitual dos processos de socialização próprios à sociedade capitalista.

Alguns gostam disso que poderíamos chamar de "descrição redentora" do desenvolvimento das ciências em geral e da psiquiatria em particular. Tais descrições passam, inicialmente, pela defesa de alguma forma de "salto tecnológico" que teria impulsionado modificações decisivas no campo de uma ciência determinada. Modificações essas que colocariam tais saberes em um processo de ajuste especular ao mundo, ou seja, de aproximação realista ao mundo fora de nós. Como se o destino das ciências fosse serem verdadeiros espelhos da natureza. No caso da psiquiatria e das clínicas do sofrimento psíquico, tal salto tecnológico teria sido dado pelo desenvolvimento da farmacologia, a partir, principalmente, dos anos 1950.

No entanto, não devemos esquecer como há uma vasta literatura que procura evidenciar aquilo que poderíamos chamar de "a natureza não realista" de conceitos em operação no saber próprio às clínicas do sofrimento psíquico.[29] Normalmente, tais pesquisas visam mostrar

---

que o curado se assemelha à totalidade insana, torna-se ele mesmo doente, mas sem que aquele para quem a cura fracassa seja por isso mais saudável" (ADORNO, 2016, p. 43).

[29] Essa literatura é extensa e tem seu momento fundador, entre outros, em Foucault (1962). Para desdobramentos contemporâneos, ver, principalmente, Kincald; Sullivan (2014), assim como Zachar, (2014), Cooper (2005) e Murphy (2012).

como estamos diante de problemas que vão além de questões de cunho estritamente epistemológico, pois se referem também à análise do sistema de valores que estaria presente em modalidades de intervenção clínica, assim como do seu impacto na produção dos objetos que deveriam descrever. Pois devemos nos perguntar se as orientações que guiam perspectivas hegemônicas de intervenção clínica são neutras em relação a valores. Se elas não são neutras, então é o caso de se perguntar se a gênese de tais valores que dirigem nosso horizonte de cura não exigiria uma perspectiva ampliada de análise na qual modalidades de orientação clínica são compreendidas no interior de sistemas de influência compostos por discursos de forte teor normativo advindos de campos exteriores a práticas terapêuticas, como a cultura, a moral, a estética, a política e a racionalidade econômica. Trata-se, nesses casos, de não fornecer às questões clínicas o estatuto de problemas autônomos, mas de reinscrevê-las no interior do sistema de circulação de valores que compõem as várias esferas da vida social como um sistema de implicação constante.

Isso traria como consequência, entre outras, a compreensão de que categorias clínicas não são "tipos naturais" (*natural kinds*), mas *tecnologias de intervenção na estrutura psíquica a partir de valores.* Ou seja, a configuração e o limite de uma categoria clínica não é resultado da identificação de predicados diferenciais naturais acessíveis em um campo independente da estruturação de nossa linguagem. Na verdade, eles resultam das tecnologias que temos para produzir modificações na estrutura psíquica a partir de valores que procuramos implementar. Categorias clínicas não são estruturas descritivas, mas processos performativos.

Essa é a consequência de aceitarmos a produtividade de perspectivas caracterizadas como "nominalistas dinâmicas", ou seja, fundadas na defesa de o campo de intervenção clínica diante do sofrimento psíquico ser animado pela instauração de categorias classificatórias com força performativa capaz de organizar retroativamente fenômenos no interior de quadros descritivos que servem não apenas como quadros de produção de sentido para as experiências singulares de sofrimento, mas também como quadros indutores de efeitos posteriores, processo de performatividade retroativa chamado de "efeito de *looping*". Nesse sentido, lembremos Ian Hacking, para quem uma patologia mental não descreve uma espécie natural, como talvez seja o caso de uma doença orgânica como câncer ou mal de Parkinson. Ela cria performativamente uma nova situação na qual sujeitos se veem inseridos.[30] Fato compreensivo se aceitarmos que categorias clínicas ligadas à descrição do sofrimento psíquico são objeto de elaboração reflexiva e discursiva por parte dos próprios sujeitos que elas visam descrever. Tal reflexão é capaz de produzir um nível significativo de reorientação de ações e condutas, sejam elas conscientes, sejam involuntárias. Nesse sentido, classificações de sofrimento psíquico não são "espécies indiferentes", como são aquelas usadas para descrever fenômenos do mundo físico, mas "espécies interativas", ou seja, há uma interação entre categorias e objetos através da apropriação autorreflexiva e da posterior modificação dos objetos. Por fim, como o fundamento atual da nossa tecnologia de intervenção clínica é farmacológica, a configuração das categorias tenderá a ter a conformação do espectro de atuação do fármaco em questão.

Uma nova gramática social do sofrimento

Este parêntese é útil principalmente quando nos deparamos como um dado cronológico que merece atenção. O desenvolvimento de neurolépticos a partir da síntese da clorpromazina, que terá efeitos fundamentais no tratamento da esquizofrenia, e de antidepressivos data do início dos anos 1950, graças principalmente às pesquisas de Henri Laborit, Jean Delay e Pierre Deniker. Mas a guinada na reconfiguração em profundidade das categorias clínicas só ocorrerá em 1980, quando vir à luz o DSM-III. Nesses 30 anos em que o desenvolvimento farmacológico não chegará a abalar nossa forma de falar do sofrimento psíquico, dois fatos dignos de nota ocorrem. Eles talvez digam mais a respeito do que vemos atualmente na psiquiatria do que a teoria do impacto do salto tecnológico.

O primeiro deles é a transformação do hospital psiquiátrico em um verdadeiro campo de batalha. A partir do fim da Segunda Guerra, o

---

[30] Esse é um importante ponto defendido por Hacking (2004, p. 106), para quem, no que se refere a classificações de doenças mentais, "um tipo [*kind*] de pessoa vem à existência ao mesmo tempo que a própria categoria clínica [*kind*] foi inventada. Em alguns casos, nossas classes e classificações conspiram para aparecer uma suportada pela outra". A respeito desse nominalismo dinâmico, ver também Davidson (2004).

saber psiquiátrico conhecerá movimentos cada vez mais fortes de questionamento de sua própria natureza. Algumas questões que nunca haviam sido postas começaram a aparecer: o que é um hospital psiquiátrico e em que medida ele não é solução, mas parte do problema? As relações médico-paciente, nesse caso, não deveriam ser também compreendidas como relações de poder que reproduzem dinâmicas de poder em outras esferas da vida social? Não haveria uma dimensão fundamental de revolta na loucura que deveria ser abordada em sua força produtiva, que diz muito a respeito dos limites próprios a nossas formas de vida? Pois se aceitarmos que a vida psíquica é na verdade um setor da vida social, com suas dinâmicas de internalização de normas, ideais e de princípios de autoridade, por que não se perguntar como tais processos sociais nos fazem sofrer, como eles podem estar na base das reações que irão levar sujeitos a hospitais psiquiátricos e consultórios?

Para muitos, essas questões atualmente parecem imersas em certo romantismo e ingenuidade. Tanto é assim que elas pouco são ouvidas em nossos departamentos de medicina. Mas principalmente entre os anos 1950 e 1970 elas tiveram um impressionante impacto no desenvolvimento da psiquiatria. Movimentos como a antipsiquiatria de David Cooper, Robert Laing e Thomas Szasz, a análise institucional de François Tosquelles, do grupo de La Borde, de Enrique Pichon-Rivière, as reformas propostas no sistema manicomial italiano por Franco Basaglia: todos eles pareciam indicar a emergência de um processo irreversível de reconsideração do lugar social da loucura, assim como da relação entre normalidade e patologia. Isso implicava modificar radicalmente os modos de tratamento. Lembremos, a esse respeito, como entre 1950 e 1974 o número de sujeitos internados em hospitais psiquiátricos cai pela metade (de 500 mil para 215 mil) (DEMAZEUX, 2013, p. 27). A *relação terapêutica* e suas estruturas de poder tendia a ir para o centro do tratamento, restringindo qualquer desenvolvimento do controle farmacológico dos sintomas.[31] A crítica ao lugar social da

---

[31] Psiquiatras como Robert Laing chegarão a afimar: "o comportamento do paciente e, em certo sentido, uma função do comportamento do psiquiatra no mesmo campo comportamental. O paciente psiquiátrico padrão é uma função do psiquiatra padrão e do hospital psiquiátrico padrão" (LAING, 1990, p. 28). Ou seja, não seria possível abstrair da dimensão relacional do comportamento dos pacientes, não levar em conta

psiquiatria parecia levá-la a uma certa "crise de legitimidade" que não deixava de ressoar certa fragilidade do horizonte normativo em geral no interior de nossas formas de vida sob o capitalismo. A liberação da loucura de formas de internamento e intervenção disciplinar é figura maior de uma sociedade não mais comprometida com os padrões regulares de reprodução material da vida.

O segundo fenômeno que ocorrerá no campo da clínica até o início dos anos 1980 será a prevalência da psicanálise como horizonte fundamental de referência clínica, inclusive para a psiquiatria. No início dos anos 1960, mais da metade dos chefes de departamento de psiquiatria das universidades norte-americanas eram membros de sociedades psicanalíticas. A noção psicanalítica do sofrimento psíquico como expressão de sistemas de conflitos e de contradições nos processos de socialização e de individuação, conflitos esses que mostravam muitas vezes a natureza contraditória, problemática e traumática de nossas próprias instituições e estruturas (como a família, o casamento, o mundo do trabalho, a escola, a igreja, a sexualidade), foi um elemento decisivo não apenas para compreender o que era o sofrimento psíquico, mas também para mobilizar certo horizonte crítico a respeito dos custos de nosso processo civilizacional, dos problemas imanentes a nossas formas de vida na sociedade capitalista. Lembremos como o eixo de organização do DSM-I era a noção de "reação", vinda da psicobiologia de Adolf Meyer. Ou seja, o sofrimento psíquico era analisado a partir de sua estrutura relacional em relação às injunções normativas do meio.

Tenhamos em mente esses dois fenômenos quando procurarmos melhor compreender o que estava de fato em jogo na ruptura nos padrões de classificação de doenças mentais e formas de sofrimento psíquico no final dos anos 1970. Pois tais fenômenos indicam como o campo da clínica do sofrimento psíquico estava em rota de assumir a relação entre contradições imanentes às estruturas institucionais da vida social (família, hospital, Estado, escola, entre tantos outros) e produção de sofrimento psíquico, produção da vida psíquica como

---

a maneira com que seus comportamentos são, muitas vezes, respostas a padrões de interpretação e classificação produzidos pelo saber médico.

espaço de expressão da recusa à aceitação dos quadros normativos que nos governam.³² Essa articulação sempre foi e será politicamente explosiva, pois leva à conscientização de transformações institucionais profundas tendo em vista a luta contra o sofrimento psíquico e social.

Normalmente, a justificativa oficial das modificações produzidas a partir do DSM-III tem a forma da produção de um mero quadro classificatório dotado de neutralidade axiológica. Certo conflito de interpretações reinaria no campo do diagnóstico do sofrimento psíquico até então. Daí a dificuldade em ter um quadro unificado que permitiria chegarmos às mesmas conclusões diagnósticas. Nesse sentido, o melhor seria eliminar toda reflexão etiológica em prol de descrições sindrômicas convergentes.³³ Na verdade, podemos dizer que a "neutralidade" do DSM-III procurava realizar três ambições: "ultrapassar as clivagens ideológicas através da ciência, colocar entre parênteses a questão etiológica para se concentrar em descrições clínicas, reformar o vocabulário diagnóstico evitando ao máximo as inferências" (Demazeux, 2013, p. 156).

O resultado foi um processo de reconfiguração completa da forma de descrever o sofrimento psíquico, cujos principais fatores são: o desaparecimento das neuroses como quadro compreensivo principal para a determinação do sofrimento psíquico; a individualização das depressões (que escapa da estrutura mania-depressão) e sua ascensão como quadro principal de descrição de sofrimento psíquico; a ascensão das patologias narcísicas e *borderlines*; a elevação da esquizofrenia a condição de "psicose unitária", categoria geral de organização do campo das antigas psicoses.

Essas modificações estruturais, no entanto, estão longe de ser neutras em relação a valores. Na verdade, essa seria uma tarefa impossível a partir do momento em que transtornos mentais foram caracterizados,

---

³² Lembremos, por exemplo, de David Cooper, que afirmou: "A loucura não se encontra 'numa' pessoa, porém num sistema de relacionamentos em que o 'paciente' rotulado participa: a esquizofrenia, se é que significa alguma coisa, constitui um modo mais ou menos característico de comportamento grupal perturbado. Não existem esquizofrênicos" (COOPER, 1982, p. 16). Se a loucura ocorre em um sistema de relacionamentos, então não há cura possível sem um tratamento do comportamento grupal perturbado. O que pode implicar uma crítica às estruturas institucionais de socialização de sujeitos como condição para o "tratamento" da doença mental.

³³ O modelo foi fornecido por Feighner *et al.* (1972).

entre outros, como: "risco significativamente aumentado de sofrimento, morte, dor, deficiência ou perda importante de liberdade" (AMERICAN PSYCHIATRIC ASSOCIATION, 2002, p. 29). Até segunda ordem, "liberdade" nunca foi um conceito clínico, mas um conceito carregado de ressonâncias filosóficas, além de ser ponto extremo de embates a respeito de visões de mundo contraditórias entre si.

Não é difícil perceber qual "liberdade" aparece aqui como horizonte regulador e disciplinar. Mesmo que tal definição não apareça mais no DSM-V, ela continua pressuposta quando o transtorno mental é caracterizado como síndrome responsável por distúrbios clinicamente significativos na cognição individual, na regulação emocional e no comportamento e que refletiria disfuncionamento em processos biológicos, psicológicos ou de desenvolvimento. Pois devemos nos perguntar sobre a natureza disciplinar de uma "liberdade" que pressupõe padrões clinicamente observáveis de regulação emocional, de cognição e de desenvolvimento.

É claro que tais padrões não têm marcadores biológicos precisos e certamente nunca terão. Afinal, apenas para ficar em um exemplo pedagógico, seria possível encontrar marcadores biológicos para o transtorno de personalidade histriônica? Seus critérios diagnósticos (baseados na noção de desregulação emocional) são, entre outros, "desconforto em situações nas quais ele ou ela não é o centro das atenções", "uso constante da aparência física para chamar a atenção para si", "mostra autodramatização, teatralidade e expressão exagerada de emoções". Tais critérios não podem ser avaliados como expressão de marcadores biológicos específicos, mas como comportamentos de recusa, inconsciente ou não, a padrões de socialização que, por sinal, são bastante imprecisos. Pois se estamos a falar em "expressão exagerada de emoções", há de se perguntar onde estaria a definição de um "padrão adequado" de emoções, a não ser na subjetividade do médico.

Neurose e psicose

Nesse sentido, notemos rapidamente o que está em jogo nas duas modificações principais na gramática do sofrimento psíquico, a saber, o desaparecimento das neuroses e a unificação das psicoses, modificações essas que transformarão radicalmente nossa forma de descrever como sofremos. Esses dois pontos serão abordados de maneira mais sistemática em artigos específicos deste livro.

O primeiro fenômeno está ligado à hegemonia das depressões. Se procurarmos a definição psiquiátrica dos transtornos depressivos, encontraremos descrições como "a característica comum de todos esses transtornos é a presença de humor ligado a sentimentos de tristeza, esvaziamento, irritação, acompanhado de modificações somáticas e cognitivas que afetam de forma significativa a capacidade individual para funcionar (*to function* – um termo sintomático por denunciar demanda por desempenho)" (AMERICAN PSYCHIATRIC ASSOCIATION, 2013, p. 155). Tais transtornos, descritos sem levar em conta perspectiva etiológica alguma, devem durar ao menos duas semanas e envolver modificações sensíveis nos afetos, na cognição e em funções neurovegetativas.

Até 1994, o DSM reconhecia apenas dois tipos de transtorno depressivo: o transtorno depressivo maior e a distimia, ambos compreendidos como formas de transtornos afetivos particularizados a partir de 1980 (ano de publicação do DSM-III), momento em que a atenção clínica à depressão conhece substancial crescimento. Até então, a depressão passara por um processo através do qual ela deixara de ser apenas a descrição de um polo de reações no interior de uma patologia bipolar maníaco-depressiva (como era o caso em Kraepelin, no final do século XIX) ou no quadro geral das neuroses. Com a publicação do DSM-II, em 1968, ela aparece como "neurose depressiva", deixando de ser compreendida como reação depressiva neurótica enquanto termo geral para depressão não bipolar, isso quando não era caracterizada como "depressão endógena" (causada por fatores eminentemente biológicos e caracterizada por ausência de causas exógenas). Por fim, a partir do final dos anos 1970, ela ganhará autonomia em relação ao quadro, agora abandonado, das neuroses.

Tal dissociação entre depressão e o quadro das neuroses, com sua herança psicanalítica, não é um mero ajuste nosográfico ocorrido, por coincidência, exatamente no momento de imposição da guinada neoliberal nos países capitalistas centrais. Na verdade, a neurose e a depressão são modelos radicalmente distintos de patologias. Uma ocupa o lugar da outra. Como viu claramente Alain Ehrenberg (2000), a depressão só pode aparecer como problema central no momento em que o modelo disciplinar de gestão de condutas cede lugar a normas que incitam cada um à iniciativa pessoal, à obrigação de ser si mesmo. Pois contrariamente ao modelo freudiano das neuroses, em que o sofrimento psíquico gira em torno das consequências de internalização de uma lei que socializa o desejo, organizando a conduta a partir da polaridade conflitual permitido/proibido, na depressão tal socialização organizaria a conduta a partir de uma polaridade muito mais complexa e flexível, a saber, a polaridade possível/impossível.[34] A proibição moral advinda das exigências normativas de socialização dá lugar a uma situação de flexibilização das leis, de gestão da anomia que coloca as ações não mais sob o crivo da permissão social, mas sob o crivo individual do desempenho, da performance, da força relativa à capacidade de sustentar demandas de satisfação irrestrita. Assim, o indivíduo é confrontado a uma patologia da insuficiência e da disfuncionalidade da ação, em vez de uma doença da proibição e da lei. Se a neurose é um drama da culpabilidade, drama ligado ao conflito perpétuo entre duas normas de vida, drama que só pode ser tratado através da compreensão das contradições imanentes ao funcionamento "normal" da lei, a depressão aparece como tragédia implosiva da insuficiência e da inibição.

Não há intervenção clínica na neurose sem o desvelamento daquilo que psicanalistas como Jacques Lacan chamaram de "falta no Outro", outra forma de dizer que o conflito neurótico só pode ser superado à condição de que a inadaptação à norma não seja sentida como inadequação do sujeito, mas como impossibilidade da própria estrutura institucional em dar conta da natureza singular do desejo. Nada disso está presente no horizonte clínico da depressão. A implosão das neuroses implica também perda de visibilidade e de espaço de intervenção analítica na modificação de modos de participação e de adesão social como condição para a cura. Ou seja, é uma tecnologia de intervenção clínica baseada na elaboração das articulações entre conflitos psíquicos e sociais que entra juntamente colapso. Outra tecnologia que elimina tal dimensão do sofrimento aparecerá em seu lugar. Esse ponto mereceria ser mais pesquisado.

Por outro lado, notemos os elementos que estão em jogo na reconfiguração radical do quadro das psicoses, reconfiguração que levou, no

---

[34] "O direito de escolher sua vida e a injunção a advir si mesmo colocam a individualidade em um movimento permanente. Isso leva a colocar de outra forma o problema dos limites reguladores da ordem interior: a partilha entre o permitido e o proibido declina em prol de um esgarçamento entre o possível e o impossível" (EHRENBERG, 2000, p. 15).

DSM-V, ao desaparecimento da paranoia e à transformação da esquizofrenia em psicose unitária. A paranoia foi a categoria fundamental da clínica psicanalítica das psicoses. Uma das razões para tanto era que ela fora pensada a partir de uma visão da doença como degenerescência, ou seja, a doença faria o caminho inverso do desenvolvimento normal. Por mais que tal definição tivesse seus problemas, havia algo de significativo aqui, a saber, a patologia não era uma ordem outra em relação à normalidade. Ela era uma fixação ou regressão dentro de um processo comum. Por isso, a doença dizia sempre algo a respeito da normalidade, ela deixava visíveis processos que na normalidade ficavam relativamente escondidos. Havia certa proximidade entre os dois, um terreno movediço.[35]

Essa solidariedade relativa entre normalidade e patologia desaparecerá com a hegemonia da esquizofrenia, que agora representa praticamente todo o espectro do que entendíamos por psicoses. Pois, nesse caso, a distinção é funcional. Há um princípio de unidade das condutas, de organização da experiência e de síntese que não está presente. Na esquizofrenia, os processos estão dissociados, pois não há mais a unidade sintética da personalidade. A linha entre normalidade e patologia é funcionalmente definida, e a personalidade é o verdadeiro marcador desse processo. Tal linha é clara, e nada passa de um lado a outro. Linhas claras, divisões estritas, lugares determinados. Mesmo que a personalidade não seja um fator biológico, mas uma construção social. Dessa maneira, a forma estrutural da personalidade, com suas ilusões de autonomia, de individualidade e de unidade, a mesma personalidade que será necessariamente encarnada na figura do médico como autoridade não problemática, aparece como o elemento estrutural na exclusão da produtividade imanente às experiências de multiplicidade no interior da vida psíquica.

---

[35] Isso apenas realizava a explicação freudiana: "Se atiramos ao chão um cristal, ele se parte, mas não arbitrariamente. Ele se parte, segundo suas linhas de clivagem, em pedaços cujos limites, embora fossem invisíveis, estavam determinados pela estrutura do cristal" (FREUD, 1999, p. 64). O patológico é esse cristal partido que, graças à sua quebra, fornece a inteligibilidade do comportamento definido como normal. Para um bom comentário desse problema em Freud, ver: VAN HAUTE, P.; DE VLEMINCK, J. Aan gene zijde van Freud: De grenzen en de mogelijkheden van een psychoanalytische pathoanalyse. *In*: *Freud als filosoof*. Leuven: University of Leuven Press, 2013.

Note-se que não é um acaso que a unidade tenha se tornado a determinação funcional fundamental e única para a distinção entre normalidade e patologia em um momento histórico como o nosso. Em uma situação social no qual todos os setores da vida são indexados a partir de uma visão unitária baseada na generalização da racionalidade econômica, na generalização de uma mesma gramática da experiência para todas as esferas da ação humana, o quadro clínico fundamental para a definição do sofrimento psíquico não poderia ser outro além exatamente da perda da capacidade de organizar as dimensões da vida a partir de um princípio geral de unidade, de coerência e de síntese. As formas de sofrer aparecem como impossibilidades de operar uma reconversão geral da vida a partir da abstração geral da unidade e da síntese, abstração essa que será agora vista como "liberdade". Dessa forma, o neoliberalismo nos levou a sofrer de outra forma, procurando retirar de nosso sofrimento psíquico a consciência potencial da violência social.

Referências

ADORNO, T. *Ensaios de psicologia social e psicanálise*. São Paulo: Unesp, 2016.

ADORNO, T. *Soziologische Schriften*. Frankfurt: Suhrkamp, 1972.

AMERICAN PSYCHIATRIC ASSOCIATION. *Diagnostic And Statistical Manual Of Mental Disorders: DSM-5*. Arlington: APA, 2013.

AMERICAN PSYCHIATRIC ASSOCIATION. *Manual Diagnóstico e Estatístico de Transtornos Mentais IV*. Porto Alegre: Artmed, 2002.

AUDIER, S.; REINHOUDT, J. *The Walter Lippmann Colloquium: The Birth of Neo-liberalism*. London: Palgrave, 2018.

BECKER, G. *Human Capital: A Theoretical and Empirical Analysis with a Special Reference to Education*. Chicago: University of Chicago Press, 1994.

BERCOVICI, G. *Entre o Estado total e o estado Social*. 2003. Tese (Livre Docência) – Universidade de São Paulo, São Paulo, 2003.

BLYTH, M. *Austerity: The History of a Dangerous Idea*. Oxford: Oxford University Press, 2013.

BROWN, W. *Les habits neufs de la politique mondiale: néolibéralisme et néo-conservatisme*. Paris: Les Prairies Ordinaires, 2007.

CHAMAYOU, G. *La société ingouvernable*. Paris: La Fabrique, 2019.

CHICAGO Boys. Direção: Carola Fuentes e Rafael Valdeavellano. Chile, 2015. 85 min. Documentário.

COOPER, D. *Psiquiatria e antipsiquiatria*. São Paulo: Perspectiva, 1982.

COOPER, M. *Family Values: Between Neoliberalism and the New Social Conservatism*. Cambridge, MA: MIT Press, 2017.

COOPER, R. *Classifying Madness: A Philosophical Examination of the Diagnostic and Statistical Manual of Mental Disorders*. New York: Springer, 2005.

DARDOT, P.; LAVAL, C. *La nouvelle raison du monde: essai sur la société néolibérale*. Paris: La Découverte, 2010.

DAVIDSON, A. *The Emergence of Sexuality: Historical Epistemology and the Formation of Concepts*. Cambridge, MA: Harvard University Press, 2004.

DEMAZEUX, S. *Qu'est-ce que le DSM? Genèse et transformations de la bible américaine de la psychiatrie*. Paris: Ithaque, 2013.

DUPUY, J.-P. *L'avenir de l'économie*. Paris: Flammarion, 2014.

EHRENBERG, A. *La fatigue d'être soi: dépression et société*. Paris: Odile Jacob, 2000.

FASSIN, D.; RECHTMAN, R. *L'empire du traumatisme: enquête sur la condition de victim*. Paris: Flammarion, 2011.

FEIGHNER, J. et al. Diagnostic Criteria for Use in Psychiatric Research. *Archives of General Psychiatry*, v. 26, Jan. 1972.

FOUCAULT, M. *Histoire de la folie*. Paris: Gallimard, 1962.

FOUCAULT, M. *La naissance de la biopolitique*. Paris: Seuil, 2010.

FOUCAULT, M. *Les mots et les choses*. Paris: Seuil, 1966.

FREUD, S. *Gesammelte Werke*. Frankfurt: Fischer, 1999. v. XV.

GANDESHA, S. Identifying with the Aggressor: From Authoritarian to Neoliberal Personality. *Constellations*, v. 25, n. 1, p. 147-164, 2018.

GOLEMAN, D. *Inteligência emocional*. Rio de Janeiro: Objetiva, 1996.

HACKING, I. *Historical Ontology*. Cambridge, MA: Harvard University Press, 2004.

HAYEK, F. Entrevista. *El Mercurio*, Santiago do Chile, 12 abril 1981, p. D8-D9.

HAYEK, F. *Law, Legislation and Liberty*. New York: Routledge, 1982. v. III.

ILLOUZ, E. *O amor nos tempos do capitalismo*. Rio de Janeiro: Jorge Zahar, 2011.

KINCALD, H.; SULLIVAN, J. *Classifying Psychopathology: Mental Kinds and Natural Kinds*. Cambridge, MA: MIT Press, 2014.

LAING, R.D.; *The divided self: an existential study in sanity and madness*. Londres: Penguin, 1990.

MARCUSE, H. *Cultura e sociedade*. São Paulo: Paz e Terra, 1997. v. 1.

MARX, K. *Manuscritos econômico-filosóficos*. São Paulo: Boitempo, 2007.

MILL, J. S. Da definição de economia política e do método de investigação próprio a ela. In: *Bentham; Stuart Mill*. São Paulo: Abril Cultural, 1973. (Os Pensadores, v. 34).

MIROWSKI, P.; PLEHWE, D. (Ed.). *The Road from Mont-Pèlerin: The Making of the Neoliberal Thought*. Cambridge, MA: Harvard University Press, 2009.

MISES, L. *Liberalismo: segundo a tradição clássica*. São Paulo: Instituto Mises Brasil, 2010.

MURPHY, D. *Psychiatry in the Scientific Image*. Cambridge, MA: MIT Press, 2012.

SAFATLE, V.; SILVA JUNIOR, N.; DUNKER, C. (Org.). *Patologias do social: arqueologias do sofrimento psíquico*. Belo Horizonte: Autêntica, 2018.

SCHMITT, C. Starker Staat und gesunde Wirtschaft: Ein Vortrag für Wirtschaftsführen. *Volk und Reich Politische Monatshefte für das junge Deutschland*, t. 1, c. 2, p. 81-94, 1933.

VAROUFAKIS, Y. *Adults in the Room: My Battle with the European and the American Deep Establishment*. Farrar: Strauss and Giroux, 1997.

WEBER, M. *A ética protestante e o "espírito" do capitalismo*. São Paulo: Companhia das Letras, 2004.

ZACHAR, P. *A Metaphysics of Psychopathology*. Cambridge, MA: MIT Press, 2014.

ZIEGLER, H. *Autoritärer oder totaler Staat*. Tübigen: Mohr, 1932.

O sujeito e a ordem do mercado: gênese teórica do neoliberalismo

Fábio Franco, Julio Cesar Lemes de Castro, Ronaldo Manzi, Vladimir Safatle, Yasmin Afshar

A crise é um momento decisivo. Na medicina grega antiga, a palavra descrevia o ponto em que o organismo doente começava a reagir e a lutar. Esse instante era esperado pelo médico: um momento de crise que leva à cura. O termo também era utilizado na filosofia: em posse dos argumentos de um problema, o filósofo vivia uma crise na tentativa de resolver uma questão. Das crises de ordem social espera-se igualmente uma mudança radical no estado das coisas. No século XX, a doutrina neoliberal foi concebida para lidar com impasses do capitalismo. Sua gênese não pode, portanto, ser deduzida abstratamente; ela é resultado das crises reais que a ordem capitalista enfrentava. Nos anos 1930, uma crise econômica havia levado à substituição da livre-concorrência pelo modelo intervencionista keynesiano. No pós-guerra, tal modelo tornou-se hegemônico nos países capitalistas avançados, até seu esgotamento durante os anos 1970. Nesse momento, as propostas neoliberais, até então relegadas a segundo plano (ou aplicadas na Alemanha do pós-guerra com seus ordoliberais em chave de "economia social de mercado"), foram retomadas pelos formuladores de políticas e tomadores de decisão como alternativas à crise social e econômica.

Neste capítulo, serão discutidos alguns dos mais importantes marcos teóricos para a formulação da concepção neoliberal de sujeito. É bastante significativo que, ao retraçar a sua gênese teórica, tenhamos nos deparado com doutrinas elaboradas igualmente em situações de crise, como o utilitarismo britânico, que emerge na primeira metade do século XIX, em meio aos problemas sociais desencadeados pela Revolução Industrial, e a escola marginalista de economia, que surge no contexto da recessão dos anos 1870. Essas crises sistêmicas, que se inserem na lógica mesma de funcionamento do capital, foram respondidas com teorias totalmente centradas no indivíduo. A hipertrofia da ação individual chega a seu ponto máximo na doutrina neoliberal, cuja expressão mais significativa é o conceito de "capital humano", associado principalmente ao nome de Gary Becker, da Escola de Chicago. Esse conceito implica uma relação a si mesmo marcada pela exigência de autovalorização constante, mediada pela lógica da mercadoria. Num quadro de extrema heteronomia, os indivíduos são alçados a agentes autônomos, capazes de agir livremente para satisfazer seus interesses. Sendo cada um convertido em "capital", os sujeitos passam a se compreender como empresas submetidas à insegurança típica da dinâmica dos mercados. Em uma sociedade competitiva, os indivíduos comparam e hierarquizam constantemente coisas e pessoas, sendo eles mesmos passíveis de (des)classificação a todo momento. "Especialista dele mesmo, empregado dele mesmo, inventor dele mesmo, empresário dele mesmo: a racionalidade neoliberal pressiona o eu a agir sobre ele mesmo no sentido de seu próprio reforço para seguir na competição. Todas as atividades devem se comparar a uma produção, a um investimento, a um cálculo de custo. A economia se torna uma disciplina pessoal" (DARDOT; LAVAL, 2010, p. 412).

Esse investimento extremo sobre si e suas capacidades aparece, ao mesmo tempo, como plena realização individual e como disciplina inflexível – tomando aqui disciplina em sentido lato. Quando o indivíduo é colocado como centro da dinâmica, na verdade pesa sobre ele com máximo vigor uma lei externa, a lei da valorização do capital. Ao internalizá-la, é o próprio indivíduo que passa a exigir de si mesmo ser um empreendedor bem-sucedido, buscando "otimizar" o potencial de todos os seus atributos capazes de ser "valorizados", tais como imaginação, motivação, autonomia, responsabilidade. Essa subjetividade ilusoriamente inflada provoca inevitavelmente, no momento de seu absoluto esvaziamento, frustração, angústia associada ao fracasso e autoculpabilização; a patologia típica nesse contexto é a depressão.[1]

---

[1] Ver "A hipótese depressiva", de Christian Dunker, neste volume.

A "autonomia", no sentido de dar a si mesmo o princípio de sua ação, converte-se na mera internalização das injunções do mercado, tal como a "liberdade de empreender", que envolve "transformar os trabalhadores em empreendedores de suas próprias tarefas. É na figura do empreendedor, no homem empreendedor, que se focaliza a autonomia. O espírito de empresa, a ação de empreender, é a pedra de toque da transformação da gestão de recursos humanos, ou seja, da gestão das relações entre a empresa e seus empregados" (Ehrenberg, 2010, p. 86).

Mas é importante sublinhar que a concepção de sujeito neoliberal guarda elementos de contradição, inflexão e ambivalência, sendo impossível traçar uma linha evolutiva contínua, sem quebras, de seu desenvolvimento. Na medida em que seus teóricos preconizam o mundo como um grande mercado, onde sujeitos racionais agem livremente em busca de satisfação, essa suposta ação espontânea corresponde sempre à lógica da valorização do capital, do qual cada sujeito é portador. Dessa forma, a "razão humana", que caracteriza esse agir, é concebida como a razão dos mercados, sendo o capitalismo o resultado natural desse agir espontâneo. No entanto, essa exaltação da liberdade humana corre em paralelo com a elaboração de modos de controle cada vez mais sofisticados. Sob o neoliberalismo, a coerção é internalizada, de modo que os sujeitos se autorreificam sob a égide da lógica da mercadoria. Essa forma de autogoverno é, como diz Ehrenberg, a mais efetiva, pois "só são eficazes os sistemas de governo que nos ordenam ser nós mesmos, saber empregar nossas próprias competências, nossa própria inteligência, ser capazes de autocontrole. A gestão pós-disciplinar é uma tentativa de forjar uma mentalidade de massa que economiza ao máximo o recurso às técnicas coercivas tradicionais" (Ehrenberg, 2010, p. 89).

Essa "gestão pós-disciplinar" (similar à "sociedade de controle" descrita por Deleuze) sucede o regime disciplinar em sentido estrito, associado por Foucault ao panóptico idealizado por Jeremy Bentham, cujo utilitarismo é um dos antecedentes teóricos do neoliberalismo.

Neste capítulo, mostraremos em detalhe como os autores que precederam os neoliberais concebiam a ação espontânea dos indivíduos. Procuraremos evidenciar as contradições desse discurso que procurou conscientemente dar legitimidade à ordem capitalista em seus momentos de crise, embora as diversas teorias sejam apresentadas hoje nos manuais de economia como descoladas da concretude histórica. Nosso foco é a concepção de sujeito presente nessas teorias, articulada a uma visão moral sobre a inserção do sujeito no mercado, que antecipa em certa medida a emergência do neoliberalismo como psicologia moral.[2]

A utilidade como disciplina

Poderíamos abordar uma genealogia do sujeito neoliberal através dos desdobramentos da concepção liberal de liberdade como "propriedade de si" (*self-ownership*) que aparece pelas mãos dos *Levellers* no interior da efervescência política da Inglaterra do século XVII e alcança rapidamente sua formulação liberal com John Locke. No entanto, este artigo se dedicará à exploração de outra via, a saber, a que parte da constituição de uma espécie de "duplo empírico-transcendental" através dos desdobramentos da articulação econômico-psicológica do conceito de "interesse".

Desde o surgimento da economia política, em meados do século XVIII, o conceito de *interesse* serve de fundamento para a concepção liberal de ação humana. O fato de "*interest*", em inglês, também significar "juro" já indica sua afinidade com o mercado (extrapolando essa relação para o âmbito do neoliberalismo, vale lembrar que a finalidade na base do conceito de "capital humano" é a autovalorização através da educação, tal como o juro valoriza o capital). Tal afinidade remete ao fato de que o surgimento da doutrina liberal se confunde com a ascensão da burguesia industrial. Nas "profissões industriosas", assinala Hume (1998, p. 183), "o amor do ganho prevalece sobre o amor do prazer". Frequentemente, o interesse aparece em textos desse período como uma espécie de instância intermediária entre a paixão e a razão. Com o tempo, consolida-se a ideia do interesse como contraposição à paixão. Conforme Hirschman (1997), muitos autores modernos defendem que a melhor forma de combater os efeitos negativos das paixões é contrapor-lhes outras paixões que, de alguma forma, contrabalancem-nas. Em outras palavras, a disposição intrínseca à acumulação teria um efeito corretivo sobre os afetos.

---

[2] Ver "A economia é a continuação da psicologia por outros meios: sofrimento psíquico e o neoliberalismo como economia moral", de Vladimir Safatle, neste volume.

Já em *A teoria dos sentimentos morais*, de 1759, Adam Smith (1984, p. 190) reconhece a centralidade do objetivo da "aquisição de fortuna", em torno do qual se mobilizam virtudes como "frugalidade, indústria e aplicação" – virtudes que sacrificam o prazer presente para assegurar um prazer maior no futuro. Em *A riqueza das nações*, de 1776, Smith (1981, p. 26-27) afirma que as relações sociais baseadas no interesse constituem vínculos mais efetivos do que qualquer outro princípio: "Não é da benevolência do açougueiro, do cervejeiro ou do padeiro que esperamos nosso jantar, mas da consideração que eles têm por seu próprio interesse". Assim, os seres humanos tendem naturalmente à troca, porque o que os move é a vantagem individual, e não um sentimento abstrato de humanidade que busca promover a felicidade alheia. De maneira geral, o mercado é concebido como o espaço de realização possível do bem-estar pela via da acumulação crescente de riqueza e da satisfação individual. No mesmo sentido, na *Fábula das abelhas*, de 1714, Mandeville (1962) afirma que os "vícios privados", tais como a ambição e o egoísmo, correspondem a "benefícios públicos", na medida em que aqueles estão ligados intimamente ao interesse que impulsiona o progresso econômico. Para Mandeville e Smith, cada indivíduo busca seu interesse pessoal, e a conciliação social dos distintos interesses dá-se *a posteriori*. A conexão entre o individual e o coletivo tem um caráter não planejado, involuntário, de modo que cada um "é levado [...] a promover um objetivo que não fazia parte de sua intenção" (Smith, 1981, p. 456).

Essas ideias ganham substância mais tarde, com o advento da teoria utilitarista na passagem do século XVIII para o século XIX. No lugar das relações sociais definidas pela lealdade, o utilitarismo de Bentham e John Stuart Mill dá lugar central à noção de utilidade. Trata-se do princípio da maximização do prazer ou, simetricamente, da minimização da dor nas ações humanas. Em Bentham, o prazer e a dor podem ser medidos de acordo com os critérios de intensidade, duração, certeza ou incerteza, proximidade ou afastamento, fecundidade e pureza. Quando se considera um grupo de pessoas, a tais critérios é acrescentado o de extensão, que diz respeito ao número daqueles que são afetados (Bentham, 1879, p. 29-30). Em Mill, a dimensão do cálculo ganha uma amplitude ainda maior de aplicação. Ele esforça-se para demonstrar que o qualitativo também está sujeito a certo tipo de cálculo. Ou seja, mesmo aquilo que evidencia uma qualidade diferente na ação, como a atividade intelectual, o gozo estético ou o exercício da virtude, é passível de cálculo. "A economia política", sustenta Mill (1844, p. 144), "pressupõe uma definição arbitrária do homem como um ser que, inevitavelmente, faz aquilo através do qual ele pode obter a maior quantidade de itens necessários, comodidades e luxos com a menor quantidade de labor e sacrifício físico com a qual estes podem ser obtidos". Ou seja, na concepção do *homo œconomicus*, a vida reduz-se às operações de troca e rentabilidade.

O utilitarismo representa o ideário da burguesia urbana ascendente na Inglaterra e "proporcionou o mais cortante dos machados radicais com que se poderia derrubar as instituições tradicionais que não sabiam responder às triunfantes perguntas: É racional? É útil? Contribui para a maior felicidade do maior número de pessoas?" (HOBSBAWM, 2010, p. 373). Seus adeptos atuaram de forma politicamente engajada em favor das transformações sociais em curso na Inglaterra. Muitos registros de discussões parlamentares mostram como os argumentos em favor da liberalização econômica eram pautados em larga medida por essa tradição teórica.

Os seguidores de Bentham lutaram no Parlamento contra os antigos privilégios aristocráticos e tentaram instituir seus princípios de classe, a saber, as liberdades individuais, de propriedade e comércio. Afinal, tratava-se de agir segundo o cálculo das condições da maior felicidade para o maior número, entendida como o cálculo da maior riqueza para o maior número de beneficiários possível. É bem verdade, no entanto, que a crise econômica das décadas de 1830 e 1840 e o aumento exponencial do número de miseráveis na Inglaterra mostraram que a utilidade não era um vínculo social tão permanente e confiável para a ampla maioria da população inglesa.

Os utilitaristas exerceram uma influência decisiva sobre processos parlamentares de cunho liberal na Inglaterra, como o Ato da Reforma[3] e a nova Lei dos Pobres (*Poor Law*), promulgada em 1834.

---

[3] O termo "praxeologia" foi empregado pela primeira vez em 1890 por Espinas, em seu artigo "Les origines de la technologie" (*Révue Philosophique*, ano XV, v. 30, p. 114-115) e, depois, em seu livro publicado em Paris, em 1897, com o mesmo título.

Essa lei modificava a legislação que determinava assistência aos pobres desocupados. Segundo a antiga lei, essas pessoas poderiam tanto requerer postos de trabalho em regiões vizinhas como obter auxílio para complementar um salário insuficiente (Halévy, 1995, p. 68). Mas, com o advento da Revolução Industrial, houve um aumento brusco do desemprego, acompanhado de uma queda do nível dos salários. A população ativa, portanto, empobreceu ainda mais, e o sistema antigo passou a sofrer forte pressão. Aos poucos, casas de correção (*workhouses*) foram estabelecidas nas províncias para a população pobre desocupada.

Em 1832, formou-se uma comissão especial para reformular a Lei dos Pobres em vigor. Ela era composta por benthamistas e utilitaristas bastante favoráveis a uma reforma radical. Um dos discípulos de Bentham, Edwin Chadwick, conhecido por ser um "benthamista fanático", foi encarregado de escrever longos trechos do relatório da lei, *Os princípios teóricos da nova legislação*. Ele baseava-se, de um lado, no utilitarismo de Bentham e, de outro, na teoria sobre a população de Thomas Malthus. Esses princípios foram resumidos por um dos membros benthamistas da comissão, John Rickman, da seguinte forma: "Não é possível dar conforto aos pobres sem que eles se multipliquem" (*apud* Peacock, 1978, p. 53). Conforme o princípio de utilidade, esses parlamentares raciocinaram que, suspensa a assistência externa aos pobres e endurecidas as condições de vida nas *workhouses*, os trabalhadores seriam impulsionados a aceitar qualquer posto de trabalho fora dali, independentemente da remuneração oferecida. Segundo Karl Polanyi, o próprio Bentham foi favorecido pessoalmente com a nova regulação: os irmãos Jeremy e Samuel Bentham decidiram empregar em sua fábrica de metal não máquinas a vapor, mas prisioneiros, que seriam depois substituídos por pobres desocupados. O célebre modelo do panóptico criado por Jeremy, já amplamente empregado em prisões, seria a base do projeto dessa fábrica (Polanyi, 2001, p. 112).

As terríveis *workhouses*, concebidas pelos parlamentares benthamistas radicais, logo foram apelidadas de "bastilhas", tendo algumas delas sido atacadas e queimadas ao longo da década de 1830 (Thompson, 1987, p. 1115). Apesar disso, os membros da comissão acreditavam que o antigo sistema corrompia moralmente os trabalhadores e que a nova legislação levaria à maior felicidade possível para o maior número de pessoas. A dor que os pobres eventualmente sentissem teria um efeito corretivo. Um dos redatores da lei, James Kay-Shuttleworth, chegou a escrever: "O efeito da lei é quase mágico, e eu devo confessar a você que eu vivi uma vida de contentamento moral e intelectual ao efetivar e testemunhar essa grande mudança" (*apud* PEACOCK, 1978, p. 53). A pobreza, o desemprego e a indigência seriam, portanto, desvios morais a serem corrigidos pelo princípio de utilidade.

> A nova lei, redigida por Edwin Chadwick, ex-secretário particular de Jeremy Bentham, e aprovada quase sem discordância, refletia de modo claro a ideia burguesa e liberal sobre como alcançar 'a maior felicidade para o maior número de pessoas'. Os donativos deveriam cessar imediatamente. Os pobres que fossem incapazes de prover seu sustento deveriam ser confinados em asilos (*workhouses*), nos quais as condições de vida deveriam ser tão severas que compelissem os internos a partir e aceitar qualquer trabalho que pudessem encontrar fora deles (BURNS, 1993, p. 561).

A carência e a dor são, segundo a doutrina utilitarista, excelentes motivos para agir. A constante vigilância significa, no contexto da fábrica ou da prisão, a ameaça constante de penalidade em um eventual desvio.

Como já foi dito anteriormente, para Bentham o homem, segundo sua natureza, é governado por dois mestres: a dor e o prazer: "Eles nos governam em tudo o que fazemos, em tudo o que dizemos, em tudo o que pensamos" (BENTHAM, 1988, p. 1). Não só isso, esses mestres são qualificadores: a dor é, em si mesma, um mal; o prazer, um bem (p. 102). No entanto, aparentemente tais princípios não seriam suficientes para guiar a ação, de modo que Bentham sentiu a necessidade de elaborar uma moral. Na *Deontologia ou a ciência da moralidade*, o autor prescreve o que deve ser feito em toda ocasião (BENTHAM, 1834, p. 21). Tendo essas orientações em mente, pode-se aprender a estimar corretamente as obrigações e os interesses de cada um. O objetivo está em seu caráter disciplinador: vigiar a si mesmo. Eis também um dos objetivos do internamento compulsório dos pobres nas *workhouses*.

Também Mill propõe uma disciplina dos indivíduos, que se efetivaria na medida em que haveria certa dor no desvio da norma, provocada por uma "sanção interna":

> A sanção interna do dever é sempre uma e a mesma, seja qual for o nosso critério do dever: um sentimento em nossa própria mente, uma dor mais ou menos intensa que acompanha a violação do dever e que, nos casos mais sérios, faz com que as naturezas morais devidamente formadas recuem como ante uma impossibilidade. Esse sentimento, quando desinteressado e vinculado à ideia pura do dever e não a alguma forma particular do dever ou a qualquer circunstância meramente acessória, constitui a essência da consciência (Mill, 2000, p. 53).

Assim, é preciso obedecer ao critério moral, sob o risco de sentir dor, de modo que a fonte da obrigação é evitar a pena da própria consciência. "Assim, a sanção última de toda moralidade (à parte motivos externos) é um sentimento subjetivo em nossas mentes" (Mill, 2000, p. 53). Evita-se, por essa razão, o erro e procura-se seguir o princípio da felicidade da maioria. Por sua vez, esse princípio deve ser *interiorizado*, "até que, mediante o aperfeiçoamento da educação, o sentimento de união com o próximo esteja (como sem dúvida Cristo pretendeu que estivesse) tão profundamente enraizado no caráter e seja a consciência uma parte de nossa natureza, quanto o horror ao crime está enraizado em todo jovem razoavelmente bem educado" (p. 52). Essa internalização da norma é um processo que se aprofunda com o desenvolvimento da sociedade: "Com o avanço da civilização, essa forma de concebermos a nós próprios e a vida humana é cada vez mais sentida como algo natural" (p. 58). Como vemos, Mill também não esconde que não se trata de algo natural, mas de algo que iremos sentir *como* natural.

Calcular a liberdade

Além de expressar uma nova ordem social, o utilitarismo forneceu alternativas, tanto teóricas como práticas, a uma situação de crise que se manifestava no aumento da miséria na primeira metade do século XIX. De modo análogo, a "escola marginalista" de economia surgiu como tentativa de dar conta da crise do capitalismo em sua época. Tradicionalmente, sua origem é vinculada à publicação, quase simultânea, no começo da década de 1870, dos trabalhos de Stanley Jevons, Léon Walras e Carl Menger. Partindo da matriz utilitarista, os marginalistas concebem os mercados como sendo baseados no cálculo do valor-utilidade. Trata-se, assim como no utilitarismo, de uma concepção dos processos econômicos centrada no indivíduo, e não nos processos objetivos do capital: o que prevalece é a busca individual pela maximização de seu bem-estar. De modo geral, é possível dizer que o marginalismo constitui uma alternativa à economia política clássica, de Smith e David Ricardo, assim como à crítica a ela feita por Karl Marx. A centralidade do valor das mercadorias não está, para ele, no *quantum* de tempo de trabalho socialmente necessário para produzi-las (como preconizavam os clássicos), mas na função entre sua utilidade para os consumidores e sua quantidade disponível.

O *homo œconomicus* marginalista consiste na redução, subjetiva e individualista, do consumidor à capacidade de ordenar suas preferências e efetuar escolhas alternativas em vista da maximização de sua satisfação global. Abstraído de seu contexto, sua classe social e a totalidade do sistema, esse sujeito reflete algo da dinâmica do capitalismo financeiro, então em pleno desenvolvimento. Nesse contexto, ajusta-se plenamente a uma concepção centrada nas escolhas individuais do agente que investe, compra e vende. O marginalismo aparece, assim, como uma doutrina coerente a essa espécie de grande cassino que é o mercado financeiro ascendente.

Segundo os marginalistas, a utilidade de um bem não somente é variável em relação aos indivíduos, mas também difere, para um mesmo indivíduo, segundo a quantidade disponível desse bem no momento que ele aprecia sua utilidade. Um bem amplamente disponível, como o ar, não tem valor algum, ainda que ele seja extremamente útil. Em outras palavras, o valor de um bem se funda no julgamento subjetivo de cada indivíduo quanto à sua utilidade em função de sua escassez no mercado. A teoria marginalista é construída a partir da centralidade da utilidade da última unidade do bem consumido, ou seja, a *utilidade marginal*, que não deve ser confundida com a utilidade média desse bem. Todo esforço consiste em quantificar essa variação de valor ao longo do tempo: à medida que a quantidade de bens consumidos aumenta, a utilidade do último bem adquirido tende a diminuir. O valor de um copo d'água é tanto menor quanto maior é o grau de satisfação do indivíduo a cada nova unidade consumida. A utilidade marginal é, portanto, sempre decrescente. A partir desse princípio, é possível calcular a tendência dos preços, do lucro e até mesmo dos salários, na medida em que o trabalho é percebido como uma mercadoria igual a qualquer outra.

Por meio do conceito de utilidade marginal, é possível calcular em que circunstâncias um mercado pode chegar ao seu equilíbrio, ou seja, quando todos os portadores de mercadorias obtêm a maior satisfação de suas necessidades, e a relação entre a escassez de duas mercadorias (ou seja, a razão entre sua limitação e sua utilidade) quaisquer, cujos preços são iguais, é a mesma para todos os detentores dessas duas mercadorias. Se os economistas clássicos, seguindo Smith e Ricardo, perguntam-se: "de onde vem a riqueza de um país?", "como é possível aumentá-la?", "como essa riqueza é repartida entre os agentes econômicos?", os marginalistas – frequentemente chamados de neoclássicos – rompem com essa abordagem, centrando sua atenção no funcionamento dos mercados. Os problemas do equilíbrio instantâneo entre oferta e demanda entre diferentes mercados são seu objeto privilegiado, em detrimento do estudo sobre os efeitos dinâmicos de longa duração. Essa abordagem enfatiza formulações matemáticas em que os comportamentos individuais são quantificados. Não é de se admirar que fenômenos coletivos, tais como aqueles ligados às relações entre classes sociais, são negligenciados (Brémond, 1989), uma vez que não é possível separar o surgimento dessa doutrina do contexto de agitações sociais que a Europa vivia naquele momento.

O esforço para matematizar o princípio utilitarista da maximização do prazer fica evidente sobretudo na teoria econômica de Jevons. Imerso em um ambiente intelectual profundamente influenciado pelo utilitarismo, Jevons concebe sua *Teoria da economia política* em continuidade com a filosofia moral de Bentham. Além de seguir os princípios deste, aplica a eles o método matemático, o único adequado, a seu ver, para abordar a economia política. Já na introdução da sua obra principal, Jevons (2013, p. 3) declara: "É claro que a Economia, se for para ser uma ciência, deve ser uma ciência matemática", e isso "simplesmente porque ela trabalha com quantidades" (p. 3) – entre as quais as quantidades de prazer e dor.

Jevons busca quantificar os afetos, expressando uma concepção *aritmética* do prazer e da dor, para alcançar a verdadeira teoria da utilidade (Sigot, 2002, p. 265). "Qualquer coisa que produza prazer ou previna dor pode possuir utilidade. [...] mas nós devemos tomar cuidado para não restringir o significado da palavra [utilidade] por qualquer consideração moral" (Jevons, [s.d.], p. 38). Afirmações dessa natureza levam a uma mudança radical do papel da subjetividade no cálculo econômico. Por subjetividade Jevons entende a relação de atração existente entre um ser desejante e aquilo que ele deseja, cuja compreensão por parte do economista deve restringir-se a termos estritamente quantitativos. Em outras palavras, recaem além dos limites da ciência econômica considerações sobre os determinantes fisiológicos, psicológicos ou sociais da ação humana. Aliás, é também sobre esse ponto que se situa a recusa de Jevons da teoria utilitarista de Mill, segundo a qual seria possível distinguir prazeres de elevada e de baixa qualidade. Para Jevons, não se trata de recusar a existência de qualidades distintas de prazer; o problema está no fato de Mill pressupor a existência de um juiz externo responsável por emitir um veredito sobre tais qualidades. Se Jevons prefere o utilitarismo de Bentham, é porque "nenhum juízo externo está envolvido na sua abordagem. Qualidade, então, não é mais uma característica exógena. Ao contrário, é endógena na medida em que o próprio indivíduo julga a qualidade de prazer ou dor que ele antecipa" (Sigot, 2002, p. 272). Há aí, portanto, uma moral, mas imanente à escolha subjetiva.

À diferença de Jevons, Marshall relativiza a possibilidade de matematizar a ação humana por inteiro. Apesar de se valer da matemática como instrumento de cálculo do desejo, Marshall toma-a apenas como auxílio secundário, pois o cálculo, uma vez que é abstrato, não pode corresponder à realidade, sempre sujeita à contingência. Marshall reconhece que há leis na economia, mas nenhuma pode ser tão exata como as leis físicas. Elas são leis da ordem do *provável*. Por isso, a economia política é definida por Marshall como o estudo dos negócios ordinários da vida dos indivíduos.

A questão colocada por Marshall diz respeito à possibilidade de medir a motivação dos indivíduos. É o próprio autor que indica esta como sendo a dificuldade de seu tratado de economia. Ele considera necessário um estudo estatístico o mais próximo possível da situação real que os homens vivem no dia a dia. A teoria de Marshall se diz uma introdução à economia: os problemas econômicos apresentados são tratados de forma estática, ou seja, numa situação ideal, de equilíbrio. Mas, como ele reconhece, as coisas se complicam quando nos aproximamos das condições reais da vida. Aqui seria necessário pensar uma economia orgânica. Sua teoria é uma introdução necessária para, em suas palavras, um tratamento mais filosófico da sociedade como um organismo seja possível no futuro (Marshall, 1997, p. 277). Por isso, a economia visa aos efeitos da motivação do indivíduo: em que e em qual quantidade as pessoas gastam sua riqueza, pois, diz Marshall (p. 39), "o dinheiro nos fornece regularmente uma boa medida da força por trás de grande parte dos motivos pelos quais as vivências humanas são formadas".

Trata-se de uma espécie de ciência da observação para uma possível previsão das condutas humanas no contexto do mercado: "É a deliberação e não o egoísmo que é a característica da idade moderna" (Marshall, 1997, p. 6). A decisão de comprar e vender seria o elemento fundamental da ação humana. A *liberdade econômica* seria, portanto, a deliberação do indivíduo que visa à maximização de sua utilidade. "A economia subjetivista moderna", afirma Mises (1998, p. 3), "converteu a teoria de preços de mercado numa teoria geral da escolha humana". Nesse sentido, a *escolha* do agente portador de dinheiro no mercado se configura como a própria essência da ação humana. "A 'liberdade de escolher' se identifica de fato à obrigação de obedecer a uma conduta de maximização em um quadro legal, institucional, regulamentar, arquitetural, relacional, que deve precisamente ser construído para que o indivíduo escolha 'com toda liberdade' o que ele deve obrigatoriamente escolher no seu próprio interesse" (Dardot; Laval, 2010, p. 300). Aquilo que é preconizado como liberdade de escolha revela-se, portanto, como coerção a certa conduta, condizente aos princípios da ação de valorização do capital. Eis o pressuposto para a harmonia entre indivíduo e sociedade, agente e mercado.

À diferença do utilitarismo, o marginalismo introduz a ideia de que os mercados tendem a uma situação de equilíbrio, total ou parcial. Essa tese é curiosa, na medida em que ela foi formulada justamente em um momento em que a economia sofria o que é chamado por alguns autores de Longa Depressão, dos anos 1870 aos anos 1890. Walras idealizou uma situação de concorrência perfeita, em que nenhuma troca deve ser feita sem que sejam conhecidas todas as condições e que todos os agentes ajam livremente para aumentar seus lances e oferecer em liquidação. O mercado é, assim, concebido como um pregão, onde os compradores aumentam seus lances e os vendedores oferecem seus bens em liquidação. Em outros termos, a concorrência perfeita supõe *informação perfeita* e *livre iniciativa*, condições que conduziriam ao equilíbrio.

O mundo se reduziria, portanto, a esse vasto mercado geral composto de diversos mercados específicos em que a riqueza social é vendida e comprada, e, para nós, trata-se de reconhecer as leis segundo as quais essas vendas e compras tendem por si próprias a serem feitas. Para isso, supõe-se sempre um mercado perfeitamente organizado em relação à concorrência, como a mecânica pura supõe máquinas sem atrito (Walras, 1996, p. 34). A centralidade da ação individual é, pois, associada à abstração de toda disfuncionalidade objetiva. É nisso que consiste a "economia pura" formulada por Walras. Se a satisfação máxima não puder ocorrer, isso significa que existem obstáculos a serem superados para que a concorrência ocorra perfeitamente, de modo que a concorrência perfeita permanece como uma situação ideal a ser sempre perseguida.

A ordem espontânea do mercado

Se Marshall e Walras salientam, por diferentes vias, a ideia de equilíbrio, Menger destaca a espontaneidade do mercado. A posição de Menger contra o planejamento centralizado da economia manifesta-se principalmente através de sua concepção de uma ordem social espontânea, cujo exemplo paradigmático concerne à origem do dinheiro. Para Menger (1985), nos primórdios da história, cada um trocava seus bens excedentes pelos de outros. Com o tempo, as pessoas começaram a perceber que alguns bens eram mais desejados e, por isso, mais fáceis de ser trocados do que os demais, passando a privilegiar a posse dos primeiros. Processos semelhantes são encontrados em outras instituições. A ideia de uma ordem social espontânea remete ao fato de que instituições como o mercado são o resultado não previsto de atividades humanas. Aqui de novo aparece a ideia de que a ordem capitalista é um desenvolvimento natural da ação livre humana.

Menger é considerado o fundador da chamada Escola Austríaca, que se desdobra em várias gerações e inclui figuras centrais do neoliberalismo, como Ludwig von Mises e Friedrich von Hayek. "Foi através desse livro", declara Mises (2009, p. 25) a propósito dos *Princípios da economia*, de Menger, "que me tornei economista." A posição singular de Menger entre os marginalistas e a forma como ele antecipa aspectos do neoliberalismo relacionam-se numa importante medida às peculiaridades da discussão econômica no universo germanófono. Na Alemanha, a influência da economia clássica, na qual o valor está associado ao custo dos fatores de produção, é contrabalançada, especialmente na primeira metade do século XVIII, pela influência de autores como Condillac, que destacam a subjetividade do valor. Por outro lado, devido à relativa fraqueza de sua economia na época da unificação, o país é levado a valorizar a intervenção estatal (a concepção de Estado do bem-estar social, por exemplo, inicia-se com Bismarck), que goza de bastante prestígio junto ao historicismo, corrente hegemônica entre os economistas alemães nas últimas décadas do século XIX. Essas duas referências estão bastante presentes em Menger: o subjetivismo serve-lhe de inspiração; já o historicismo de seus contemporâneos é combatido por ele na chamada "controvérsia dos métodos" (*Methodenstreit*).

É possível remontar a concepção marginalista do valor à obra de Condillac, *O comércio e o governo*, publicada no mesmo ano que *A riqueza das nações*: "É natural que uma necessidade sentida mais fortemente dê às coisas um valor maior, e uma necessidade menos premente lhes dê um valor menor. O valor das coisas, portanto, cresce com a escassez e diminui com a abundância" (Condillac, 1776, p. 11). Aprofundando-se nessa linha, o economista alemão Hildebrand, em livro publicado originalmente em 1848, sustenta que "cada espécie de bem tem a medida de seu valor de uso na soma e na hierarquia das necessidades humanas que ela satisfaz" e que o valor de uso "se distribui entre as unidades da espécie de bem de acordo com a quantidade das mesmas" (Hildebrand, 1922, p. 258). Menger retoma essas ideias, propondo que se ordenem as unidades disponíveis de uma espécie de bem de acordo com a importância decrescente da satisfação das necessidades proporcionada por cada unidade. É a unidade de um bem associada à menor satisfação que define seu valor, pondera Menger, chegando assim a uma concepção de utilidade marginal similar às de Jevons e Walras, apesar de não empregar essa expressão.

Como os outros marginalistas, Menger (2007) propõe o ordenamento de diferentes experiências de satisfação. Apesar de privilegiar o aspecto quantitativo, não se trata, para ele, de medir precisamente as quantidades de satisfação embutidas em diferentes experiências, e sim de comparar essas quantidades entre si, definindo graus de satisfação diferentes, ou seja, hierarquizando as experiências em mais ou menos satisfatórias. A centralidade da hierarquização aparece igualmente em Mises (1998, p. 3), para quem "nada que os homens almejam ou desejam evitar permanece fora desse arranjo em uma única escala de gradação e preferência". Aqui, observa-se um elemento importante do conceito de liberdade desses autores: a liberdade implica um esforço permanente de hierarquização do mundo, necessário para o exercício da escolha racional.

Vemos pois que, influenciado pelo utilitarismo, o marginalismo mantém ou aprofunda certas características deste. A mensuração da utilidade chega, em alguns casos, a assumir a forma de matematização. A própria liberdade torna-se potencialmente calculável por meio da quantificação de satisfação de cada alternativa e sua classificação em relação às outras.

A racionalidade mercantil do sujeito e de sua ação

A ideia de que o sujeito é movido pelo interesse, pela utilidade, pela satisfação, e de que isso é mensurável, converge para uma concepção do sujeito e de sua ação como essencialmente racionais. Essa acepção estreita de razão, reduzida ao cálculo mercantil, permanece sendo a base do que posteriormente veio a ser chamado de doutrina neoliberal.

Em meio ao clima de reconstrução que se seguiu ao desastre da Segunda Guerra Mundial, Mises publica, em 1949, a *Ação humana*, em que procura desenvolver uma ciência geral da ação humana, designada como *praxeologia*. As premissas fundamentais dessa nova disciplina podem ser resumidas nas seguintes sentenças: todo indivíduo, por estar vivo, não está plenamente satisfeito, e sempre age para buscar maior conforto; a busca desse conforto é a busca pela felicidade; quanto mais se satisfaz, mais o indivíduo se torna feliz. Toda ação exprimiria a vontade do indivíduo e a forma como ele busca diminuir seu desconforto. A busca pela felicidade funde-se com a ideia mercadológica de demanda, de modo que os afetos humanos passam a ser reduzidos a motivações para investir, comprar e vender. Que se veja, por exemplo, a maneira como as ideias de satisfação e desconforto entram em simbiose com as noções de lucro e prejuízo:

> lucro, no sentido mais amplo, é o ganho decorrente da ação; o aumento de satisfação (redução de desconforto) obtido; é a diferença entre o maior valor atribuído ao resultado obtido e o menor valor atribuído aos sacrifícios feitos para obtê-lo; em outras palavras, é rendimento menos custo. Realizar um lucro é invariavelmente o objetivo de toda ação. Se uma ação não atinge aos objetivos visados, o rendimento ou não excede os custos, ou lhes é inferior. Neste último caso, o resultado é uma perda, uma diminuição de satisfação. Lucro e perda, neste sentido original, são fenômenos psíquicos e, como tal, não são suscetíveis de medição nem podem ser expressos de uma maneira tal que informe a outras pessoas quanto à sua intensidade. Uma pessoa pode dizer que *a* lhe convém mais do que *b*; mas não pode informar a outra pessoa, a não ser de maneira vaga e imprecisa, em que medida a satisfação obtida de *a* excede a obtida de *b* (MISES, 2010, p. 349).

Note-se que o pressuposto fundamental da praxeologia é que toda e qualquer ação tem por objetivo realizar um lucro, alçado a "fenômeno psíquico". A praxeologia consiste em uma descrição em termos grosseiramente antropológicos do *homo œconomicus*. "Ação e razão são congêneres e homogêneas; podem até ser consideradas dois aspectos diferentes da mesma coisa" (MISES, 2010, p. 67). A razão humana e a razão do mercado são uma e a mesma, sendo, portanto, o mercado um resultado necessário de toda ação humana. O que verificamos fora do domínio racional é um dado natural – como os instintos e o que se denomina inconsciente. Podemos entender, assim, a recusa de Mises ao comportamentalismo, na medida em que este interpreta a ação como uma resposta a estímulos do ambiente, sem acentuar a agência consciente na escolha dos meios.

Para Mises, à diferença dos animais, os seres humanos são racionais e agem segundo premissas lógicas que excluem os instintos e as emoções para obter maior eficácia na ação. O ser humano seria capaz de reprimir certos desejos para satisfazer outros que sejam alcançáveis: "O homem não é um fantoche de seus apetites" (Mises, 2010, p. 41). A racionalidade humana derivaria da lógica, seria um dado *a priori*: condições intelectuais de pensamento, necessárias e inevitáveis, anteriores a qualquer momento real de concepção e experiência, pois "é impossível à mente humana conceber relações lógicas diferentes de sua estruturação lógica" (p. 50). A relação de causalidade, o princípio de não contradição etc. são as condições de possibilidade da ação. Daí por que Mises faz uma associação entre as crianças, os velhos e os loucos, que parecem perder a lógica própria da ação racional. As crianças, por ainda não terem maturidade para agir por conta própria; os velhos, por não terem mais nada a perder; e os loucos, por simplesmente criarem outra lógica. Em outras palavras, "só pode agir o homem que percebe o mundo à luz da causalidade. Nesse sentido é que podemos dizer que a causalidade é um requisito da ação" (p. 47).

A lógica, por sua vez, é correlata à própria lógica do capital:

> A sociedade de mercado não foi concebida por uma mente suprema; não foi primeiro planejada como um esquema utópico para então ser posta em funcionamento. Ações espontâneas de indivíduos, visando nada mais que superar seu próprio estado de satisfação, corroeram, pouco a pouco, o prestígio do sistema de hierarquia coerciva. Só então, quando já não se podia mais questionar a eficiência superior da liberdade econômica, a filosofia social entrou em cena e demoliu a ideologia do sistema de status. A supremacia política dos defensores da ordem pré-capitalista foi neutralizada com guerras civis. A própria economia de mercado não foi um produto de ação violenta – de revoluções –, mas de uma série de pacíficas mudanças graduais. As implicações do termo "revolução industrial" são completamente enganosas (p. 135).

Observa-se aqui como Mises cria seu mito fundador da economia de mercado: justamente porque há um paralelismo entre a razão humana e a razão do mercado é que o surgimento do capitalismo se terá dado a partir de "uma série de pacíficas mudanças graduais", afirmação totalmente falsa em termos históricos e que só pode se justificar por seu compromisso de defesa ideológica da ordem vigente. Basta retomar, a esse respeito, a maneira violenta como os pobres ingleses foram forçados a ingressar nas *workhouses* e nas fábricas nos inícios da modernidade capitalista, isso para não falar em guerras de conquista colonial, lutas sociais contra classes pobres e políticas de extermínio.

Mudar a alma

Depois da Grande Depressão do início dos anos 1930 e diante do aumento da influência de doutrinas intervencionistas do Estado, alguns autores buscaram elaborar teorias que recolocassem a liberdade econômica no centro do sistema. Bem entendida, essa liberdade individual só seria possível em uma situação de livre-concorrência. Esse foi o argumento central de Hayek, por exemplo. Também aparece naquilo que Milton Friedman (1985, p. 182) diz ser "uma das mais poderosas e mais criativas forças conhecidas pelo homem – a tentativa de milhões de indivíduos de defender seus interesses, de viver suas vidas de acordo com seus próprios valores". Tratava-se, sobretudo, de dar uma resposta alternativa à crise de amplas dimensões que se instalava na Europa, uma resposta que não recaísse na ampliação do controle estatal. Para esses pensadores, a "única saída" seria o neoliberalismo.

Assim, quando o termo "neoliberalismo" surge no Colóquio Walter Lippmann, realizado em Paris, no ano 1938, ele simboliza o esforço para restaurar certas bases teóricas do liberalismo, num contexto em que este havia perdido a hegemonia. Esse ideário, tão múltiplo em suas formulações quanto em suas práticas, desenvolve-se nas décadas seguintes em *think tanks* com apoio maciço de corporações. Seu principal polo de organização, a partir de 1947, é a Sociedade Mont Pèlerin.

No artigo elaborado por Eamonn Butler que trata da história dessa sociedade, constam algumas de suas preocupações:

> Quais eram as características essenciais de uma ordem competitiva? O que pode ser feito sobre a instabilidade monetária? Os governos deveriam regular monopólios, salários e agricultura? Os governos conseguem manter baixo o nível de desemprego? Solidariedade e segurança são mais importantes do que competição

e crescimento econômico? O liberalismo é uma questão de crença ou sua justeza pode ser demonstrada logicamente? Uma economia livre é necessária para uma sociedade livre? O quão importante o liberalismo é para a religião? [...] E a questão mais importante na época: a Alemanha pode ser novamente reabilitada? (BUTLER, [s.d.], p. 4)

Apesar das desavenças sobre as possíveis respostas a esse tipo de questões, os participantes encontraram alguns princípios em comum que fundaram essa sociedade. Fundamentalmente, eles defendem que a liberdade só é possível em um mercado livre, em que é necessária uma irresistível força governamental que o garanta. O manifesto elaborado por essa sociedade segue uma ordem clara: é preciso primeiramente um diagnóstico de época em relação aos valores da sociedade; depois, uma busca para entender por que esses valores estão sendo ameaçados; por fim, são lançadas as linhas de questões a serem exploradas a partir do princípio da liberdade individual. De maneira explícita, esses teóricos se colocam em posição de combate contra o avanço do keynesianismo e do socialismo. Implícita está ali a ideia de *mudar nossas formas de vida*, sintetizada mais tarde na frase famosa de Thatcher: "A economia é o método, o objetivo é mudar a alma". Transformar o espírito para que a ordem do mercado se instale da maneira mais perfeita possível; preparar, enfim, uma *Vitalpolitik*,[4] como defendeu um dos precursores do neoliberalismo alemão, Alexander Rüstow.

Antes mesmo da ascensão de Thatcher e Reagan, Foucault (2004) dedica seu curso de 1978-1979 no Collège de France ao neoliberalismo, apresentado como uma forma específica de governamentalidade, na qual a economia se converte em um modo de gestão de si e dos outros. Como modo de gestão de si, o neoliberalismo pressupõe um sujeito que age em conformidade com a lógica capitalista, movido pelo interesse, pela utilidade, pela satisfação, que se traduzem nas formulações teóricas em termos matemáticos. Como modo de gestão dos outros, o

---

[4] A *Vitalpolitik* (política da vida) preconizada por Alexander Rüstow visava ao enraizamento dos indivíduos em sua comunidade, a melhoria de sua situação vital e uma "integração saudável". Ela se contrapunha à "política social", que visava apenas a condições materiais, e não à totalidade da sua situação vital (RÜSTOW, 1953, p. 103).

neoliberalismo pressupõe um modelo de interação social baseado na dinâmica do mercado. Operando de maneira espontânea, o mercado tende a confluir para situações de equilíbrio. Tanto a gestão de si como a gestão dos outros, por conseguinte, subordinam-se à lógica da exaltação do valor. Depois de esvaziar a vontade humana de tudo que não esteja em consonância com os ditames do mercado, o neoliberalismo a desloca para o centro de seu funcionamento. A tão louvada autonomia dos indivíduos se revela logo como absoluta heteronomia.

Não obstante, o discurso de Hayek eleva a responsabilidade individual a divisor fundamental da boa e da má política: na "sociedade livre" o indivíduo teria sempre a possibilidade de escolha (econômica), ao contrário dos chamados modelos "coletivistas", em que se "isenta o indivíduo da responsabilidade" e "não pode deixar de ser antimoral nos seus efeitos, por mais elevados que sejam os ideais que o geram" (Hayek, 2010, p. 199). O mesmo diz Mises (2010, p. 158): "Planejar as ações das outras pessoas significa impedi-las de planejar por si próprias, significa privá-las de sua qualidade essencialmente humana, significa escravizá-las. A grande crise de nossa civilização é o resultado deste entusiasmo por planejamento total". Ora, as injunções do mercado condicionam toda ação dentro da sociedade onde o que vigora é a lei do capital. Dessa perspectiva, todo discurso acerca da liberdade individual recai em ideologia, como aquele que promove "a independência e a fé em si mesmo, a iniciativa individual e a responsabilidade pela solução de problemas em nível local, a justificada confiança na atividade voluntária, a não-interferência nos assuntos dos vizinhos e a tolerância para com os excêntricos e os originais, o respeito pelo costume e pela tradição e uma saudável desconfiança do poder e da autoridade" (Hayek, 2010, p. 201).

Inevitavelmente, a leitura desse trecho nos faz lembrar a famosa carta enviada por Hayek ao jornal inglês *The Times*, na qual afirma: "Isso não significa, contudo, que em algumas circunstâncias históricas a liberdade pessoal não esteve mais bem protegida sob governos autoritários do que democráticos". Como exemplos, ele fornece as ditaduras de Salazar em Portugal e Pinochet no Chile. "Mais recentemente eu não consegui achar uma só pessoa até no Chile que não concordaria que a liberdade pessoal era muito maior sob Pinochet do que foi sob Allende" (Hayek, 1978). A tal "saudável desconfiança do poder e da autoridade", em realidade, refere-se aos poderes que se contrapõem, de uma maneira ou de outra, às injunções da liberdade econômica, e a única autoridade a ser obedecida é a da lei do mercado.

A liberdade, para Hayek, consiste em se curvar à instância do mercado, pois "a única alternativa à submissão às forças impessoais e aparentemente irracionais do mercado é a submissão a um poder igualmente incontrolável e, portanto, arbitrário de outros homens" (HAYEK, 2001, p. 210). O mercado seria uma instância supraindividual que reúne todo o conhecimento de que carecem seus participantes, mas que aparece para estes como o domínio da indeterminação e da imprevisibilidade. "Nossa liberdade é ameaçada em muitos campos pelo fato de que estamos demasiado propensos a deixar a decisão para o especialista ou a aceitar acriticamente sua opinião sobre um problema do qual ele conhece intimamente apenas um pequeno aspecto"; em contrapartida, "o argumento em prol da liberdade individual apoia-se basicamente na ignorância inevitável de todos nós" (HAYEK, 1978, p. 29).

Assim, à ênfase nas limitações do conhecimento humano corresponde uma concepção de mercado que apresenta contornos metafísicos, como evidencia a distinção estabelecida por Hayek entre duas modalidades de ordem. A ordem espontânea, ou *kosmos*, é natural; mesmo que resulte da ação humana, não é produto de intenção deliberada. Ela tem origem endógena, equivalendo ao equilíbrio de fatores internos. Consistindo frequentemente de relações abstratas, pode exibir graus variados de complexidade e não tem um objetivo determinado. O mercado é seu exemplo paradigmático. Já a ordem construída, ou *taxis*, é artificial, sendo gerada via planejamento e decisão. Sua origem é exógena, a partir de um poder externo. Ela tende a ser mais simples, constituir-se de elementos concretos e subordinar-se a alguma finalidade. É o caso das organizações em geral e do Estado. Isso não impede que Hayek, que sofreu importante influência de Carl Schmitt, defenda o Estado como instrumento a ser colocado a serviço do mercado. Afinal, o *laissez-faire* seria uma "descrição bastante ambígua e equivocada dos princípios sobre os quais uma política liberal está baseada" (HAYEK, 2001, p. 84), de modo que o Estado por vezes deve assumir o papel de garantidor da ordem concorrencial. Paradoxalmente, como vimos no caso de sua defesa dos regimes autoritários, "os princípios mais fundamentais de uma sociedade livre podem ser temporariamente sacrificados para preservar a liberdade no longo termo" (HAYEK, 1978, p. 217). A liberdade dos mercados, bem entendido.

Considerações finais

A abordagem das teses que lançaram as bases para a concepção neoliberal de sujeito não pode ser entendida como a explicação última para os desenvolvimentos do neoliberalismo enquanto modelo social e econômico aplicado nos dias de hoje. Além de haver muitas discrepâncias entre os próprios autores que compõem essa linha teórica, a aplicação das ideias nas condições históricas nunca é isenta de contradições. Desse modo, o exame do conteúdo doutrinário sem considerar o contexto a ele subjacente e suas aplicações práticas só poderia levar a interpretações distorcidas ou incompletas.

O fato de que hoje o neoliberalismo constitui a mentalidade hegemônica não é resultado da força de suas ideias ou da mera militância intelectual de seus representantes. Afinal, foi somente na década de 1970 que a doutrina foi celebrada enquanto teoria e aplicada. Friedman, em prefácio escrito em 1982, lamenta que sua obra *Capitalismo e liberdade*, publicada 20 anos antes, tenha demorado tanto tempo para ser "devidamente" reconhecida. Ele se pergunta pelos motivos da omissão diante de uma teoria tão inovadora e da mudança de opinião sobre esta. Em sua resposta, sugere que a recepção bem-sucedida desse ideário se explica pela crise do paradigma anterior e um consequente vazio de ideias influentes naquele período:

> A Rússia e a China, anteriormente os grandes símbolos de esperanças das classes intelectuais, haviam claramente fracassado. A Grã-Bretanha, cujo socialismo fabiano exerceu profunda influência sobre os intelectuais americanos, encontrava-se em grandes dificuldades. Aqui em casa, os intelectuais, sempre favoráveis ao governo dominador e, na grande maioria, adeptos do Partido Democrata, haviam-se desiludido com a Guerra do Vietnã e, particularmente, com o desempenho dos presidentes Kennedy e Johnson. Muitos dos ambiciosos programas de reforma – ideias do passado, tais como bem-estar, habitações populares, apoio

> aos sindicatos, integração das escolas, ajuda federal à educação, atividade produtiva – estavam indo por água abaixo. Quanto ao restante da população, suas economias estavam sendo dilapidadas pela inflação e pelos elevados impostos. Esses fenômenos, e não a força das ideias expressas em livros que analisam princípios, explicam a transição da fragorosa derrota de Barry Goldwater em 1964 para a esmagadora vitória de Ronald Reagan em 1980 – dois homens que apresentam, essencialmente, o mesmo programa e a mesma mensagem (Friedman, 1985, p. 7).

Nesse trecho, Friedman expõe sua compreensão da relação entre aparato conceitual e processos históricos: são fenômenos de ordem material e histórica, "não a força das ideias expressas em livros", que explicam a circulação destas. Determinados acontecimentos históricos levam à perda de força das ideias hegemônicas e dão espaço para concepções antes marginais. Ademais, as teorias se impõem à opinião comum na medida em que mobilizam afetos e disposições já presentes, ainda que de forma latente. Podemos acrescentar aqui que a angústia derivada da indeterminação na qual os indivíduos, impotentes, veem-se inseridos sob a ordem capitalista pode levá-los a aderir de modo irrefletido a ideias que exaltam seu poder de ação, sua capacidade de empreender e ser bem-sucedido.

Como observa Harvey (2013, p. 15),

> Nenhum modo de pensamento se torna dominante sem propor um aparato conceitual que mobilize nossas sensações e nossos instintos, nossos valores e nossos desejos, assim como as possibilidades inerentes ao mundo social que habitamos. Se bem-sucedido, esse aparato conceitual se incorpora a tal ponto ao senso comum que passa a ser tido por certo e livre de questionamento. As figuras fundadoras do pensamento neoliberal consideram fundamentais os ideais políticos da dignidade humana e da liberdade individual, tornando-os como "os valores centrais da civilização". Assim agindo, fizeram uma sábia escolha, porque esses certamente são ideais bem convincentes e sedutores.

O conteúdo sedutor dos conceitos de "dignidade humana" e "liberdade" advém justamente do fato de que a noção de uma vida digna e livre parece desmanchar-se no ar a partir dos anos 1970, embora não pelos motivos apontados por Friedman (a inflação, por exemplo, afetava principalmente os investidores, já que os trabalhadores e os beneficiários de programas sociais tinham seus rendimentos reajustados; é a virada monetarista de 1979, sob o pretexto de controlar a inflação, que joga os Estados Unidos numa recessão e contribui decisivamente para a vitória de Reagan no ano seguinte). Alcançar o consentimento necessário para as grandes transformações em curso, revertendo estruturas de proteção e direitos sociais, depende do convencimento, apoiado, entre outros elementos, em formulações teóricas. Estas são fundamentais para a legitimação de uma nova ordem e, por consequência, para o exercício do poder.

Sob o neoliberalismo, a ordem do mercado aparece para o sujeito como o palco da realização de uma série de valores, sob a condição de que ele participe do jogo da concorrência e otimize suas capacidades competitivas. Assim, "a interiorização de normas de performance, a autovigilância constante para se conformar aos indicadores, a competição com os outros são os ingredientes dessa 'revolução de mentalidade' que os 'modernizadores' querem operar" (DARDOT; LAVAL, 2010, p. 398). Embora essa nova mentalidade resulte em sofrimento para os sujeitos, carregados de expectativas, descolados de suas condições objetivas e totalmente responsabilizados por seus fracassos, ela é capaz de mobilizar afetos e ganhar adesão social.

Há ainda de se lembrar que o neoliberalismo se impõe ou de forma claramente violenta e autoritária (como no Chile) ou no interior de uma lógica que procurou quebrar o ímpeto de transformações radicais e críticas na sociedade do trabalho, em alta desde o final dos anos 1960, através de perseguição policial. Sempre bom lembrar como os anos 1970 e final dos 1960 conhecerão leis de emergência em países centrais como Itália e Alemanha e ditaduras capitalistas em toda a América Latina. Reagan não sobe graças às suas virtudes e às virtudes de suas ideias, mas devido ao inestimável auxílio da humilhação mundial aos Estados Unidos e ao governo Jimmy Carter no caso da embaixada norte-americana no Irã. A lógica da guerra será rapidamente absorvida na vida cotidiana dos governos neoliberais de Thatcher (Guerra das Malvinas, que salvou sua popularidade dos resultados sociais catastróficos de sua política) e Reagan (retorno da Guerra Fria, Guerra nas Estrelas). Não é possível compreender o sucesso da liberdade neoliberal sem a mobilização contínua do militarismo e suas situações de exceção. Todo esse processo ganha ímpeto renovado com o colapso da União Soviética e do bloco comunista, vendido à época como expressão do desejo irresistível pela liberdade liberal.

Além disso, as diversas experiências de implementação neoliberal em contextos sociais e políticos os mais distintos têm revelado a plasticidade e flexibilidade da própria racionalidade neoliberal. Por isso, em vez de "o neoliberalismo", talvez seja mais preciso falarmos de neoliberalismos, com ênfase no plural, ou de neoliberalismo híbrido (ONG, 2006). No caso brasileiro, por exemplo, não é possível compreendermos as vicissitudes do neoliberalismo, cujos alicerces começaram a ser assentados no início da década de 1990, sem levarmos em conta as múltiplas e dinâmicas composições entre ele e outras racionalidades governamentais, legadas da transição incompleta da ditadura civil-militar ou, para irmos mais longe no tempo, da herança colonial escravista (ANDRADE, 2019). Desse modo, não é demais acentuar que a gênese teórica da subjetividade neoliberal, que procuramos traçar neste capítulo, não abarca os hibridismos sem os quais o neoliberalismo não teria conseguido se inserir histórica e geograficamente. Assim, a avaliação das mutações operadas pela concepção neoliberal de subjetividade a partir das tensões com outros modelos de subjetividade é um trabalho que precisa ser feito.

Em meio à crise social profunda, o neoliberalismo ganhou prestígio e se tornou hegemônico. Seu ideário de liberdade exibiu as entranhas apenas quando foi colocado em prática; basta lembrar a participação dos neoliberais no regime Pinochet e do aval ativo dado por Hayek a esse regime. Desde seu primeiro "laboratório", o Chile, o neoliberalismo mostrou-se uma doutrina autoritária, ainda que seu arsenal teórico nem sempre revele isso de maneira explícita. Nos anos 1980, Thatcher e Reagan também impuseram à base da força sua agenda. As consequências da crise de 2008 para o programa neoliberal vigente ainda são de difícil apreensão. Golpes de Estado, enrijecimento das forças repressivas, ascensão de regimes protofascistas ultraliberais e desmonte dos direitos sociais são alguns elementos visíveis até agora. A face autoritária do neoliberalismo *realmente existente*, para além de todo aparato retórico, aparece macabra no horizonte.

Referências

ANDRADE, D. P. O que é o neoliberalismo? A renovação do debate nas ciências sociais. *Revista Sociedade e Estado*, v. 34, n. 1, jan.-abr. 2019.

BENTHAM, J. *An Introduction to the Principles of Morals and Legislation*. Oxford: Clarendon Press, 1879.

BENTHAM, J. *Deontology or the Science of Morality*. London: Longman, Rees, Orme, Browne, Green, and Longman; Edinburgh: William Taft, 1834.

BENTHAM, J. *The Principles of Morals and Legislation*. New York: Prometheus Books, 1988.

BRÉMOND, J. *Les economistes néo-classiques: de L. Walras à M. Allais, de F. von Hayek à M. Friedman*. Paris: Hatier, 1989.

BURNS, E. *História da civilização ocidental*. Trad. Donaldson M. Garschagen. São Paulo: Globo, 1993.

BUTLER, E. A Short History of the Mont Pelerin Society. Disponível em: <https://bit.ly/2JtqudU>. Acesso em: 27 out. 2016.

CONDILLAC, E. B. *Le commerce et le gouvernement, considérés relativement l'un à l'autre*. Amsterdam et Paris: Jombert & Cellot, 1776.

DARDOT, P.; LAVAL, C. *La nouvelle raison du monde: essai sur la société néolibérale*. Paris: La Découverte, 2010.

EHRENBERG, A. *O culto da performance: da aventura empreendedora à depressão nervosa*. Trad. Pedro Bendassolli. Aparecida: Ideias & Letras, 2010.

FOUCAULT, M. *Naissance de la biopolitique: cours au Collège de France, 1978-1979*. Paris: Gallimard; Seuil, 2004.

FRIEDMAN, M. *Capitalismo e liberdade*. Trad. Luciana Carli. São Paulo: Nova Cultural, 1985.

HALÉVY, E. *L'évolution de la doctrine utilitaire de 1989 à 1815*. Paris: Presses Universitaires de France, 1995.

HARVEY, D. *O neoliberalismo: história e implicações*. Trad. Adail Sobral e Maria Stela Gonçalves. São Paulo: Loyola, 2013.

HAYEK, F. A. Letter to *The Times* (response to Mr. William Wallace). July 26, 1978. Disponível em: <https://bit.ly/37noSud>. Acesso em: 18 set. 2020.

HAYEK, F. A. *O caminho da servidão*. Trad. Anna Maria Capovilla, José Ítalo Stelle e Liane de Morais Ribeiro. São Paulo: Instituto Ludwig von Mises Brasil, 2010.

HAYEK, F. A. *The Constitution of Liberty: The Definitive Edition*. Chicago; London: University of Chicago Press, 1978.

HAYEK, F. A. *The Road to Serfdom*. London; New York: Routledge, 2001.

HILDEBRAND, B. *Die Nationalökonomie der Gegenwart und Zukunft und andere gesammelte Schriften*. Jena: Gustav Fischer, 1922.

HIRSCHMAN, A. O. *The Passions and the Interests: Political Arguments for Capitalism Before Its Triumph*. 20th anniv. ed. Princeton: Princeton University Press, 1997.

HOBSBAWM, E. *A era das revoluções*. Trad. Maria Tereza Teixeira. São Paulo: Paz e Terra, 2010.

HUME, D. *Selected Essays*. Oxford; New York: Oxford University Press, 1998.

JEVONS, W. S. *The Theory of Political Economy*. Basingstoke; New York: Palgrave Macmillan, 2013.

JEVONS, W. S. *The Theory of Political Economy*. 5th ed. [s.l.]: [s.n.], [s.d].

MANDEVILLE, B. *The Fable of the Bees, or Private Vices, Public Benefits*. New York: Capricorn, 1962.

MARSHALL, A. *Principles of Economics*. London: Macmillan, 1997.

MENGER, C. *Investigations into the Method of the Social Sciences with Special Reference to Economics*. Transl. Francis J. Nock. New York; London: New York University Press, 1985.

MENGER, C. *Principles of Economics*. Transl. James Dingwall and Bert F. Hoselitz. Auburn: Ludwig von Mises Institute, 2007.

MENGER, K. Austrian Marginalism and Mathematical Economics. *In*: SCHWEIZER, B. *et al*. (Ed.). *Karl Menger. Selecta mathematica*. Wien: Springer, 2003. v. 2. p. 531-553.

MILL, J. S. *Essays on Some Unsettled Questions of Political Economy*. London: John W. Parker, 1844.

MILL, J. S. *O utilitarismo*. Trad. Alexandre Braga Massella. São Paulo: Iluminuras, 2000.

MISES, L. *Ação humana: um tratado de economia*. Trad. Donald Stewart Jr. São Paulo: Instituto Ludwig von Mises Brasil, 2010.

MISES, L. *Human Action: A Treatise on Economics*. Auburn: Ludwig von Mises Institute, 1998.

MISES, L. *Memoirs*. Transl. Arlene Oost-Zinner. Auburn: Ludwig von Mises Institute, 2009.

ONG, A. *Neoliberalism as Exception: Mutations in Citizenship and Sovereignty*. London: Duke University Press, 2006.

PEACOCK, H. L. *A History of Modern Britain: 1815-1977*. London: Heinemann Educational Book, 1978.

POLANYI, K. *The Great Transformation: The Political and Economic Origins of Our Time*. Boston: Beacon Press, 2001.

RÜSTOW, A. Soziale Marktwirtschaft als Gegenprogramm gegen Kommunismus und Bolschewismus. *In*: HUNOLD, A. (Hrsg.). *Wirtschaft ohne Wunder*. Erlenbach: Rentsch, 1953. p. 97-127.

SIGOT, N. Jevons's Debt to Bentham: Mathematical, Economy, Morals and Psychology. *The Manchester School*, v. 70, n. 2, p. 262-278, Mar. 2002.

SMITH, A. *An Inquiry into the Nature and Causes of the Wealth of Nations*. Indianapolis: Liberty Classics, 1981. v. 1.

SMITH, A. *The Theory of Moral Sentiments*. Indianapolis: Liberty Fund, 1984.

THOMPSON, E. P. *A formação da classe operária inglesa, v. 2: A maldição de Adão*. Trad. Renato Busatto Neto. Rio de Janeiro: Paz e Terra, 1987.

WALRAS, L. *Compêndio dos elementos de economia política pura*. Trad. João Guilherme Vargas Netto. São Paulo: Nova Cultura, 1996.

Matrizes psicológicas da episteme neoliberal: a análise do conceito de liberdade

*Daniel Pereira da Silva, Heitor Pestana, Leilane Andreoni,
Marcelo Ferretti, Marcia Fogaça, Mario Senhorini,
Nelson da Silva Junior, Paulo Beer, Pedro Ambra*

Considerar o neoliberalismo sob o prisma de uma episteme, no sentido foucaultiano presente na *História da sexualidade* (FOUCAULT, 1988), implica supor que, mais do que mera teoria econômica, este funcione como uma matriz de produção de discursos que atravessa diferentes dimensões da cultura. Nesse momento tardio de sua obra, a noção de episteme inclui ainda o sentido que organiza o livro *As palavras e as coisas* (FOUCAULT, 2007) e continua, portanto, a descrever a dimensão da produção de saberes em seus jogos de verdade.[1] Mas, ao lado da produção dos saberes, a episteme dirá respeito igualmente às relações de poder, veiculadas por dispositivos e instituições, incorporando, portanto, uma dimensão política. Nesse campo, o neoliberalismo atribui ao Estado um papel diferencial em relação ao liberalismo, que o precedeu: não mais o Estado mínimo, mas um Estado forte o suficiente para garantir apoio jurídico e policial à gestão social como setor lucrativo. Finalmente, a episteme, já devidamente incorporada à noção de dispositivo, incluirá, para Foucault, a questão dos modos de subjetivação, isto é, discursos e práticas de socialização, pelos quais um ser humano pode se transformar em sujeito. Este capítulo visa extrair

---

[1] Dimensão em que o neoliberalismo construiu formas de legitimação de verdade próprias, nas quais uma concepção de ciência se inscreve como indissociável da produção do consumo, tema trabalhado no capítulo seguinte para o caso da psiquiatria: "A psiquiatria sob o neoliberalismo: da clínica dos transtornos ao aprimoramento de si".

modos de subjetivação implícitos na episteme do neoliberalismo a partir de textos em que tais modos de subjetivação se inscrevem seja de modo explícito, em enunciados prescritivos de forte cunho moral, seja de modo implícito ou descritivo, em textos de fundamentação teórica da ciência econômica. Ainda que dispersos nesse leque heterogêneo, tais discursos definem como os sujeitos conhecem, pensam, sentem, sonham e se relacionam socialmente, e podem ser definidos como matrizes psicológicas da episteme neoliberal.

De fato, a relação entre processos de neoliberalização e constituição da subjetividade tem sido um dos principais aspectos investigados no campo de estudos acerca do neoliberalismo. É o que revela o amplo mapeamento recente efetuado por Andrade (2019). Entre as vertentes que investigaram tal relação, por sua vez, destaca-se a foucaultiana em especial (ANDRADE, 2019, p. 219-221; ELIAS; GILL; SCHARFF, 2017, p. 23). Assim, seguindo a senda aberta por Foucault (2008), autores como Rose (1999), Lemke (2001), Brown (2003) e Dardot e Laval (2016) exploraram como o neoliberalismo constitui a maneira como sentimos, pensamos e desejamos. Numa atitude que se nos afigura inspiradora e central, informada pelas reflexões psicanalíticas e sociológicas, estes últimos buscaram caracterizar os vários traços do novo modelo de sujeito inaugurado pelo neoliberalismo, diferente do modelo do sujeito produtivo fordista ou do sujeito do cálculo felicífico benthamiano (DARDOT; LAVAL, 2016, p. 321-376).

Considerando esses esforços cruciais, o que parece receber menos atenção é a pergunta pelo modelo de sujeito pressuposto pelos grandes expoentes da doutrina neoliberal. Isso nos parece fundamental não apenas porque vemos grandes diferenças entre suas respectivas teorias, o que nos faz indagar se, a despeito das divergências, haveria certa unidade no diz respeito a uma concepção de sujeito; é preciso lembrar, sobretudo, que, conforme demonstrou Gros (2004), a doutrina neoliberal penetrou de fato no Brasil por meio dos institutos neoliberais, organizações criadas por empresários nos anos 1980 dedicadas a defender e divulgar preceitos do neoliberalismo mediante a doutrinação das elites brasileiras – e segmentos formadores de opinião em especial – e a elaboração de projetos de políticas públicas. Mantidos com recursos seja de doações empresariais, seja de convênios com *think thanks* ou fundações neoliberais, e preocupados não com a defesa de interesses econômicos imediatos, mas com a construção de uma hegemonia baseada nos preceitos do livre-mercado, os institutos liberais representam o elo brasileiro da rede internacional em que se constituiu o pensamento neoliberal (Gros, 2004, p. 144-145). Assim, foi por meio deles que foram veiculadas as ideias de expoentes como Friedrich Hayek, Milton Friedman, Ayn Rand e Gary Becker. Ora, um trabalho crítico que se destina a encetar um diálogo com tais elites deve sair de um plano de caracterização mais geral e recuperar aspectos da obra desses autores.

Uma análise detida deles revela uma importante distinção no que se refere à matriz psicológica da episteme neoliberal isolável em seus textos. Há trabalhos que, por um lado, buscam adensar conceitualmente as bases de seus modelos econômicos e psicológicos – como os de Hayek e Becker – e, por outro, mostram certa fragilidade quando questionados para além das ideias pragmáticas que sustentam sua teoria econômica – como os de Friedman. Há, ainda, textos nos quais fica patente o cunho propagandístico e abertamente moral, cuja reflexão conceitual nos parece, no mínimo, rasa – como em Rand. Uma análise institucional do movimento neoliberal provavelmente apontaria para cooperações oportunas entre modos díspares de nomeação e conceptualização da subjetividade. Como, então, abordar aquela que seria a orientação psicológica comum entre eles sem recair, ingenuamente, seja em um apagamento da dimensão moral e ideológica de seus epistemólogos mais consistentes, seja na teoria do sujeito subjacente e implícita de seus ideólogos francamente inconsistentes? Quais os significantes em comum que poderiam funcionar como pivô de uma análise de conjunto?

A despeito de todas as suas diferenças, pouco a pouco uma noção parece se sobressair, dado que não apenas foi discutida por diferentes autores neoliberais como também se mostrou central tanto em seus horizontes político-econômicos quanto em suas teorias psicológicas: a noção de *liberdade*.

Antes de proceder à análise dos expoentes mencionados anteriormente, quatro de seus mais conhecidos, é preciso observar, preliminarmente, que em cada um deles se verifica, entretanto, certa obscuridade na definição dessa noção. De acordo com Mirowski (2014), ainda que a maioria dos arquitetos do neoliberalismo tenha julgado a noção de liberdade a mais valiosa, nenhuma outra gerou, entre eles, tanta dificuldade de conceptualização. O cerne disso parece residir na eleição da coerção como fonte de todos os males e do livre-mercado como a condição de nossa liberdade. Mesmo alguém como Hayek, preocupado com o rigor e a fundamentação de suas reflexões, indica se enredar em tais problemas numa obra importante que retomaremos mais à frente, *Os fundamentos da liberdade*, na qual nos apresenta a seguinte definição: "E o principal objetivo da liberdade é oferecer ao mesmo tempo a oportunidade e o incentivo para assegurar a utilização máxima do conhecimento que um indivíduo possa adquirir" (Hayek, 1983, p. 87). Além de nos dar uma "curiosa definição" epistêmica (Mirowski, 2014, p. 83), Hayek parece promover um deslocamento ao condicionar a liberdade do indivíduo à do mercado. Expedientes como esse evidenciam isso que Harvey (2009, p. 197), evocando Karl Polanyi, denominou "degradação neoliberal do conceito de liberdade", que preconiza a plena liberdade para os detentores de propriedade e a parca liberdade para os que apelam aos direitos democráticos para se defender daqueles. Degradação, portanto, que atinge o centro do ideário neoliberal.

Trata-se, por um lado, de uma noção absolutamente central na ideologia propagandística do neoliberalismo, especialmente quando se considera que o pensamento neoliberal foi cunhado, em grande parte, num movimento de oposição a defesas de planificação econômica. Nesse sentido, podemos perceber em Ayn Rand, por exemplo, um tom belicoso em que a liberdade é, antes de qualquer coisa, evocada como uma bandeira e uma acusação contra os que não possuem a coragem de abraçar sua própria causa, tornando-se um fardo a ser carregado por heroicos empreendedores. Assim, ao passo que, numa espécie de extremo, vemos o emprego dessa noção acontecer de maneira mais panfletária e popularesca, noutro extremo vemos autores mais rigorosos como Hayek compreenderem a liberdade como uma questão epistêmica. Aliás, esse é um traço que pode ser depreendido de duas obras contemporâneas – *Os fundamentos da liberdade*, de Hayek, e *Sociedade aberta e seus inimigos*, de Karl Popper –, em que não só a defesa da liberdade é apresentada como, antes de tudo, uma defesa de ideias, mas, mais que isso, a liberdade é ela mesma entendida como um efeito de condições epistêmicas. Desse modo, Popper pode afirmar que o pensamento de certos autores leva, necessariamente, a organizações autoritárias; enquanto Hayek defende que a liberdade seria algo necessário frente à impossibilidade de se estabelecer um conhecimento suficiente sobre fenômenos complexos.

Além de operar entre esses extremos, a discussão em torno da noção de liberdade entre os expoentes em questão do neoliberalismo suscita a análise de um campo de forças antagônicas entre os dispositivos coercitivos e os abstencionistas que regem o liame do sujeito com a sociedade. Em repúdio a uma forma de ingerência governamental de uma regulação impositiva do mercado e do direito privado, os autores em causa parecem se alinhar na defesa de uma concepção de liberdade que Isaiah Berlin (1981) denominou *negativa*. Resumidamente, esse autor a define como ausência de interferência ou de coerção (física ou jurídica), de forma que, "quanto mais ampla essa área de não-interferência, mais ampla a minha liberdade" (Berlin, 1981, p. 137). A essa concepção Berlin opõe a de liberdade *positiva*, que requer muito mais do que uma ausência: "é o desejo do indivíduo de ser seu próprio amo e senhor" (p. 142), donde a centralidade de noções como autonomia, verdade e autorrealização. Berlin sintetiza a distinção entre elas afirmando ser a última uma "liberdade *para*", ao passo que a primeira, uma "liberdade *de*"; e, o que mais nos interessa, atesta que a concepção negativa é a que "tem sido concebida pelos liberais do mundo moderno desde a época de Erasmo (alguns diriam Occam) até nossos dias" (p. 140). Sabemos, porém, da grande diferença que há entre estes e os neoliberais, conforme insistiram Dardot e Laval (2016), o que faz que se nos imponha a pergunta pela manutenção de fato dessa concepção negativa entre os últimos.

A seu modo, a oposição entre liberdade negativa e liberdade positiva recupera outra série de oposições implícitas no conceito de liberdade, a saber, entre aquele de independência, como ausência de coerções externas, e aquele de autonomia, como o poder de escolher as próprias regras. Cabe notar que, em um sistema em que a concepção de intervenção é identificada a um modo de despotismo estatal, qualquer intromissão no contorno da esfera individual é considerada lesiva. Assim, o caráter negativo da liberdade em tela parece demandar não só a exiguidade do Estado, como também a repulsa a qualquer interação social que esbarre na fronteira individualizada. Se, por um lado, a diretriz que rejeita a imposição de normas aos cidadãos oferece um escudo ao indivíduo em face de uma eventual tirania estatal, por outro, dissemina uma lógica de mercado hostil em que cada indivíduo recolhe-se no governo de si e considera a alteridade do outro como oponente. Ora, fica assim claro que na noção neoliberal de autonomia, que se concretiza no conceito de liberdade negativa, está implícito um modelo preciso de sujeito, a saber, aquele de um indivíduo independente dos outros, não submetido a norma alguma e, como tal, sempre pensado em uma relação de exclusão mútua com o outro.

O conceito de liberdade positiva, por sua vez, supõe um sujeito que se entende limitado por regras que ele deve escolher a partir do reconhecimento de que se insere em uma estrutura social organizada por relações de interdependência. Se, no primeiro caso, liberdade e norma se excluem, no segundo elas se constituem mutuamente. Podemos, a título ilustrativo desses dois modelos de liberdade, buscar uma tradução psicanalítica da noção de sujeito implícita em cada uma dessas compreensões de liberdade, e assim propor um exemplo da função dessa noção na operação de leitura implícita na extração das matrizes psicológicas no pensamento neoliberal. Na liberdade positiva, o sujeito livre não se reduz ao ego, na medida em que sua liberdade é condicionada pela lei de interdição do incesto, que o limita e também o constitui como sujeito autônomo. Estaríamos, nesse caso, mais próximos do modelo freudiano de sujeito em sua segunda tópica, em que as instâncias do ego, do id e do superego são codeterminadas, sendo, portanto, indissociáveis. Na noção de liberdade negativa, por sua vez, o sujeito parece ter sido reduzido à instância egoica pensada como entidade última e soberana de si.

A noção de liberdade em Hayek

A noção de liberdade em Hayek é mais do que um simples conceito de relevância epistemológica circunscrita. Trata-se, sobretudo, daquela noção que mais claramente propicia a articulação metodológica entre sua teoria do sujeito, suas bases econômicas e seu horizonte social. Horizonte esse que Hayek procura, a todo custo, travestir de destino único e natural, seja por seu apelo a um evolucionismo abstracionista, seja pelo postulado metafísico de uma regulação do mercado aberta às imprevisibilidades que conduziria a um mundo com mais contingências e menos segurança e, por isso, melhor.

Hayek entendia que o Estado deveria limitar-se a garantir o bom funcionamento da livre-concorrência, definindo regras universais que procederiam como meios de garantir as condições necessárias para o desenvolvimento da ordem econômica e nunca enquanto uma finalidade em si. A função do governo seria, assim, aquela da proteção das liberdades individuais, isto é, garantir que os indivíduos pudessem agir unicamente motivados por seus interesses próprios.

Essa perspectiva torna o conceito de liberdade e a necessidade de sua defesa radical fundamentais para o funcionamento da ordem social e econômica, mas igualmente ampara-se na teoria psicológica de base cognitiva do autor. Por esse motivo, a noção de liberdade em Hayek é sempre sinônimo de liberdade individual, dado que um horizonte de liberdade coletiva conduziria, necessariamente, a experiências totalitárias, cujo paradigma seriam o nazismo, o socialismo e até mesmo experiências como a do estado de bem-estar social do pós-guerra. Tal manobra retórica que aproxima experiências políticas tão díspares só é possível pois Hayek, por um lado, reduz a noção de liberdade a um campo exclusivamente individualista e econômico e, por outro, alça-a à categoria de princípio máximo a ser defendido. Mais ainda, rotula qualquer movimento contrário à realização de tal liberdade individual como uma coerção, necessariamente nefasta à regulação social, sinônimo aqui de regulação econômica. O pilar psicológico da sociedade ideal de Hayek sustenta-se, assim, pela tautologia que conduz "liberdade individual" ao princípio da "ordem espontânea" do mercado. Analisemos passo a passo a construção de tal discurso ideológico.

Liberdade e *igualdade*, sabe-se, foram os emblemas das repúblicas modernas liberais. No século XVIII, França e Inglaterra iniciaram o que seriam os dois eixos da tradição que tem na liberdade seu maior valor. Hayek considera que, em sua versão inglesa, a liberdade teria nascido espontaneamente de processos sociais e do nascimento de novas instituições; na versão francesa, por outro lado, há uma utopia que orienta sua busca. Justamente esse viés utópico, pensa Hayek, seria a causa do fracasso dos intentos libertários franceses. No século XIX, porém, essas duas facetas modernas da liberdade passaram a convergir nas sociedades de pendor iluminista.

Para o pensador austríaco, liberdade é valor a ser sublinhado como cerne das sociedades ocidentais. Ao contrário dela, na igualdade estaria subjacente um ideal de coletivismo. Igualdade incompatível, por conseguinte, com horizontes livres nos quais a esfera individual deve prevalecer. Hayek admite a igualdade apenas perante a lei. Nessa concepção jurídica, os homens só se diferenciam no interior de uma ordem espontânea, articulada pelo exercício da livre-concorrência. Emancipar-se não significa posse de todos os bens desejáveis nem ausência de dificuldades, mas se arriscar no jogo do mercado:

> [...] podemos ser livres e, mesmo assim, infelizes. Liberdade não implica a posse de todos os bens ou a ausência de dificuldades. É certo que ser livre pode significar liberdade de morrer de fome, de cometer erros que redundarão em perdas ou, ainda, de correr riscos mortais. No sentido em que empregamos a palavra, o mendigo sem vintém que leva uma vida precária, baseada na constante improvisação, é, realmente, mais livre que o conscrito com toda sua segurança e relativo conforto. Mas, se a liberdade, portanto, nem sempre pode parecer o melhor de todos os outros bens, ainda assim se trata de um bem distinto, que necessita de um nome distinto (HAYEK, 1983, p. 14).

De que liberdade se trata, porém, é pergunta que não cabe nem mesmo quando essa lógica abarca como sendo válida até a existência mendicante. Atacar o sistema liberal em nome de um mundo melhor é temerário, alerta o autor. Na verdade, segundo ele, deve-se percorrer o árduo caminho que conduz ao aprimoramento do sistema que assegura a liberdade individual, ameaçada por ideais de sociedade nos quais se observam diferentes modos de coerção. Liberdade é, assim, valor a ser defendido dos ataques oriundos de alternativas coercitivas de organizações sociais, políticas e econômicas. *Os fundamentos da liberdade* vêm a lume justamente como forma de sistematizar a defesa dos alicerces do Ocidente, modelo guardião da liberdade.

Rejeita-se aqui, em suma, a sujeição à vontade coercitiva de outro homem que se pretenda representante externo à estrutura social. Ainda que reconheça limites para o ideal de eliminar por completo a coerção,

Hayek pensa em como minimizá-la por meio de organizações geradas espontaneamente. Aos seus olhos, liberdade política ou aquela exercida como poder colocam em risco a liberdade individual, traço a ser preservado sobre todos os demais aspectos sociais. Dito de outro modo: para Hayek, superar o indivíduo em nome de um horizonte coletivo significaria coibir a liberdade. Nessa perspectiva, a primazia do indivíduo e do Estado mínimo seria uma espécie de antídoto frente às perspectivas coletivistas que tenderiam para sistemas cujo teor seria totalitário.

Nacional-socialismo e comunismo, equivalentes nas críticas tecidas por Hayek, implicariam a destituição da singularidade dos indivíduos. Logo, o paradigma liberal surge como única alternativa aos modelos dogmáticos e totalitários. Essa vertente é levada às últimas consequências com a ideia de uma ordem espontânea, contrária ao raciocínio planificador do Estado. Ela seria natural e sua linguagem própria estaria presente na engrenagem do mercado, que, ao contrário da planificação, não obedece a nenhum propósito preestabelecido ou a comandos personalizados. Seria inerente aos negócios, então, a simultaneidade entre um não saber e uma ordem que nasceria naturalmente no interior do próprio sistema, sem que houvesse necessidade de estabelecer mecanismos impositivos advindos de fora.

Na visão de Hayek, é um equívoco considerar que o humano é autor e protagonista consciente daquilo que resultou na civilização. Razão humana é parte da natureza e desdobra-se na experiência – o conhecimento não é necessariamente explícito nem se reduz à sua versão científica intelectual. O conhecimento é medido, ao contrário, pela adaptação do homem ao meio. Civilizações mais sofisticadas são, aliás, as mais opacas aos indivíduos que as sustentam, já que a adaptação gera certa harmonia, o que torna invisíveis processos pelos quais as estruturas sociais se mantêm em funcionamento.

O elemento imponderável inerente à arquitetura social ocorre no interior de uma lógica darwiniana – uma evolução imanente ao sistema. Diferentes hábitos determinam os sobreviventes e os inadaptados, tanto no campo individual como no institucional. A evolução gera novidades, como teria sido, para Hayek, o modelo capitalista no qual indivíduos acatam regras gerais e abstratas, assegurando uma ordem social espontânea isenta de uma intencionalidade humana arbitrária.

Tal ordem resulta da evolução de fundamentos da base social, capaz de manter certas estruturas e abolir outras. É o que fica evidente em diversas passagens da obra de Hayek, como a seguinte:

> Destas concepções surgiu, gradativamente, um conjunto de teorias sociais que mostrou como nas relações humanas floresciam instituições complexas e ordenadas, e, em sentido bastante definido, voltadas para certos objetivos, as quais pouco dependiam do planejamento; instituições que não eram fruto de um projeto, mas nasciam das ações distintas de muitos homens que não imaginavam suas consequências. A demonstração de que algo mais importante do que a vontade individual da mente humana pode surgir das confusas tentativas do homem, de certa maneira, representou para todas as teorias do planejamento deliberado um desafio ainda maior do que mais tarde constituiria a teoria da evolução biológica. Pela primeira vez, demonstrava-se que uma ordem evidente, que não era produto de uma inteligência humana planejadora, não precisava, portanto, ser atribuída necessariamente ao projeto de uma inteligência superior e sobrenatural, mas que havia uma terceira possibilidade – o surgimento de uma ordem como resultado da evolução baseada na adaptação (Hayek, 1983, p. 60).

Esse ideal destituído de intervenção deixa o campo propício para a livre-concorrência, em que indivíduos cumprem a função de garantir a liberdade. Daí que ideias como as de "bem comum" ou de "bem-estar social", orientadoras de planos que determinam fins, sejam criticadas por Hayek. A ordem social adviria da multiplicidade de fins individuais livres que garantiriam uma ordem social, sem apelo aos poderes do Estado. Intervenções estatais, ou medidas de controle exercidas pelo Estado, desembocam necessariamente, pensa Hayek, na restrição da liberdade. Padrões de justiça social seriam sempre arbitrários e contrários à liberdade individual. Só a espontaneidade do fluxo mercadológico, no qual convergem ações de milhares de agentes econômicos, é capaz de garantir a manutenção da liberdade.

Abarcar o imponderável como parte da natureza humana e garantir campos de surpresa que podem favorecer o progresso social são as chaves para dissolver qualquer espécie de controle. Assim, a coerção é evitada a partir de certa conformidade voluntária a alguma norma moral que sirva como norte para acordos comuns. Liberdade, como princípio supremo, só pode ser sustentada por meio de ações governamentais legisladoras e capazes de responsabilizar os indivíduos; deixar que estes assumam as consequências de suas ações é também expressão da liberdade. Esta aparece sobretudo atrelada às possibilidades de efetivação das aspirações individuais que podem eventualmente abarcar, em um segundo momento, a maioria.

É nesse horizonte de imponderabilidade e eventos inesperados que se desenha uma relação inversamente proporcional entre liberdade e segurança. Vale ressaltar que segurança, em Hayek, significa as tentativas de controlar as imprevisíveis alterações do mercado que interferem diretamente nas condições materiais de vida das pessoas. "O planejamento que exerce efeito tão insidioso sobre a liberdade é aquele que visa a uma segurança de outra espécie. É o planejamento que se destina a proteger indivíduos ou grupos contra a redução de suas rendas" (HAYEK, 2010, p. 129).

Para o economista austríaco, não há possibilidade de se avançar em direção à liberdade sem necessariamente se distanciar da segurança. É essa hipótese, aliás, que sustenta sua ideia de que a construção de um sistema de justiça social, que garanta um mínimo de bem-estar comum ou de uma sociedade coletivista, tem de ser abandonada. Para ele, programas desse tipo teriam como alvo a maior segurança, necessariamente contrária às liberdades individuais.

Conservar a liberdade depende da não intervenção no funcionamento do mercado. No longo prazo, ações intervencionistas alterariam, para ele, não apenas dinâmicas do mercado, mas mais especialmente aspectos de ordem psicológica; "a mais importante transformação que um controle governamental amplo produz [...] é uma alteração no caráter do povo – o controle da economia produz uma alteração psicológica em um povo" (HAYEK, 2010, p. 19). Mudanças desse gênero nas aspirações de um povo significariam, assim, o valor da segurança acima do da liberdade. Grupos específicos, contemplados por programas sociais independentes dos resultados comerciais, seriam responsáveis por restringir o valor da liberdade:

> E quando só se pode optar entre a segurança numa posição de dependência e a extrema precariedade numa situação em que

> tanto o fracasso como êxito são desprezados, poucos resistirão à tentação da segurança ao preço da liberdade. Tendo-se chegado a esse ponto, a liberdade torna-se quase um objeto de escárnio, pois só pode ser alcançada com o sacrifício de grande parte das boas coisas da vida. Nessas condições, não surpreende que um número cada vez maior de pessoas se convença de que sem segurança econômica a liberdade "não vale a pena" e se disponha a sacrificar esta em troca daquela (Hayek, 2010, p. 136).

Desse modo, o autor busca apontar que esse horizonte de segurança, baseado em modelos de planificação da economia, não só é perigoso para a liberdade individual, como também pode criar uma sociedade na qual, em nome da segurança econômica oferecida por um governo necessariamente autoritário, despreza a liberdade como valor fundamental.

Analisemos brevemente tais argumentos à luz da clássica crítica marxiana. Em uma nota de rodapé do volume I de *O capital*, Marx (1996, p. 206) escreve:

> Os economistas têm um modo peculiar de proceder. Para eles há apenas duas espécies de instituição, as artificiais e as naturais. As instituições do feudalismo são artificiais, as da burguesia, naturais. Eles igualam-se nisso aos teólogos, que também distinguem dois tipos de religião. Toda religião, que não sua própria, é uma invenção dos homens, a sua própria no entanto uma revelação divina. – Assim portanto [para os liberais] houve história, mas agora não há mais.

Esse trecho é importante na medida em que situa o que está em jogo na obra de Hayek. A experiência de ler *Os fundamentos da liberdade* é uma espécie de confirmação do diagnóstico feito por Marx. De um lado, observa-se a tentativa, sempre fugidia, de o autor provar como as leis do mercado são parte de uma segunda natureza insubstituível. De outro lado, porém, a própria escrita do livro confirma a contingência histórica das leis do mercado e da visão de liberdade defendida pelos liberais. Mais especificamente: a obra de Hayek defende modos de existência específicos nos quais a sociedade e a subjetividade se desenham a partir de escolhas de determinados princípios metafísicos em detrimento de outros. E o próprio argumento usado por Hayek como justificativa para a escrita de sua obra é prova do caráter histórico dos princípios que considera naturais.[2] Segundo ele, trata-se de traçar "princípios firmes" capazes de combater "a ideologia dogmática de nossos adversários". Os adversários seriam os regimes totalitários nos quais prevalece a vontade de um ou alguns indivíduos sobre todos os demais. Travar essa disputa ideológica, porém, prova, por si só, que não há uma mera adaptação e uma seleção natural daquilo que se mostra como melhor para a sociedade de modo geral. Se o modelo liberal se apresentasse espontaneamente como mais bem adaptado aos anseios de liberdade do homem, por que haveria a necessidade, então, de defendê-lo ideologicamente ante outras possibilidades? O que fica patente nas teorias hayekianas é uma adesão automática à economia e à ordem social regidas pelas leis do mercado capitalista. Pensado como antídoto contra qualquer espécie de dogmatismo, a ordem capitalista do mercado é naturalizada e, portanto, não suscetível à dúvida de nenhuma espécie em suas obras. O resultado é paradoxalmente outra forma dogmática de apresentar modelos de organização social. Sua defesa incondicional da liberdade individual, garantida pelo mercado, não pode ser pensada além dos limites do mercado, aceito como resultado mais adequado de um constante processo de seleção natural, observável no seio das sociedades ocidentais.

O autor contrapõe sua concepção de liberdade ("liberdade individual") com o que qualifica como "liberdade enquanto poder" ou "onipotência" (Hayek, 1983, p. 10-11), que se resumiria a "de fazer o

---

[2] Antevendo críticas nesse sentido, Hayek argumenta que defender a lógica darwiniana no interior de processos sociais não equivale a naturalizar biologicamente processos, já que teriam sido os sociólogos as maiores influências observadas nas teorias de Darwin, e não o contrário, isto é, não foram os sociólogos que tomaram de Darwin sua teoria da evolução para aplicá-la à sociedade. Diz o economista austríaco: "Como a ênfase que atribuiremos ao papel desempenhado pela seleção neste processo de evolução social, hoje, pode dar a impressão de estarmos tomando emprestada a ideia à biologia, convém chamar a atenção para o fato de que, na realidade, ocorreu o contrário: não há dúvida de que Darwin e seus contemporâneos tiraram das teorias da evolução social a ideia em que fundamentaram suas próprias teorias. Na verdade, um dos filósofos escoceses que elaboraram essas ideias pela primeira vez antecipou-se a Darwin mesmo no campo biológico" (HAYEK, 1983, p. 61). É, de fato, conhecida a influência do economista Thomas Robert Malthus na obra darwiniana. Contudo, parece-nos inegável o esforço de naturalização da ideia de liberdade em Hayek, a partir, por exemplo, de sua fundamentação em uma teoria do conhecimento pensada enquanto adaptação ao meio.

que eu quero", como um pássaro a voar. O curioso é o malabarismo retórico que se segue, por meio do qual o autor atrela essa visão equivocada e pueril à socialista e procede à sua crítica:

> Tal equívoco só se tornou perigoso depois de ter sido deliberadamente atrelado ao ideário socialista. Uma vez admitida essa identificação da liberdade com poder, não há limites para os sofismas pelos quais os atrativos da palavra "liberdade" podem ser usados para fundamentar medidas que destroem a liberdade individual. São infindáveis os subterfúgios pelos quais é possível levar as pessoas a abrir mão de sua própria liberdade em nome da liberdade. Foi este equívoco que permitiu que a ideia de liberdade individual fosse substituída pela ideia de poder coletivo sobre as circunstâncias e que, em Estados totalitários, a liberdade fosse suprimida em nome da própria liberdade (Hayek, 1983, p. 11).

O economista austríaco importa a imagem naturalmente impossível do voo humano para provar seu juízo a respeito do socialismo e, ao mesmo tempo, retirar dos homens suas possibilidades de escrever sua história. As leis que preservariam a ordem do mercado intacta não fariam parte de jogos decisórios e interesses de grupos humanos, mas como que pairariam de forma neutra sobre um funcionamento comercial totalmente espontâneo. O autor insiste, mais uma vez, na liberdade individual que nasceria em um território já dado e sobre o qual os homens disporiam de pouco poder. Assim, à liberdade como poder, que considera expressão da onipotência socialista, propõe a liberdade individual assegurada por uma ordem social.

Como os supostos defensores do socialismo, Hayek toma para si a tarefa de advogar os ideais do sistema liberal. Nesse sentido, o que ele critica em seus adversários é exatamente o que acaba por realizar em suas produções teóricas – o empreendimento intelectual de defender idealmente e do exterior um determinado modelo, criticando os demais. Essa atitude fica evidente em diversas passagens de sua obra, como a seguinte:

> Na luta pelo apoio moral dos povos do mundo, a falta de uma sólida filosofia deixa o Ocidente em grande desvantagem. Há muito que o estado de espírito de seus líderes intelectuais se vem caracterizando pela desilusão com seus princípios, pelo desprezo por suas realizações e pela preocupação exclusiva com a criação

> de "mundos melhores". Não é com esse estado de espírito que se pode esperar ganhar adeptos. Se quisermos vencer a grande luta que se está travando no campo das ideias, devemos, antes de mais nada, saber em que acreditamos. Devemos também ter ideia clara daquilo que desejamos preservar, se não quisermos perder o rumo (HAYEK, 1983, p. XXXII).

O trabalho intelectual que concede orientação aos demais mortais sobre os rumos sociais, duramente criticado por Hayek, é paradoxalmente a exata definição do trabalho que o autor toma para si. É visível, depois dos escritos de Max Weber e Walter Benjamin, como os sistemas liberais capitalistas também são prenhes de dogmatismo e assumem vieses totalitários comparáveis aos mais terríveis modelos observados, como stalinismo e nazismo. Lembremos que Benjamin (2013, p. 21) afirmava que "o capitalismo é uma religião puramente cultual, talvez até a mais extremada que já existiu". Nesse esquema cultural, a liberdade individual de alguns se reduz a vender a força de trabalho a ser explorada por capitalistas, cujas diferentes formas de usurpar a produção da mais-valia não têm limites. Aos intelectuais, defensores de tal liberdade, resta o benefício da cegueira em relação ao sofrimento de parcelas cada vez mais volumosas de seres humanos.

Friedman e a liberdade

Quando nos debruçamos sobre a acepção de liberdade entretida por um dos mais destacados representantes do neoliberalismo da chamada Escola de Chicago, Milton Friedman, notamos que se trata de uma noção mal definida, embora hiperinflacionada. De fato, a ideia que figura no título dos dois livros mais célebres do autor, *Capitalismo e liberdade* e *Livre para escolher*, não apresenta contornos bem delineados. Procuraremos aqui indicar as razões dessa obscuridade a partir da investigação da relação entre a importante noção de liberdade – tão capital que é alardeada como a grande promessa do neoliberalismo pelos seus principais construtores – e as ideias da maximização do lucro e de insuficiência do conhecimento, centrais no pensamento de Friedman.

Em Friedman, conseguimos vislumbrar de maneira particularmente clara essas dificuldades, mas, antes de analisá-las, devemos, ainda, repisar o conceito de liberdade negativa enunciado por Berlin, já que tal conceito se encaixa perfeitamente numa concepção como a de Friedman (Hirschmann, 2015; Mirowski, 2014; Smith, 1998). A partir dessa distinção, passemos a um olhar mais detido sobre a acepção de liberdade na obra mais conhecida de Friedman, *Capitalismo e liberdade*.

Armado de tal acepção negativa da liberdade, Friedman é explícito ao vinculá-la ao conceito de *cooperação*. Para o autor, tal conceito abarcaria a possibilidade de distanciamento frente à *coerção*, que seria o maior impedimento em direção à real liberdade. Tal *cooperação* só seria possível, entretanto, numa sociedade voltada à troca, em detrimento da produção para consumo próprio:

> Em sua forma mais simples, tal sociedade consiste num certo número de famílias independentes – por assim dizer, uma coleção de Robinson Crusoés. Cada família usa os recursos que controla para produzir mercadorias e serviços, que são trocados por bens e serviços produzidos por outras famílias, na base de termos mutuamente convenientes para as duas partes. Cada família está, portanto, em condições de satisfazer suas necessidades, indiretamente, produzindo bens e serviços para outras, em vez de diretamente – pela produção de bens para seu uso imediato. O incentivo para a adoção desse caminho indireto é, sem dúvida, a produção aumentada pela divisão do trabalho e pela especialização das funções. Uma vez que a família tem sempre a alternativa de produzir diretamente para seu consumo, não precisa participar de uma troca, a não ser que lhe seja conveniente. Portanto, nenhuma troca terá lugar a não ser que ambas as partes, realmente, se beneficiem dela. A cooperação é, pois, obtida sem a coerção (Friedman, 1984, p. 22).

Essencial à compreensão dessa passagem é o recurso à família, de caráter central no pensamento de Friedman, que, para o autor, é a unidade operacional última (Friedman, 1984, p. 38). O indivíduo aqui em jogo é o indivíduo racional, adulto, "responsável", já que, como ressalta autor, "não acreditamos em liberdade para crianças e insanos" (p. 37). Tal sociedade fundada na cooperação e na troca funcionaria de maneira harmônica, com seus nichos explicitamente definidos pela crescente "divisão do trabalho e especialização das funções". Não haveria, para o autor, restos que interferissem no andamento dessa maquinaria;

tal modelo não considera suas exceções e relega tais sujeitos à marginalidade, por um argumento que se pretende epistemológico.

Esse modelo sociológico que parte da família visando fundamentar as condições de possibilidade da cooperação encontra evidentes limites:

> Numa sociedade moderna, avançamos bem mais. Existem organizações que funcionam como intermediárias entre indivíduos, em sua capacidade de fornecedores de serviços e compradores de bens. [...]. Tanto no modelo simples, quanto na economia mais complexa com empresas e uso de dinheiro, a cooperação é estritamente individual e voluntária, desde que: a) as empresas sejam privadas, de modo que as partes contratantes sejam sempre, em última análise, indivíduos; b) os indivíduos sejam, efetivamente, livres para participar ou não de trocas específicas, de modo que todas as transações possam ser realmente voluntárias (FRIEDMAN, 1984, p. 22).

Apesar de aparentemente simplista, tal teoria da troca inicialmente pautada pela família procura balizar as coordenadas de uma teoria mais geral, que abarcaria a sociedade moderna plenamente desenvolvida. Não haveria aí uma diferença de natureza, e sim de grau entre os dois sistemas econômicos. No final das contas, o que realmente importaria seria o fato de as trocas serem operadas por "indivíduos efetivamente livres".

O que interessa a Friedman aqui não é da ordem de uma historiografia do desenvolvimento da troca nas sociedades ocidentais; tal analogia tem um poder efetivo em si, o que é algo específico do método empregado pelo autor em sua empreitada intelectual. Vale recorrer à diferença colocada pelo autor entre "precisão descritiva" e "relevância analítica" (RUGITSKY, 2015).

A ideia central em jogo é a de que, baseando-se em princípios popperianos, uma teoria deveria ser julgada não por quão precisa é em sua descrição dos fatos, mas, sim, nas previsões bem-sucedidas produzidas por uma teoria sem necessariamente ter pretensões universalistas. Essa oposição entre "precisão descritiva" e "relevância analítica" se repete também em seu uso dos termos "pressuposto" e "predicação/implicação". Não se poderia analisar a validade de uma teoria pela validade aparente de seus pressupostos: "em geral, quanto mais significativa a teoria, mais irrealistas seus pressupostos" (FRIEDMAN *apud* RUGITSKY, 2015, p. 504).

Ainda nessa via, Friedman se utiliza da metáfora do jogador de bilhar para elaborar seu argumento. Para prever os acertos de um jogador, seria plausível aceitar que tal jogador executará suas jogadas *como se* soubesse complicadas fórmulas matemáticas que definiriam as trajetórias ótimas para marcar seus pontos (Rugitsky, 2015). É nesse contexto que surgem as famosas proposições "*as if*" do economista norte-americano, que retomaremos adiante: o pressuposto é altamente improvável (nesse caso, o avançado conhecimento de geometria atribuído ao jogador de bilhar); entretanto, tal teoria obtém sucesso em suas predições.

É por essa via que Friedman irá defender o pressuposto da teoria neoclássica de que as "firmas maximizam os lucros" (Rugitsky, 2015). Os homens de negócios não necessariamente resolveriam os complexos sistemas de equações envolvidos em tal maximização dos lucros; entretanto, eles agem *como se* soubessem de tal dimensão nos problemas que enfrentam.

Partindo daí, torna-se inútil, por exemplo, realizar pesquisas empíricas pautadas por métodos de *survey*, numa profunda crítica à introspecção como método: caso perguntássemos ao jogador de bilhar como ele decide o ponto em que irá acertar a bola, ele poderia responder que só descobre no momento, mas que, apenas por precaução, tem consigo um pé de coelho para garantir que tudo correrá bem. Como afirma o autor: "é importante lembrar que o *homo sapiens* se distingue dos outros animais antes por sua habilidade de racionalizar [*to rationalize*] do que por sua habilidade de pensar [*to reason*]" (Friedman apud Rugitsky, 2015, p. 507).

De fato, esses dois pontos parecem compor, em conjunto com a questão da liberdade, pilares fundamentais do pensamento de Friedman (estabelecidos em seu célebre ensaio de 1953, "The Methodology of Positive Economics"). A ideia de que empresas se comportariam sempre de modo a visar à maximização de seus lucros é um dos pressupostos que atravessará grande parte de seus desenvolvimentos. Entretanto, tal pressuposto só parece se sustentar a partir das hipóteses "*as if*" (como se).

É importante relembrar que a postulação da racionalidade que funcionaria a partir desse sintagma "*as if*" é realizada com o intuito de contornar a incapacidade de sistematização e de consideração de todos os aspectos envolvidos num fato econômico. Nesse sentido, mesmo confrontado com a ressalva de que não seria possível afirmar que uma firma se comportaria, em todos os seus níveis, de acordo com um objetivo constante de maximização de lucros (uma vez que os incontáveis processos que ocorrem dentro de uma instituição são refratários a qualquer generalização desse tipo), Friedman afirma que se pode prosseguir "como se" esse fosse o caso.

Por exemplo, pode-se imaginar que, mesmo em uma empresa que assuma explicitamente a maximização dos lucros como seu objetivo principal, é possível que um funcionário obstaculize o trabalho de seu subordinado por conta de uma desavença pessoal, ou então que a discordância entre pares faça com que um problema que poderia ser resolvido facilmente e por várias maneiras diferentes acabe constituindo um motivo de atraso e morosidade, reduzindo a eficiência e trazendo prejuízos para a empresa. Em suma, a complexidade de um empreendimento econômico tornaria impossível a afiliação de todos seus processos sob uma única bandeira.

A resposta proposta por Friedman, entretanto, absorve com astúcia essas críticas, sem confrontá-las. É inegável que um fato econômico contém variáveis tão diversas que seria, de fato, impossível tê-las todas em consideração em qualquer estudo ou teoria que pretenda tratar de um fenômeno amplo. Porém, isso não importa. Segundo o economista, esses "desvios", ou simplesmente a ignorância de um funcionário que age de um jeito sem saber o que será produzido com isso, isso tudo é simplesmente irrelevante numa abordagem ampla, uma vez que essa força motriz central da maximização dos lucros seria tão mais importante para a evolução dos fatos que esses outros fenômenos poderiam ser simplesmente desconsiderados. É assim, portanto, que o economista propõe a ideia do "como se": não importa se uma firma não funciona, em todos os seus processos, visando à maximização do lucro; ainda assim, essa maximização tem uma prevalência tão grande que podemos considerar que a firma se estrutura "como se" visasse a isso em todos os seus processos, e assim produzir resultados importantes com essa racionalidade.

É nesse sentido que essa proposta epistemológica de Friedman será considerada instrumentalista, uma vez que abandonaria certa propensão metodológica de buscar uma correspondência realista entre teorias e realidade, permitindo-se partir de bases (ao menos em parte) irrealistas para chegar a resultados relevantes. Entretanto, é possível ir um pouco mais longe se considerarmos que tipo de matriz psicológica baseia sua proposta.

É curioso notar que tal proposição é relativamente contemporânea e solidária à ideia de Hayek sobre a insuficiência do conhecimento sobre o indivíduo, que remonta a seu livro *The Sensory Order*, em que se debruça sobre temas da psicologia e do que hoje chamaríamos de filosofia da mente. "Relativamente" porque, embora publicado somente no início dos anos 1950, tal livro havia sido escrito pelo austríaco na década de 1920. Na verdade, por um lado, as respostas dos dois economistas para o problema da incapacidade de produzir explicações e previsões completas são um tanto diferentes. Se Hayek acabou por generalizar essa impossibilidade de uma estrutura conhecer satisfatoriamente outra estrutura mais complexa que ela mesma, apontando, assim, o livre-mercado como a solução mais adequada, uma vez que permitiria adaptação e evolução a partir da confrontação entre erros e a regulação fornecida pela precificação, Friedman pareceu ser um pouco mais ousado ao avançar uma saída mais propositiva (até mesmo normativa), como é a ideia do "como se".

Por outro lado, contudo, uma análise mais profunda coloca em questão essa aparente distância entre os dois economistas. Conforme indicamos anteriormente, sabe-se da aposta de Hayek no livre-mercado. Além de partir de sua teoria do conhecimento, que tem como base as ideias de incompletude, adaptação e evolução, Hayek também se baseia numa ideia de "amor próprio", que resgata dos filósofos britânicos do século XVIII, como Adam Smith. Esse resgate se destina a diferenciar o sentido preciso dessa ideia das acepções mais correntes de egoísmo ou individualismo, afirmando-a como aquilo para o que o indivíduo deve direcionar suas ações de modo mais seguro, partindo não da ilusória pretensão de saber o que seria melhor para os outros, mas justamente da constatação de que só pode saber o que é melhor para si – e é por essa via que deve pautar seus atos (Hayek, 1980, p. 11-19). Deve-se notar, entretanto, duas questões centrais a essa proposição: primeiro, que a noção aqui empregada transcende o indivíduo, de modo que se podem pensar instituições, comunidades etc. a partir da mesma lógica; segundo, é necessário considerar que tal ideia dependeria de um equilíbrio que só o livre-mercado poderia fornecer, uma vez que seria na igualdade de oportunidades e na liberdade de ação que os diferentes interesses poderiam se contrapor ou conjugar, e, nessa situação de liberdade, seria selecionado aquilo que melhor convém ao bem comum. Vemos, portanto, que Hayek trabalha com duas bases centrais e interdependentes em sua teoria do sujeito, e a partir delas tira as consequências que darão sustentação a intervenções nos mais variados temas: a combinação entre a insuficiência do conhecimento e da prevalência do amor próprio será a base psicológica presente em seus desenvolvimentos.

Ora, encontramos algo não muito diferente no pensamento de Friedman. A centralidade da ideia de maximização dos lucros mostra, em contrapartida, a plasticidade da noção: uma vez que não se aplica somente a empresas, mas também a indivíduos e a famílias, pode-se pensar que o termo "lucro" pode ser entendido de um modo mais amplo, como utilidade e/ou satisfação. Nesse sentido, a aplicação de uma retórica "como se" enquanto solução à incapacidade de produção de um conhecimento total evidencia a opção pelo privilégio de um *traço psicológico* sobre qualquer outro: a busca pela maximização se sobrepõe a qualquer outro objetivo, de modo que os outros podem ser desconsiderados sem trazer grandes prejuízos ao que esse pensamento produz. Essa predominância traz consigo, entretanto, a necessidade de defesa de outro ponto, como percebeu Hayek: justamente, a noção de liberdade. Todavia, diferentemente do que ocorre com este, Friedman não nos apresenta uma definição rigorosa dessa noção.

Assim, retomando os pontos até aqui levantados, parece-nos possível desenhar certa cartografia conceitual em que uma aparente constelação se desenha, mas não necessariamente se sustenta. Vemos que existe uma profunda solidariedade entre três pontos centrais: (1) maximização do lucro; (2) insuficiência de um conhecimento total que permite construções "como se"; (3) a noção de liberdade.

Ora, tal constelação, entretanto, parece problemática não porque os conceitos são solidários entre si, mas porque estabelecem uma certa circularidade: o objetivo de maximização do lucro é algo pressuposto e permite que fatos menos relevantes sejam desconsiderados; por outro lado, é justamente a eventualidade de desconsideração de outras possibilidades causais que é usada para sustentar a ideia de maximização dos lucros. Essa primeira relação circular já poderia ser considerada problemática, a menos que o recurso a um ponto exterior pudesse lhe dar consistência – isto é, os fatos econômicos poderiam prover algum tipo de sustentação, se indicassem que, efetivamente, a maximização dos lucros se sobrepõe a qualquer outro de hipótese causal. O problema é que tal sustentação funciona em alguns casos, mas em outros não. Aqueles em que funciona são tomados como exemplo; já os que não funcionam são acusados de sofrer de um problema estrutural: a falta de liberdade. E é justamente nesse ponto que a solidariedade entre os conceitos se mostra extremamente problemática: a noção de liberdade, muitas vezes apresentada como um dos baluartes ou "inegociáveis" do pensamento neoliberal, é defina de maneira tão restrita que o que se tem é, acima de tudo, uma noção reativa que serve mais para explicar os fracassos do que para fornecer um horizonte que consiga organizar e reproduzir os sucessos. Retomando as palavras do próprio Friedman, talvez seja mais fácil racionalizar os fracassos do que ser racional em relação aos sucessos.

A noção de liberdade em Ayn Rand

Passemos a Ayn Rand, essa autora tão cultuada entre boa parte das elites empresariais e financeiras. Visando sistematizar algumas ideias da autora que permitam a extração de uma noção de liberdade, recuperaremos alguns pontos de suas proposições básicas para, em seguida, avançar em outros.

Um desses pontos diz respeito à imbricação, em sua obra, entre ficção e filosofia. O início da difusão das ideias libertárias de Rand se deu através de romances que alcançaram grande sucesso nos Estados Unidos na década de 1960 e continuam exercendo influência significativa em meios nos quais a noção de liberdade diz respeito à defesa de direitos individuais, à defesa de uma economia de mercado *laissez faire* e àquela de uma ideologia centrada na concorrência e na meritocracia. Suas personagens são porta-vozes de sua filosofia, formalizada só depois do sucesso literário, em poucos textos que sistematicamente se utilizam de trechos de discursos desses mesmos personagens para ilustrar a teoria. Tal aproximação entre teoria e ficção e o modelo de homem cujo heroísmo consiste em lutar até o fim por seus interesses e direitos individualizados

– sem ceder aos apelos de uma moral que culpabiliza o egoísmo e chama a responsabilidade individual pelo coletivo – parecem ser uma chave para o entendimento da noção de sucesso em Rand, enquanto proposta de um modelo de subjetividade desejável e compatível com a racionalidade neoliberal, bem como com uma certa ideia de liberdade.

Para Rand, em consonância com os demais autores considerados neoliberais, liberdade é, em princípio, uma noção negativa: é a ausência de coerção de indivíduos sobre indivíduos e do Estado sobre indivíduos. Como a liberdade se dá, objetivamente, relaciona-se diretamente com a questão dos direitos do indivíduo, cuja garantia é a única função válida para o Estado, que tem por dever "protegê-lo da violência física – proteger seu direito à sua própria vida, sua própria liberdade, sua própria propriedade e a busca de sua própria felicidade" (Rand, 1991, p. 44). Como, para a autora, sem o direito de propriedade nenhum outro é possível, a liberdade não existe sem tal direito. Assim, o capitalismo seria o único sistema capaz de garantir as condições necessárias para que os direitos individuais fossem respeitados, sendo, assim, o único meio possível no qual o propósito moral da vida, a felicidade individual, poderia ser alcançado. O caminho para a felicidade passaria necessariamente pela liberdade de busca da própria felicidade, que, por sua vez, seria conduzida pela ética objetivista, cuja virtude máxima é o egoísmo. O coletivismo, em qualquer forma, por ser fundamentado em uma moral altruísta, fatalmente conduziria o indivíduo ao sofrimento pela renúncia, em última instância, da liberdade: "seu dever ético é ser escravo abnegado, sem direitos e destituído de voz" (Rand, 1991, p. 46). Pode-se então dizer que a moral altruísta representa, para Rand, a condenação e a renúncia aos direitos individuais, e o coletivismo – enquanto forma de organização coercitiva na qual o social prevalece sobre o indivíduo –, por conseguinte, é a perda dos direitos de propriedade em geral e, portanto, a perda da liberdade.

Em muitos pontos, como a defesa da liberdade individual como princípio máximo e do combate do princípio da igualdade – naquilo que esta implica políticas de bem-estar social –, é grande a concordância entre Rand e Hayek, como é possível constatar do já exposto sobre este último. No entanto, há uma oposição epistemológica entre ambos que levou Rand a romper com Hayek e seu grupo. Essa oposição pode ser percebida na centralidade da razão objetiva na filosofia randiana. Enquanto Hayek enfatiza a importância de certa irracionalidade (inconsciência) como reguladora das relações entre os indivíduos e o mercado, na forma de uma organização espontânea, a autora afirma que a troca está submetida a princípios racionais, sendo, ela mesma, o único princípio ético racional para todos os relacionamentos humanos. Tal racionalidade rejeita a complexidade das escolhas humanas subjetivas proposta por Hayek e, de certa forma, simplifica e reduz a posição de Rand quanto à noção de liberdade entendida em termos de direitos.

No artigo "Os direitos do homem", escrito em abril de 1963, Rand reafirma, logo de início, sua posição quanto às relações entre liberdade, direitos e capitalismo: "Se alguém deseja defender uma sociedade livre – isto é, o capitalismo –, deve se aperceber de que o alicerce indispensável é o princípio dos direitos individuais. Se se deseja preservar os direitos, deve se aperceber de que o capitalismo é o único sistema que pode preservá-los e protegê-los" (RAND, 1991, p. 118).

Logo em seguida assevera que, historicamente, verifica-se que a maioria dos sistemas políticos foram alguma variante da tirania da ética altruísta-coletivista, diferindo apenas no grau a que "subordinam o indivíduo a uma autoridade superior, mística ou social" (RAND, 1991, p. 118). A característica comum de todos é o fato de a sociedade ficar acima da lei moral, o que, para Rand, é ficar acima da liberdade individual de agir em benefício próprio. A subordinação do indivíduo ao social é, na concepção da autora, a submissão a algo que não existe – a sociedade, dado que esta "é somente um número de homens individualmente considerados" (RAND, 1991, p.119). A forma de libertar o indivíduo da submissão ao bem comum da sociedade é fazendo valer os direitos individuais.

Para Rand, "direitos" é um conceito moral "que fornece a transição lógica dos princípios que guiam as ações de um indivíduo para os princípios que guiam o seu relacionamento com os outros" (RAND, 1991, p.118). Nesse sentido, "declina e sanciona a liberdade de ação de um homem dentro de um contexto social" (RAND, 1991, p. 118). O direito do qual todos os outros são consequências ou corolários é o direito à própria vida, primeira e fundamental propriedade do homem. Sendo a vida um direito (natural e moral) e uma propriedade, a autora afirma que o direito também é uma propriedade do indivíduo. Sendo assim, pode-se dizer que, para Rand, as relações sociais se dão entre indivíduos igualmente proprietários de direitos e, portanto, igualmente livres.

A relação mais imediata que a autora estabelece entre direito e liberdade se dá na formulação de que o conceito de "direito" se refere apenas à ação – especificamente, à liberdade de ação. Dessa forma, o direito à vida, assim como o direito à propriedade, é um direito à ação. Ação que, fundamentada na ética do egoísmo, num contexto de liberdade possível, ou seja, no capitalismo, traduz-se, para o indivíduo, em buscar, ganhar, conservar, usar e dispor de tudo que lhe é próprio, suas propriedades. Portanto, ser livre é poder agir, é ter o direito de agir em favor de interesses individuais e não ser coagido a agir em favor de supostos direitos alheios. Nesse sentido apenas, enquanto ação, a liberdade assume um caráter de positividade.

Segundo Rand, os Estados Unidos foram a primeira nação moral da história, ao introduzirem, por meio de sua Constituição, a questão dos direitos individuais do homem, cujo objetivo foi proteger os indivíduos do governo. Porém, a América teria sido atingida pela contradição da ética altruísta-coletivista quando, em 1960, a plataforma do Partido Democrata introduziu uma inversão da noção de "direitos" do campo político para o campo econômico. Essa inversão teria produzido uma contradição entre os chamados direitos econômicos e a proliferação de um fenômeno por ela denominado de "campos de trabalho escravo". A cada item da lista de direitos arrolados – basicamente emprego, habitação, saúde e educação –, Rand contrapõe uma pergunta: "Às custas de quem?". Para a autora, na medida em que cada um desses direitos implica que uns vão ter de os garantir para outros, deixa de existir a liberdade. Os que são coagidos pelo governo a fazê-lo tornam-se escravos daqueles a quem são obrigados a custear através da utilização da contribuição privada ao Estado. Sendo assim, programas sociais e subsídios às artes são entendidos como formas de coação do governo que restringem a liberdade dos indivíduos produtivos em relação a decisões quanto ao destino a ser dado a suas contribuições obrigadas ao Estado. Quanto à liberdade de expressão, a autora defende o direito dos detentores dos meios de comunicação de se recusarem a difundir críticas e discordâncias a suas linhas de pensamento. Em suas palavras, "a liberdade de expressão dos indivíduos inclui o direito de não concordar, não ouvir e não financiar seus antagonistas" (RAND, 1991, p. 126).

Em face do até aqui exposto, notemos que a noção de liberdade no pensamento da autora parece evidenciar a tensão descrita por Dardot e Laval (2014) entre a herança do *laissez faire*, tal como consagrada no liberalismo clássico, e o sistema normativo formador da racionalidade neoliberal. Mencionamos essa distinção anteriormente, mas vale a recuperar neste momento:

> O neoliberalismo [...] não é o herdeiro natural do primeiro liberalismo [...]. Não retoma a questão dos limites do governo no ponto em que ficou. O neoliberalismo não se pergunta mais sobre que tipo de limite dar ao governo político, ao mercado, aos direitos ou ao cálculo da utilidade, mas sim sobre como fazer do mercado tanto o princípio do governo dos homens como o do governo de si. Considerando uma racionalidade governamental, [...] o neoliberalismo é precisamente o desenvolvimento da lógica de mercado como lógica normativa generalizada (DARDOT; LAVAL, 2014, p. 34).

Na obra de Rand, se a liberdade aparenta, em um primeiro momento, apenas retomar a questão da restrição governamental própria ao liberalismo clássico, em um segundo tempo de uma análise mais detida acaba por denunciar a produção neoliberal ativa de um comando dirigido ao íntimo da subjetividade. Trata-se, em última instância, de examinar como uma espessura de liberdade, pautada pela negatividade de um não fazer endereçado ao governo – expressa no conceito de liberdade negativa –, converte-se em uma dimensão prática impositiva de uma existência proprietária.

Retomando o cenário geral em que a discussão se insere, recuperada anteriormente, enquanto a liberdade negativa corresponderia ao direito de alcançar indiretamente os bens pelo povo, pela diminuição das normas que regem o direito privado, a liberdade positiva seria a forma de proporcionar à sociedade a obtenção do bem diretamente, pela via do aumento da coerção legal (DARDOT; LAVAL, 2014, p. 47). A função atribuída à lei em cada caso classifica a liberdade: a lei permissiva em relação aos cidadãos e proibitiva no que toca ao governo protege a esfera privada do abuso estatal e configura a liberdade negativa; em contrapartida, a lei imperativa aos cidadãos teria por finalidade, mediante obrigações positivas comuns, "tornar possível a recíproca cooperação entre os homens que convivem em grupo" (Bobbio, 2003, p. 111), caracterizando o que seria a liberdade positiva. Por um lado negativo, a liberdade é contrária a qualquer coerção; por outro, positivo, a liberdade é "a combinação das coerções exercidas sobre os que são fortes com as proteções dos que são mais fracos" (Dardot; Laval, 2014, p. 61).

Enquadrar, portanto, a noção de liberdade em Rand na negatividade da primeira hipótese significa que, em vez de imputar ao Estado a efetividade de direitos, este é apenas responsável por proporcionar o direito à *busca* individual para que cada um atue rumo ao seu próprio sucesso. Conforme a escritora, o sacrifício de um homem em prol de outros importa na desvalorização social daqueles que atingiram a eficaz gestão de si – os quais, para ela, deveriam ser moralmente enaltecidos, sob pena do apocalíptico mundo da escravidão generalizada fazer com que eles desapareçam. Não sem importância, esse é nada menos que o tema do romance mais famoso da escritora, *A revolta de Atlas* – isto é, o sumiço dos homens produtivos retratado como desastre social.

Cumpre observar que a lógica por trás desse pensamento é familiar a certo modo de darwinismo social. À luz do panorama da doutrina liberal traçado por Dardot e Laval, em autores como Spencer e Comte, em linhas gerais, vigorava a ideia de um evolucionismo em que "o ponto decisivo que permite a passagem da lei da evolução biológica para suas consequências políticas é a prevalência na vida social da luta pela sobrevivência" (Dardot; Laval, 2014, p. 52). O sumiço dos homens produtivos é o cataclisma de Rand, porque eles espelham a legitimidade de toda uma lógica de eliminação seletiva, tida como libertária e vitoriosa, em detrimento de uma lógica de promoção igualitária, equiparada à indulgência, que coloca toda a humanidade no saco abjeto de uma espécie fraca e covarde diante da natureza.

Eis, portanto, duas facetas da liberdade que compõem a base da teoria objetivista: (i) o direito natural à busca de bens a ser preservado sem interferência estatal e (ii) o dever moral imposto ao indivíduo de marchar rumo à conquista desses bens como forma de sobrevivência.

O que chama a atenção no pensamento em exame é que o espaço normativo deixado vazio no âmbito privado, resultante da ausência de coerção estatal, é preenchido pela moral da ação positiva que deve mirar incessantemente o sucesso, associado à manutenção da vida e operacionalizado pela razão. Assim, apesar de o aspecto positivo da liberdade em Rand distinguir-se da ideia de liberdade positiva apresentada anteriormente, ambas acabam por partilhar a força da norma impositiva que impele a sociedade a um modo determinado de agir. Da regulação natural do mercado vinculada à escolha subjetiva que leva o indivíduo ao êxito da adaptação social emerge uma metafísica vitalista e uma moral da ação heroica camuflada de liberdade.

Nesse sentido, o discurso do protagonista do romance *A revolta de Atlas* esclarece: "há apenas uma alternativa fundamental no universo: existência ou não existência – e ela pertence a uma única classe de entidades: a dos organismos vivos" (RAND, 2003, p. 874). É dessa alternativa crucial dada pela natureza entre morrer ou viver que a autora extrai um critério moral de liberdade que deve fundamentar toda e qualquer ação humana.

Embora a liberdade seja dada pela natureza mediante o dualismo entre vida e morte, apenas a ação humana empregada e bem-sucedida conquista de fato essa liberdade. Os humanos que optam por não pensar e sobreviver ao acaso, despreocupados com a derrota e em rejeição à moral, Rand considera como "parasitas mentais". O heroísmo randiano é aquele que, ao verter a liberdade de existir em ato racional, escolhe certeiramente e integra o direito à vida à existência. Tal direito, por sua parte, além de resvalar no direito à liberdade, desdobra-se no direito à felicidade: "a questão da sobrevivência do homem não confronta sua consciência como uma questão de 'vida ou morte', mas como uma questão de 'felicidade ou sofrimento'. A felicidade é o estado de triunfo da vida, o sofrimento é o sinal de alerta do fracasso, da morte" (RAND, 1991, p. 37).

No prolongamento do fio de direitos expostos pela autora, formado por vida, liberdade e felicidade, insere-se, ainda, de modo não menos importante, a propriedade. Em cada escolha humana, uma dimensão da liberdade é oferecida pela natureza, mas apenas adquirida pelo indivíduo randiano mediante o êxito feliz encampado na sobrevivência. Assim, esse indivíduo, a cada conquista, tem um ganho de liberdade e felicidade que enriquece o âmbito da propriedade como uma recompensa cíclica à ação bem-sucedida. O exercício ou a fruição de direitos existenciais passa a significar uma apropriação de direitos, no sentido mais forte do termo.

Em síntese, a teoria objetivista de Rand ordena moralmente a perseguição do objetivo ligado à apropriação racional dos direitos naturais, experimentados, de vez em vez, de escolha em escolha, como prêmios de reafirmação da vida, da liberdade, da propriedade e da felicidade. Objetivo esse que se intromete na esfera subjetiva do indivíduo em uma confluência entre o livre-mercado vitalista, a adaptação natural e a finalidade das ações humanas.

Tal positividade da liberdade associa-se, assim, com a obrigação de primor da faculdade do julgamento moral e racional do indivíduo diante de quaisquer escolhas triviais, insufladas por Rand, com o peso implacável da vida ou da morte, motivo pelo qual "não se deve nunca falhar ao manifestar um julgamento moral" (RAND, 1991, p. 92). Constata-se, desse modo, que a distinção entre bem e mal aplicada às decisões cotidianas é determinada por uma metafísica em que a vida corresponde ao objetivo em si mesmo que deve nortear e retroalimentar as ações individuais, por ser "o único fenômeno que é um valor em si mesmo: um valor ganho e mantido por um processo constante de ação" (RAND, 1991, p. 34). Nesse caso, o bem é nada mais que o correlato moral e valorativo da vida.

Portanto, por um lado, a ideia de liberdade em questão requer a omissão do Estado no provimento direto dos bens à sociedade, sob pena de causar uma interferência externa na saga humana randiana. O dogmatismo do *laissez-faire* e a restrição estatal permanecem intactos a serviço quer da identificação do mercado à natureza, quer da jornada do herói em constante seleção natural. Por outro lado, a noção de liberdade estudada produz um comando moral de racionalidade calcado na eficiência em sustentar uma série de equivalências simbólicas que fabricam genérica e severamente as escolhas subjetivas, a saber: vida, liberdade, propriedade e felicidade. Pelo avesso, o sofrimento, a escravidão, a morte e a ausência de bens formam indistintamente os equivalentes simbólicos do fracasso parasitário, covarde e incompetente, repudiados a todo custo pela racionalidade neoliberal.

Becker e a liberdade

A noção de liberdade na obra de Gary Becker não se constitui como um conceito articulado ou mesmo como uma ideia mobilizada explicitamente. Diferentemente de Hayek, a liberdade no pensamento de Becker não deriva da crítica do conhecimento possível na base de uma posterior filosofia política e, ao contrário de Ayn Rand, em Becker não nos deparamos com a defesa de um modelo moral de indivíduo livre-empreendedor com inspiração vitalista.

Antes, sua principal distinção no contexto da manifestação teórica e intelectual neoliberal é exatamente o fato de tanto a noção de liberdade quanto a matriz psicológica subjacente a seu pensamento não funcionarem em um regime discursivo filosófico, mas ocuparem lugar no mínimo problemático em uma narrativa que, apresentando-se como metodológica e científica, estaria livre de considerações morais e normativas. Essas condições nos obrigam a, analiticamente, isolar o que vem a ser o caráter de liberdade que, implícita à obra de Becker, faz-se sentir como efeito discursivo, na medida em que seu pensamento se difunde.

Becker foi o maior representante da Escola de Chicago no que concerne à abordagem do comportamento dos agentes econômicos. Suas obras lhe renderam o Prêmio Nobel de Economia de 1992, exatamente por ampliar a análise microeconômica para uma ampla gama de condutas humanas. As contribuições de Becker influenciaram, de forma importante, uma série de disciplinas das ciências sociais. Diversos programas de pesquisa em direito e economia, saúde, fertilidade e família são, em parte, um tributo à influência de Becker, tanto nos Estados Unidos quanto em diversos outros países (NELSON, 2001, p. 167).[3]

Os objetos das pesquisas de Becker foram frequentemente temas polêmicos, como discriminação, crime, adições. Seu pensamento se direcionou ao questionamento constante de valores convencionais da sociedade (NELSON, 2001, p. 135). Duas de suas últimas pesquisas, por exemplo, foram estudos sobre as vantagens da legalização do comércio de órgãos de pessoas vivas e de cadáveres, bem como a comercialização de vistos de imigração e autorizações de trabalho por meio de leilões.

---

[3] Exemplarmente, Robert Nelson relata que "o movimento estadunidense 'direito-e-economia' [*law-and-economics*] – concebido em Chicago – se tornaria o mais importante desenvolvimento intelectual no direito estadunidense nos últimos 30 anos" (NELSON, 2001, p. 116). Ademais, seu livro mais conhecido, *Capital humano* (BECKER, 1993a), significou uma revolução metodológica na área da economia da educação.

A despeito de inicialmente ter sido recebido de forma cética pelo *establishment* das ciências econômicas, Becker alcança uma imensa influência intelectual e profissional entre os economistas. A importância de seu pensamento para o *mainstream* econômico é flagrante. Entre 1990 e 1998, ele foi o autor mais citado em artigos acadêmicos de economia, muito à frente do segundo lugar, Robert Lucas, outro integrante da Escola de Chicago e Prêmio Nobel de Economia em 1995 (NELSON, 2001, p. 116).

No âmbito de pensadores neoliberais, Gary Becker pode ser situado na primeira geração herdeira da Sociedade de Mont Pèlerin, uma vez que foi orientado, em Chicago, por Milton Friedman, que foi um dos convocados por Friedrich Hayek para a reunião na cidade suíça em 1947, da qual fizeram parte Karl Popper, Lionel Robbins e Ludwig von Mises, entre outros.

A abordagem de Becker, ao propor expandir o método de análise convencional dos fenômenos econômicos para aqueles do comportamento humano, acaba por estabelecer uma relação importante e distinta entre duas matrizes: a matriz epistemológica, ligada ao núcleo mais positivista das ciências econômicas; e a matriz psicológica, presente e operante de modo implícito nos seus modelos econômicos do comportamento humano e que se reduz a um pressuposto bastante simples: o da maximização de utilidade comandada por um sistema de preferências individuais estáveis e bem comportadas.[4]

Sua epistemologia é apresentada em *The Economic Approach to Human Behavior* (BECKER, 1990). Nesse trabalho, Becker explicita seu compromisso com a ortodoxia das ciências econômicas, levando-a para muito além das fronteiras teóricas a que se limitava. Queremos dizer que, de fato, a abordagem realizada por Becker não pode ser considerada como uma adaptação do modelo de pensamento econômico para a compreensão do comportamento humano. Antes, ela se baseia na assunção de que esse comportamento é totalmente passível de ser apreendido pela abordagem sólida e implacável da economia convencional.

---

[4] Por preferências bem-comportadas, significa dizer que elas são consistentes (uma opção A deve ser sempre ou preferível, ou não preferível, ou indiferente a outra opção B) e transitivas (se A é preferível a B, e B é preferível a C, então A deve ser preferível a C). Ademais, a junção entre maximização de utilidade em um sistema de preferências bem-comportadas compõe o que Becker denomina de "racionalidade" (BECKER, 1990, p. 153).

É notável, nesse sentido, que a economia é mais do que uma instituição ou um corpo teórico no tratamento de Becker: ela é, antes disso, um método mobilizado, disputado e producente. Desse modo, o próprio caráter do que viria a ser o sujeito no trato teórico do autor assume uma opacidade que parece de alguma forma intencional. Por um lado, esse sujeito aparece como um agente metodológico que, subordinado ao método, faz-se de um artifício teórico, extremamente reduzido e abstrato, que permite a construção de um modelo no qual um determinado comportamento é explicado por uma série de variáveis independentes. Por outro lado, por vezes esse sujeito aparece como sendo o próprio objeto *revelado* pelo comportamento, de modo que os pressupostos metodológicos acabam por ser aceitos como elementos positivos do que viria a ser "o indivíduo".[5]

Essa opacidade, por certo, é funcional. Ela permite sempre que Becker evite a acusação de que suas considerações sobre o indivíduo são fortes demais e frequentemente irrealistas. Todavia, a assunção positiva do caráter do humano a partir dos modelos de comportamento e, sobretudo, de seus pressupostos possibilita que se traga à tona a matriz psicológica implícita em seus modelos econômicos, a partir da qual os indivíduos não só sustentam, mas também são conformados pelo discurso neoliberal de Becker.

O mais importante desses pressupostos metodológicos decorre, exatamente, da apropriação do que seria a economia enquanto esfera do pensamento. Becker defende que a economia é a abordagem que investiga as relações sociais a partir de um componente axiomático, o de que a *escolha* se conforma como um ato de *maximização*, em um contexto de trocas e alocação de recursos escassos. Dessa forma, o que distinguiria a ciência econômica no conjunto das ciências sociais não é especificamente seu objeto, mas seu método[6]: "a assunção combinada de comportamento maximizador, equilíbrio de mercado e preferências

---

[5] Fazemos aqui a distinção entre o sujeito e o indivíduo, entendendo este último como sendo a noção de pessoa convencional da economia e, vale dizer, da modernidade. Nesse sentido, ver Davis (2003; 2011).

[6] Foucault chama a atenção, nesse sentido, para que a "economia já não é, portanto, a análise da lógica histórica de processo, é a análise da racionalidade interna, da programação estratégica da atividade dos indivíduos" (FOUCAULT, 2008, p. 307).

estáveis, usadas implacavelmente e inabalavelmente, formam o coração da abordagem econômica como eu a vejo" (Becker, 1990, p. 5).

Se esse comportamento maximizador é fundamental, no sentido de ser um princípio metodológico radical, então não cabe à economia mobilizada por Becker quaisquer questionamentos sobre as condições que antecederiam e comandariam o ato de escolher. Consequentemente, a abordagem de Becker não assume diferenças entre grandes e pequenas decisões, como as que envolvem vida e morte ou a escolha entre uma marca de café e outra. Essa forma geral para todo e qualquer psiquismo permite uma ampliação inédita do campo da economia para todo e qualquer o comportamento humano.

Ademais, o artifício epistemológico da maximização de utilidade aponta para outra disposição do método de Becker: o individualismo metodológico. Esse preceito metateórico, cuja denominação é creditada ao economista austríaco Joseph Schumpeter, compreende a praxe de partir da assunção do comportamento individual e, sem entrar em consideração sobre os fatores que determinam esse comportamento, fundamentar toda e qualquer instituição ou agregação de indivíduos.[7]

Representado pela máxima "o todo é a soma das partes", o individualismo metodológico permite, inclusive, que Becker afirme que o comportamento do indivíduo econômico pode ser estendido, por simples agregação, para quaisquer grupos (sejam eles de diferentes classes sociais, raças, gêneros, posições políticas), ou instituições (como firmas, Estados e organizações), estando eles em domínios mercadológicos ou não. Nesses termos, o método que define a economia, segundo Becker, seria, exatamente, o de analisar a escolha do indivíduo, partindo da assunção de sua condição mais solipsista: a maximização da utilidade individual.

A abordagem econômica do comportamento humano, nesses termos, compreende um agente definido em sua relação exclusiva consigo mesmo, com aquilo que lhe seria intrínseco ou natural. Se a economia se

---

[7] Essas considerações estão presentes no pensamento econômico ao menos desde Bentham, que afirmava: "A comunidade constitui um corpo fictício, composto de pessoas individuais que se consideram como sendo os seus membros. Qual é, neste caso, o interesse da comunidade? A soma dos interesses dos diversos membros que integram a referida comunidade" (BENTHAM, 1979, p. 4).

reduz a um método e esse método assume o sujeito como uma mônada incorruptível, então, por princípios, o *outro* – sejam outros sujeitos ou valores – não pode fazer parte do cálculo daquilo que define esse sujeito.

A ausência do outro no discurso neoliberal sobre o sujeito e, mais especificamente, no de Becker faz com que o "eu" seja definido tautologicamente pelo "eu", ou seja, os sujeitos são cada vez mais autorreferenciados. O recurso que o "eu" encontra para responder "quem sou" perde a referência do "em nome de que sou", passando a operar pela histerologia (Dufour, 2005, p. 92), por postular algo que não existe ainda para com isso se autorizar a empreender uma ação que se faria pretensamente livre por esses meios.

Comandado pelo individualismo metodológico e pelo positivismo, Becker assume a *escolha* como sendo a unidade elementar de análise. Isso significa dizer que a evidência primária da conduta humana ocorre no momento em que um indivíduo escolhe uma dentre as tantas formas de alocar seus recursos escassos. No âmbito discursivo, a escolha, exatamente pelo fato de ser o ato que *revela* empiricamente o sujeito, acaba por significar o próprio sujeito, como indivíduo, em sua ação mais principal. A liberdade de escolha, assim, passa a figurar como condição mínima de integridade em dois registros: primeiro, no registro científico, pois garante a integridade da abordagem econômica praticado por Becker; segundo, no registro discursivo, ao figurar como condição da integridade do próprio indivíduo.

Podemos propor um *slogan* para esse sujeito advindo do método de Becker: *São as suas escolhas que definem quem você é*. Um dos sustentáculos dessa ontologia da escolha, o pensamento de Becker é bastante radical, uma vez que seu método de análise do comportamento acrescenta ainda mais uma proposição, a saber, a de que os sujeitos escolhem a todo instante. Isso porque a inovação teórica que permite que Becker alastre sua abordagem para todo o comportamento humano é a concepção do *tempo* como um dos recursos alocados pela maximização de utilidade. O sujeito passa a figurar, assim, como um processo ininterrupto de escolhas.

De fato, esse artifício metodológico permite que a maximização de utilidade constitua um sistema fechado, que seja uma totalidade; faz com que ela não deixe restos, que comande todo e qualquer comportamento e que envolva, em cada ação, um custo de oportunidade.

Assistir a uma peça de teatro, por exemplo, não custaria somente o valor monetário do ingresso, mas também o tempo gasto nessa atividade, o qual poderia ser usado em algo produtivo. Decorre disso: (1) que não há qualquer instante que escape à escolha, pois sempre se pode fazer algo diferente daquilo que se faz; (2) em nenhuma ação e em nenhum instante esse sujeito se livra do peso de incorrer em custos; e (3), se se escolhe a todo instante, então se maximiza a utilidade ininterruptamente. Becker, assim, sustenta que, analogamente à energia na física, a máxima utilidade sempre se conserva, mesmo que não seja passível de ser percebida ou medida; a escolha e a maximização de utilidades acontecem, inclusive, à revelia da consciência dos indivíduos (BECKER, 1990, p. 7). Dessa forma, o enunciado que se põe implicitamente é: se os recursos são escassos, isso é, se não dispomos da infinidade dos bens, de ânimo e de tempo, então estamos condenados, antes de tudo e a cada instante, a exercer a liberdade de escolher como alocar nossas provisões, de modo a reproduzir a utilidade máxima.

Denota-se, ainda, que a conjunção entre individualismo metodológico e o primado da maximização faz com que as preferências – entendidas como o sistema de valores individuais – só possam ser conhecidas após serem *reveladas* pelo ato de escolher. Significa dizer que não existiria um "em-nome-de", uma condição externa que valorize ou comande *ex ante* as escolhas. Se o sujeito escolhe lazer em vez de trabalho, não há nada mais que se possa considerar, senão que a revelação dessa preferência é a manifestação de um indivíduo autônomo e livre (e, nesse sentido, íntegro).

Não há meta-escolha no método econômico que municie Becker na análise do comportamento humano. Questionar a primazia da escolha, nesses termos, seria o mesmo que questionar o primado do indivíduo em seu exercício de ação livre. Garante-se, assim, inclusive, o status de que a ciência econômica seja amoral, cética e positiva. É por esses meios que o autor atua por estender o conceito de Samuelson de *preferência revelada*[8] para toda uma *psicologia revelada*, ou um *comportamento revelado*.

---

[8] Na verdade, as preferências reveladas são uma construção de Paul Samuelson (1938). Economista de Harvard e do MIT, Samuelson estabelece que "as preferências humanas

Contudo, vale chamar a atenção para o fato de que Becker não concebe tais preferências como referenciadas a bens e serviços (como laranjas, carros ou cuidados médicos), mas a "aspectos fundamentais da vida, tais como a saúde, o prestígio, o prazer sensual, a benevolência, ou a inveja, que nem sempre carregam uma relação estável a bens e serviços de mercado" (Becker, 1990, p. 5). Encerradas assim, Becker permite pressupor que as preferências são pouco variáveis entre pessoas de diferentes condições econômicas, sociais e culturais. Ademais, o economista assume também que as preferências devem ser estáveis, isto é, a utilidade relativa entre determinados produtos fundamentais não deve se alterar ao longo do tempo.

Em conjunto, os postulados das preferências fundamentais e estáveis têm uma finalidade epistemológica clara: a de permitir que os modelos não só alcancem explicar o comportamento corrente, como também possibilitem fazer previsões do comportamento futuro e projeções do comportamento passado. De fato, admitir que o sistema de preferências é volúvel restringiria, em muito, as pretensões científicas nos moldes intentados por essa teoria, isto é, o de uma ciência abstrata, dedutiva e baseada em premissas ou axiomas tomados como verdadeiros – uma ciência, portanto, de validade universal, como reivindicada pela epistemologia de raízes popperianas.

Porém, destacamos que a estabilidade das preferências tem, ainda, outra função: a de confirmar a inexistência de uma meta-escolha e, assim, delegar ao mercado o papel de ser o único promotor de mudanças na alocação de recursos, inclusive de recursos psíquicos. Dessa forma, se os indivíduos alteram suas escolhas, eles não o fazem porque, de alguma forma, são "dominados por ignorância e irracionalidade, [...] por costume e tradição, ou em conformidade a algo induzido por normas sociais, pelo id ou pelo ego" (Becker, 1990, p. 13), mas por conta da

---

só poderiam ser cientificamente entendidas a partir das escolhas que os indivíduos realmente realizam, ou seja, seriam observáveis e "reveladas" nas escolhas dos indivíduos" (Luz, 2013, p. 32). Esse tratamento é entendido como sendo um grande avanço para a ciência econômica ortodoxa, pois a redime, por meios positivistas, da necessidade de arguir a respeito das condições subjetivas e sociais que perpassam e permeiam os atos decisórios. Sobre a influência de Samuelson na Escola de Chicago, da qual Becker faz parte, ver Nelson (2001).

variação dos preços e outros instrumentos de mercado que alterariam os parâmetros relativos do cálculo de custos e benefícios. Não seria necessário, portanto, recorrer a expedientes *ad hoc*.

Percebe-se, assim, que, por trás dessa "psicologia revelada" pela teoria de Becker existe, de fato, uma *psicologia implícita* na teoria de Becker, psicologia essa que se conserva e se reproduz na medida em que seus pressupostos e seus efeitos não são postos em questão. Ora, quanto mais os modelos matemáticos e estatísticos da economia, de alguma forma, conseguem prever o registro empírico do comportamento do indivíduo, mais essa ciência econômica pode reivindicar a estabilidade das preferências fundamentais, até o ponto de elevar a matriz psicológica ao lugar de uma *ordem natural*. De fato, a partir do individualismo, qual outro denominador comum individual, que não a natureza, daria conta de comandar a homogeneidade e a estabilidade histórica e espacial das preferências? Essa natureza revelada pela abordagem econômica parece sustentar a máxima neoliberal conhecida por suas iniciais "TINA": *there is no alternative*.

Para finalizar esse conjunto de pressupostos, resta-nos a assunção de Becker de que todas as causas que não concernem ao indivíduo particular, mas que são resultado do confronto entre indivíduos e as condições ambientais, são traduzidas pelo sistema de preços. O sistema de preços é aquele que permite a homeostase da soma das maximizações individuais de utilidade sob dadas condições de escassez de recursos. Ele possibilita a sociabilidade ao apresentar àqueles que escolhem as condições impostas pelo outro e pelo meio, constrangendo os desejos e coordenando as ações. Segundo o autor, o sistema de preços performa muitas, se não todas, as funções atribuídas à "estrutura" nas teorias sociológicas (BECKER, 1990, p. 5). Nesse sentido, o mercado se faz o lugar lógico do que é social: é a única instância em que as plenas liberdades individuais encontram o equilíbrio (pretensamente) natural.

Se a matriz psicológica e a noção de liberdade do pensamento de Gary Becker são aquelas implicadas nesse conjunto de pressupostos metodológicos e se cada um desses pressupostos já exige uma determinada posição psíquica do sujeito, em conjunto eles decorrem em toda uma caracterização subjetiva conformada pela narrativa neoliberal. A combinação da maximização de utilidade, do individualismo metodológico, da totalidade da escolha e da estabilidade das preferências resulta em uma psicologia paradoxalmente autônoma e sem deliberação. O sujeito passa a ser reduzido a uma *unidade decisória* não necessariamente corporificada, cuja estranheza fica clara na suposição de que os indivíduos não seriam nem sequer completamente conscientes que suas escolhas maximizam suas utilidades, *o que implica dizer que não há escolha*. Não há escolha porque o *output* que gera a ação individual é simplesmente o resultado algorítmico do confronto entre um dado sistema de preferências fundamentais estáveis e as informações do mercado.

Mais do que isso, assumir o indivíduo como um agente autônomo da maximização de utilidade implica o posicionamento lógico e específico do que viria a ser a *falta*. Queremos dizer que a falta, corolário da escassez econômica, é significada como "falta de algo útil", "falta de bem-estar", sem que os valores que avaliam o caráter de utilidade sejam, de antemão, conhecidos, ou mesmo dignos de avaliação.

Nesse sentido, dessa psicologia implícita derivam dois tipos de horizontalização, isto é, de redução de diferenças internas e externas aos sujeitos. Primeiro, trata-se de uma psicologia que prescinde de um sujeito encarnado, consciente de si ou moralmente responsável. Com efeito, há uma indistinção aos olhos da abordagem econômica proposta entre seres animados e inanimados. Há uma concepção maquínica do interesse suposta no conceito de maximização. Uma unidade de decisão pode ser um sujeito, um grupo de pessoas, uma empresa.

Essa horizontalização – que se formaliza juridicamente e, portanto, sociologicamente no final do século XVII com a figura do "sujeito do direito" – permite que seres sem vida, tais como empresas, sejam representados nos processos jurídicos, desobrigando seus proprietários de se verem citados. A consequência é inquietante do ponto de vista moral, justamente porque esse ponto de vista simplesmente não tem lugar. A liberdade que emerge dessas condições obriga a cada unidade de decisão a arcar com o preço de suas decisões, sem que haja responsabilidade diante do outro. Não é necessário "responder" ao outro, senão que a um cálculo de custo-benefício.

Além disso, as possibilidades de escolha são consideradas em um só plano, no qual não há perspectiva, hierarquia etc. Não há diferença formal entre grandes e pequenas decisões. Nesse sentido há uma segunda horizontalização, a que diz respeito aos objetos do desejo. Objetos de escolha como vida ou morte, casamento ou celibato, filhos ou patrimônio são também horizontalizados e, independentemente da intensidade das emoções envolvidas, funcionam segundo a mesma gramática, os mesmos princípios econômicos.

A função metodológica da teoria de sujeito de Becker coloca a matriz psicológica deste para além da discussão. De fato, a assunção de que as ações humanas sejam sempre e exclusivamente maximizadoras de utilidade funciona como uma petição de princípio. Do ponto de vista de seus efeitos políticos, nossa tese é de que o monopólio de tal visão do sujeito concebe uma forma específica de alienação, forma essa que encobre a submissão passiva do sujeito ao "conjunto de escolhas possíveis" e à inescapabilidade de se produzir nessas escolhas. Observe-se, contudo, que o controle desse "conjunto de escolhas possíveis" jamais está à mão dos sujeitos supostamente livres. Vemos aqui uma forma de poder que se realiza sobre os sujeitos precisamente à medida que estes se entendem e agem como livres, o que é o elemento-chave da forma de poder silenciosa e individualizada que Foucault descreveu sob a expressão *poder pastoral* (Silva Junior, 2019).

Ademais, se Becker declara que a economia é um método de abordar todo e qualquer comportamento humano, temos de admitir que esse método vingou. Isto é, a abordagem inventada pela economia cresceu em relação a outras abordagens sociológicas e psicológicas, na cultura, nas ciências e na política, implicando uma revolução epistemológica sem precedentes. Contudo, trata-se de um método que, ao se definir como "escolha racional entre objetivos excludentes visando à maximização de utilidades", traz consigo um olhar sobre o humano que chama mais a atenção por aquilo que ele exclui do que por aquilo pelo que ele se define.

Essa condição é evidente quando se reduz todo comportamento a um cômputo do cálculo de utilidade. Daí, ao menos três coisas determinantes são excluídas e têm efeitos diretos sobre o estatuto da liberdade do pensamento de Becker. Primeiro, para que se possa conceber um valor utilidade – ou seja, esse parâmetro pretensamente vazio de sentido que ordena as preferências individuais e comanda o comportamento –, é necessário que se estabeleça a possibilidade de que o sujeito se aproprie do que lhe virá a ser útil. Logo, tudo que é impróprio e inapropriável acaba por ser negligenciado, mesmo que esse "impróprio" tenha poder de comando sobre o sujeito e o conduza na direção de um comportamento do qual ele, de maneira nenhuma, faz uso.

Segundo, o processo de exclusão promovido pelo método utilitarista nos leva, ainda, a recobrar a investigação que Freud ([1905] 2017) faz sobre o chiste, e que evidencia um elemento retomado posteriormente por Lacan. Referimo-nos ao *Lustgewinn*, o excesso não útil de prazer, o resto que comanda a lógica do chiste. Ora, a maximização da utilidade não deixa restos, tampouco restos que conduzam de forma heterônoma o sujeito. A magnitude desse resto inútil é feita central por Lacan (2008, p. 29-30), que associa esse prazer excedente à mais-valia de Marx, formando o mais-de-gozar. Essa construção lacaniana é central, pois, ao estabelecer uma homologia entre o mais-de-gozar e a mais-valia, Lacan indica a conformação de um discurso que, diferentemente da abordagem do comportamento humano de Becker, compreende exatamente a estrutura do "em-nome-de" pelo qual se prefere e se escolhe. Vale dizer, esse imperativo se reproduziria justamente por estar excluído da narrativa cada vez mais totalizante da economia.

Terceiro, retomemos a reflexão sobre o inegável interesse das posições teóricas do neoliberalismo para a dissolução do poder disciplinar, reflexão feita por Michel Foucault em *O nascimento da biopolítica* (FOUCAULT, 2008). A faceta psicológica do neoliberalismo interessa a Foucault na medida em que ela é incompatível com a associação da função-psi – isto é, psiquiatra, e psicanalista – e as ferramentas que essa função forneceu ao sistema disciplinar.

Com efeito, a proposta de Becker de ser o crime uma ação puramente racional, organizada em torno de um cálculo custo-benefício, invalida o discurso que associa o criminoso a um anormal, um caso de desvio de personalidade que justifica, para além da penalidade, um tratamento e uma normatização – tal como bem ilustra o filme *Laranja mecânica*, de Stanley Kubrick. A consideração dos indivíduos como sendo sempre, *a priori*, maximizadores, livres e responsáveis cognitivos por seus atos invalida a separação e a classificação entre normais e anormais. A infração é de certo modo horizontalizada pela régua do cálculo, régua essa pretensamente esvaziada de valores: "não há nenhuma diferença entre uma infração ao código de trânsito e um assassinato premeditado. Isso quer igualmente dizer que, nessa perspectiva, o criminoso não é, de forma alguma, marcado ou interrogado a partir de características morais ou antropológicas. O criminoso não é nada mais que absolutamente qualquer um" (Foucault, 2008, p. 346).

Assim, interessado em pensar o governo fora da gramática disciplinar, Foucault toma como seu objeto de reflexão a tradição liberal e neoliberal, identificando no modelo racional do neoliberalismo um modo de interrogar e se opor, de modo sorrateiro, à razão do Estado disciplinar. Não se trata, na visão neoliberal, de questionar a legitimidade ou não das ações do Estado, mas simplesmente questionar sua utilidade, os efeitos de suas ações (Lagasnerie, 2012, p. 149). Trata-se, historicamente, de combater o Estado keynesiano e o solidarismo, em prol de um capitalismo duro e livre de regras fundadas em princípios morais incompatíveis com uma ideia de liberdade individual absolutizada. Trata-se, enfim, de uma subversão silenciosa do poder disciplinar, subversão essa que parece tomar voz no tipo de contestação dos valores sociais empreendida por Becker.

Isolado de outros discursos, funcionando de modo exclusivo e excludente em relação a estes, a "livre escolha entre as possibilidades existentes" só pode derivar em uma forma peculiar de cinismo. Este é, contudo, um cinismo profundamente dócil e passivo, contrariamente à faceta homogeneamente egoísta e ativa que o *homo œconomicus* gosta de tomar como seu reflexo, ou à imagem de si exclusivamente ativa promovida pela retórica do indivíduo-empresa, uma vez que uma parcela importante desse conjunto de possibilidades existentes está, desde o início, fora da discussão, a saber a possibilidade de ações sociais conjuntas.

Conclusão: a mão invisível do mercado como um oximoro

Claro está que, como dissemos, em suas propostas mais explícitas, a liberdade em jogo nas teorias neoliberais é aquela da liberdade negativa. Sob o crivo da competição flutuante, em que tudo o que não é igual a si mesmo representa uma ameaça de submissão ou perda de valor, a redoma anticoerção do *laissez-faire* se apresenta como a faceta única da liberdade. Ora, tal monopólio do sentido de liberdade se acomoda mal com o segundo princípio das teorias neoliberais, a saber, o fato de que, partindo da liberdade individual absolutamente livre de quaisquer coerções, deva-se chegar a um resultado final de acordo, também nomeado pelo oximoro *a mão invisível do mercado*. Esse segundo polo funciona a um só tempo como finalidade e como fundamento enigmático, uma determinação que regula as trocas mútuas e, simultaneamente, não pensável enquanto determinação. Vemos assim, nos autores examinados, que a significação da liberdade de agir com independência absoluta de qualquer lei, ao ser pensada como o significado único da liberdade, não chega a justificar a contradição de uma lei sem lei: por um lado, uma vez que se define pela independência de qualquer lei, essa liberdade não pode se responsabilizar pela síntese de todas as diferenças individuais. Por outro, a visada prática do neoliberalismo não pode renunciar à ideia de que o acordo final entre as trocas é um elemento essencial nessas teorias. Não por acaso, esses pensadores recorrerão a cada vez a conceitos heterônomos para justificar o acordo do mercado, isto é, as causas que submeteriam os indivíduos absolutamente independentes a entrarem em um acordo no momento de suas trocas: adaptação cognitiva ao ambiente em Hayek, caráter total da maximização de utilidade racionalidade das escolhas e necessidades fundamentais em Becker, razão objetivista em Rand, a aposta de um saber "*as if*" das escolhas livres em Friedman – expressão que remete à inquietante coincidência do surgimento e ressurgimento entre os quadros *borderline* e o neoliberalismo, ou mesmo a partir daquilo que podemos chamar de legitimação retroativa, relativamente presente na lógica de afirmação da validade das escolhas feitas em todos os autores.

De maneira, geral, o que se percebe a partir de uma leitura mais detida desses autores que são ainda tidos como grandes referências do pensamento neoliberal é que se a questão da liberdade pode ser localizada enquanto um elemento central das diversas teorias do sujeito e matrizes psicológicas mobilizadas, a variedade de modos de emprego também parece exercer uma função. Se tomamos, por exemplo, a distância existente entre a psicologia implícita na obra de Becker e o culto à liberdade proprietária que parece animar os comentários psicológicos dos textos de Rand, salta aos olhos que teorias tão díspares – tanto em sua complexidade como em seus resultados – não pareçam produzir qualquer tipo de contradição. Como se houvesse uma paleta de matrizes psicológicas no pensamento neoliberal, cujos matizes possam ser ativados de acordo com objetivos pontuais. Nesse sentido, se as narrativas de Rand parecem fornecer munição para embates rasteiros em que é preciso atacar a opressão presente em qualquer movimento que se mostre não totalmente alinhado à defesa da propriedade privada, algo similar e ao mesmo tempo extremamente diferente pode ser reconhecido em Friedman e Hayek: o primeiro, num discurso mais gerencial, sustentando o mito fundador da maximização do lucro enquanto ponto inegociável em torno do qual orbita a defesa da liberdade; o segundo, menos preocupado em inspirar e mais com tentativas de explicação, na localização de uma noção de liberdade negativa enquanto solução para os embates possíveis dentro de uma teoria psicológica em que a incompletude irremediável do conhecimento só pode ser tratada pela desregulamentação e pela aposta no livre-mercado. Em Becker, por sua vez, há uma virada sofisticada em que a aquilo que seria o motivo de embate para os outros três é simplesmente naturalizado enquanto uma petição de princípio, como se a partir dessa suposta superação de debates metafísicos sobre os fundamentos da liberdade fosse possível se restringir àquilo que realmente interessa: o caráter calculável da escolha, sempre respondendo à maximização de utilidade.

Vê-se, portanto, que embora diversos pontos possam ser reconhecidos enquanto contraditórios entre esses autores, certo acordo sub-reptício em torno de uma mesma finalidade retórica parece alinhá-los automaticamente, explicitando justamente a clivagem que suas teorias tentam ofuscar. Talvez um dos melhores exemplos seja o modo como o pensamento de Becker, apresentado como tão difícil e complexo, seja facilmente assimilado ideologicamente, como num programa de rádio sobre educação chamado "Capital humano", ou usado em programas partidários opostos, como nas campanhas presidenciais de Bill Clinton e Bush. E aí há algo que talvez seja uma linha condutora dessas diversas propostas de teorias psicológicas e defesas da liberdade: por trás de incontáveis argumentos que giram em torno da defesa da não intervenção e do livre-mercado enquanto produtor de abertura a novas possibilidades, vê-se que essas possibilidades reduzem, ao final, a maneiras de adequação aos novos imperativos do capital.

Referências

ANDRADE, D. P. O que é o neoliberalismo ? A renovação do debate nas ciências sociais. *Revista Sociedade e Estado*, v. 34, n. 1, 2019, p. 211-239.

BECKER, G. *Human Capital: A Theoretical and Empirical Analysis, with Special Reference to Education*. Chicago: The University of Chicago Press, 1993a.

BECKER, G. Nobel Lecture: The Economic Way of Looking at Behavior. *The Journal of Political Economy*, v. 101, n. 3, 1993b.

BECKER, G. *The Economic Approach to Human Behavior*. Chicago: The University of Chicago Press, 1990.

BECKER, G. *The Economics of Discrimination*. Chicago: The University of Chicago Press, 1971.

BENJAMIN, W. O capitalismo como religião. *In*: LOWY, M. (Org.). *Walter Benjamin: o capitalismo como religião*. São Paulo: Boitempo, 2013. p. 14-16.

BENTHAM, J. *Uma introdução aos princípios da moral e da legislação*. São Paulo: Abril Cultural, 1979.

BERLIN, I. Dois conceitos de liberdade. *In*: *Quatro ensaios sobre a liberdade*. Brasília: Editora Universidade de Brasília, 1981. p. 133-175.

BOBBIO, N. *Teoria da norma jurídica*. Bauru: Edipro, 2003.

BROWN, W. Neoliberalism and the End of Liberal Democracy. *Theory & Event*, v. 7, n. 1, p. 37-59, 2003.

DARDOT, P.; LAVAL, C. *A nova razão do mundo: ensaio sobre a sociedade neoliberal*. São Paulo: Boitempo, 2016.

DAVIS, J. B. *Individuals and Identity in Economics*. New York: Cambridge University Press, 2011.

DAVIS, J. B. *The Theory of the Individual in Economics: Indentity and Value*. London: Routledge, 2003.

DUFOUR. D. *A arte de reduzir as cabeças: sobre a nova servidão na sociedade ultraliberal*. Rio de Janeiro: Companhia de Freud, 2005.

ELIAS, A. S.; GILL, R.; SCHARFF, C. Aesthetic Labour: Beauty Politics in Neoliberalism. *In*: ELIAS, A. S.; GILL, R.; SCHARFF, C. (Ed.). *Aesthetic Labour: Rethinking Beauty Politics in Neoliberalism*. London: Palgrave Macmillan, 2017. p. 1-49.

FOUCAULT, M. *A história da sexualidade 1: A vontade de saber*. Rio de Janeiro: Graal, 1988.

FOUCAULT, M. *As palavras e as coisas: uma arqueologia das ciências humanas*. 2. ed. São Paulo: Martins Fontes, 2007.

FOUCAULT, M. *Nascimento da biopolítica*. São Paulo: Martins Fontes, 2008.

FREUD, S. *O chiste e sua relação com o inconsciente (1905)*. São Paulo: Companhia das Letras, 2017. (Obras Completas, v. 7).

FREUD, S. O mal-estar na civilização [1930]. *In*: *O mal-estar na civilização, Novas conferências introdutórias e outros textos (1930-1936)*. São Paulo: Companhia das Letras, 2014. p. 9-89. (Obras Completas, v. 18).

FRIEDMAN, M. *Capitalismo e liberdade*. Rio de Janeiro: Abril Cultural, 1984.

FRIEDMAN, M. Discussion. *American Economic Review*, v. 39, n. 3, p. 196-199, 1949.

FRIEDMAN, M. The Methodology of Positive Economics. *In*: *Essays in Positive Economics*. Chicago: University of Chicago Press, 1953. p. 3-43.

GROS, D. Institutos liberais, neoliberalismo e políticas públicas na nova república. *Revista Brasileira de Ciências Sociais*, v. 19, n. 54, p. 143-159, 2004.

HARVEY, D. *O neoliberalismo: história e implicações*. São Paulo: Loyola, 2009.

HAYEK, F. A. *Individualism and Economic Order*. Chicago: The University of Chicago Press, 1980.

HAYEK, F. A. *O caminho da servidão*. São Paulo: Instituto Ludwig von Mises Brasil, 2010.

HAYEK, F. A. *Os fundamentos da liberdade*. São Paulo: Visão, 1983.

HIRSCHMANN, N. Freedom. *In*: GIBBONS, M. (Ed.). *The Encyclopedia of Political Thought*. New Jersey: John Wiley & Sons, 2015. p. 1-14.

LACAN, J. *O seminário, livro 16: de um Outro ao outro*. Rio de Janeiro: Zahar, 2008.

LAGASNERIE, G. *La dernière leçon de Michel Foucault: sur le néolibéralisme, la théorie et la politique*. Paris: Fayard, 2012.

LEMKE, T. "The Birth of Biopolitics": Michel Foucault's Lectures at the Collège de France on Neoliberal Governmentality. *Economy and Society*, v. 30, n. 2, p. 190-207, 2001.

LUZ, M. *Porque a economia não é uma ciência evolucionária: uma hipótese antropológica a respeito das origens cristãs do homo economicus*. 2013. 181 f. Tese (Doutorado em Economia) – Instituto de Economia, Universidade Estadual de Campinas, Campinas, 2013.

MARX, K. *O capital. crítica da economia política*. São Paulo: Nova Cultural, 1996. v. 1. (Os Economistas, 2 v.).

MIROWSKI, P. *Never Let a Serious Crisis Go to waste: How Neoliberalism Survived the Financial Meltdown*. London; New York: Verso, 2014.

NELSON, R. *Economics as Religion: From Samuelson to Chicago and Beyond*. Pennsylvania: Pennsylvania State University Press, 2001.

PAULANI, L. *Modernidade e discurso econômico*. São Paulo: Boitempo, 2005.

RAND, A. *A virtude do egoísmo: a verdadeira ética do homem: o egoísmo racional*. Porto Alegre: Ortiz; IEE, 1991.

RAND, A. *La rebelión de Atlas*. Buenos Aires: Grito Sagrado, 2003.

ROSE, N. *Powers of Freedom: Reframing Political Thought*. Cambridge: Cambridge University Press; 1999.

RUGITSKY, F. The Ideologies of Positive Economics: Technocracy, Laissez-faire, and the Tensions of Friedman's Methodological Claims. *Estudos Econômicos*, v. 45,

n. 3, p. 499-525, set. 2015. Disponível em: <https://bit.ly/2JwcqAm>. Acesso em: 4 nov. 2017.

SAMUELSON, P. A. A Note on the Pure Theory of Consumer's Behaviour. *Economica*, v. 5, n. 17, 1938, p. 61–71. Disponível em: <www.jstor.org/stable/2548836>. Acesso em: 21 out. 2020.

SILVA JUNIOR, N. The Politics of Truth and Its Transformations in Neoliberalism: The Subject Supposed to Know in Algorithmic Times. *Filozofski Vestnik*, Ljubljana: SAZU Filozofski Institute, v. 40, n. 3, 2019.

SMITH, V. R. Friedman, Liberalism and the Meaning of Negative Freedom. *Economics and Philosophy*, v. 14, n. 1, p. 75-93, 1998.

A PRODUÇÃO NEOLIBERAL
DO SOFRIMENTO

A psiquiatria sob o neoliberalismo: da clínica dos transtornos ao aprimoramento de si

*Antonio Neves, Augusto Ismerim, Bruna Brito,
Fabrício Donizete da Costa, Luckas Reis Pedroso dos Santos,
Mario Senhorini, Nelson da Silva Junior, Paulo Beer,
Renata Bazzo, Rodrigo Gonsalves, Sonia Pitta Coelho,
Viviane Cristina Rodrigues Carnizelo*

Do monólogo da razão sobre a loucura ao controle social

A história da psiquiatria é indissociável da função de gestão de fronteiras entre os conflitos psíquicos e os conflitos sociais (Carvalho *et al.*, 2020; ROSE, 2018; Dunker, 2015; Foucault, 2014; Wallace, 1994; Basaglia, 1985). Em *A história da loucura,* Foucault (2014) demonstra que a psiquiatria já nasce como um dispositivo teórico e prático convocado a dar conta daquilo que resiste à nova ordem de trabalho e produção capitalista. Sabe-se que os loucos, no século XVII, eram confinados em centros de internação resultantes de um hibridismo entre instituições carcerárias e hospitalares, destino de diversas figuras da inadaptação à época.[1]

Os loucos se aglomeravam junto aos mendigos, desocupados, vadios, jovens que perturbavam a paz de suas famílias e aos criminosos. O isolamento já era o destino comum aos restos inassimiláveis da sociedade (Foucault, 2014). Nessas instituições, essas figuras até então errantes

---

[1] Segundo Foucault (2014), tais instituições recebiam nomes diferentes a depender do país, mas a simultaneidade de seu aparecimento e a unidade temática evocada pelos nomes mostra que elas cumpriam a mesma função social. Na Inglaterra eram as *Workhouses* (casas de trabalho), na Alemanha as *Zuchthäusen* (casas de correção) e na França os *Hôpitaux Généraux* (Hospitais Gerais).

eram condenadas ao trabalho forçado, visto como um dos remédios ao mal que lhes acometia. Assim, a ociosidade passava a ser vista como afronta. E seu oposto, o trabalho, como meio para alcançar determinados fins, passa a ser não somente um fim *em si mesmo*, como também um *ethos*, nas palavras de Foucault (Foucault, 2014; Rezende, 2001).[2]

Nesse contexto, a necessidade da criação de instituições próprias para os insanos e o surgimento da psiquiatria como campo autônomo do conhecimento médico, possivelmente ocorrido na Inglaterra, em meados do século XVIII (Pichot, 2009), parecem responder a urgências sociais múltiplas, como controle físico dos desviantes sociais e organização de um discurso racional para este controle.

Paralelamente ao *ethos* do trabalho, a racionalidade se firmava como um princípio de organização social e compreensão da essência do homem.[3] Em diálogo com a filosofia política de Jean-Jacques Rousseau (1712-1778), o médico Philippe Pinel (1745-1826) irá desenvolver, com suas experiências asilares, o seu principal livro, intitulado *Traité médico-philosophique sur l'aliénation mentale ou la manie* (Tratado médico-filosófico sobre a alienação mental ou a mania), publicado em 1801. Segundo Facchinetti, as reformas pinelianas teriam fundado uma nova tradição para a investigação e a prática psiquiátricas, marcadas pela articulação entre o saber e a técnica: "Basicamente, o *Tratado* pode ser compreendido em termos de um enfrentamento de dois problemas centrais: os limites do conhecimento sobre a alienação; e o estabelecimento de um campo de pesquisa e sistematização capaz de tratar e curar as diversas manifestações da loucura" (Facchinetti, 2008, p. 503).

Com as revoluções burguesas e, em especial, a Revolução Francesa (1789-1799), surge a necessidade de todo um aparato jurídico de proteção da população contra o poder do Estado. Era necessário legitimar a detenção de determinados civis via um discurso socialmente aceito. A psiquiatria, como ciência, vai ocupar aqui um papel fundamental no controle social (Castel, 1978). Cabia aos seus agentes, os psiquiatras, não só o cuidado mé-

---

[2] Um exemplo que explicita de forma exemplar esse novo estatuto do trabalho é a construção, dentro dessas instituições, de poços que não davam em lugar algum. O objetivo não era encontrar água, mas sim o trabalho pelo trabalho (FOUCAULT, 2014, p. 69).

[3] De onde viria a racionalidade que será criticada por Foucault no aforismo "monólogo da razão sobre a loucura" (FOUCAULT, 2014).

dico, mas também a administração da internação psiquiátrica, sua duração, seus custos, sua responsabilidade econômica, em suma, a administração e o funcionamento do dispositivo asilar (Pichot, 2009). Além disso, o louco, diferentemente dos outros detentos das instituições de confinamento, não era apto ao trabalho nos moldes propostos. Via-se, assim, a necessidade de um tratamento específico para essa classe de indivíduos (Foucault, 2014). O nascimento da psiquiatria se articula à garantia da ordem social, adaptando a ela aquilo que emerge como resistência ao funcionamento social harmônico em torno do princípio da produção racionalizada dos bens.

Já em seus primórdios, notamos, uma complexa relação se estabelece entre o sofrimento psíquico como objeto legitimador da disciplina psiquiátrica e sua gestão a serviço da economia. É da história recente dessa relação, e mais particularmente aquela que se dá sob o neoliberalismo, que trata este capítulo. Nesse breve período de cerca de 50 anos, iniciado a partir dos anos 1970, é possível descrever uma verdadeira revolução nos métodos de pesquisa, nos fundamentos epistemológicos e sobretudo nos objetos que definem essa disciplina médica. A mais importante delas, contudo, é aquela que define a passagem da psiquiatria de uma função terapêutica, ainda inserida no interior da clínica médica, a uma função de aprimoramento (*enhancement*[4]), decididamente tributária da lógica econômica. Essas transformações da psiquiatria são simultâneas àquelas da cultura, explícitas nas matrizes psicológicas da episteme neoliberal e delas indissociáveis. Com efeito, ambas descrevem um mesmo movimento, em que o *modus operandi* fundamental do neoliberalismo, a saber, a recodificação de todos os processos sociais e subjetivos na sintaxe de maximização de lucros, organiza-se holograficamente, isto é, em uma estrutura na qual cada um de seus elementos contém o todo no qual se insere. Assim, a

---

[4] Optamos por, em algumas passagens, sustentar a palavra originária do inglês tendo em vista sua polissemia. Defendemos o fato de não termos encontrado, até o momento da publicação, um termo em português que traduza esse empuxo ao melhor, a potencialização de algo preexistente ou mesmo a dimensão de extravasamento e excesso concernentes à palavra original. Aperfeiçoamento e aprimoramento não resgatam o sentido de potencialização de qualidades preexistentes, segundo nossas discussões iniciais. Segundo o *Cambridge Dictionary*, *enhancement* significaria "*to improve the quality, amount, or strength of something*". Melhoramento, aprimoramento, realce são algumas das possibilidades de tradução para o português.

passagem do sofrimento como sintoma para o sofrimento como gozo[5] e o empuxo ao excesso implicado na produção e no consumo atuais expõem a regência do paradigma neoliberal tanto nas esferas político-econômicas quanto no sofrimento psíquico.

A inclusão do *enhancement* na racionalidade psiquiátrica

A atual absorção da psiquiatria pela racionalidade econômica está bem documentada. Um relatório da Organização Mundial de Saúde (OMS), publicado em 2001, intitulado *Saúde mental: nova concepção, nova esperança* (WHO, 2002), dedica parte de seu conteúdo à defesa dos direitos humanos e as consequências deletérias do estigma em saúde mental. Nesse ponto, a OMS externaliza sua preocupação com o número crescente de transtornos mentais e dos índices de suicídio. Seguindo a tradição preventiva da organização, o documento alerta que a depressão, dentro de 20 anos, tornar-se-á a principal causa de incapacitação, e que por essa razão deveríamos, como sociedade, voltar nossos esforços para superar tal situação. Aqui, notamos ainda a psiquiatria sendo convocada enquanto sua função terapêutica.

Mas, ao longo do texto, a dimensão econômica vai ganhando progressivo destaque frente à dimensão social. É assim que o principal argumento da OMS para justificar o investimento em saúde mental passa a ser uma série de cálculos, um corolário de dados quantitativos que dão corpo ao chamado *burden* (ônus/fardo) da saúde mental[6] (ROSE, 2018; WHO, 2002). Nesses números, a OMS compreende não somente as mortes prematuras, mas também inferências sobre aquilo que o indivíduo deixa de produzir por ser acometido pelo transtorno.[7] Essa inovação

---

[5] Para uma discussão mais detida sobre essa passagem, sugerimos a leitura de Dunker (2015), *Mal-estar, sofrimento e sintoma: uma psicopatologia do Brasil entre muros*.

[6] Tal aproximação é feita, quando se apresenta, por exemplo, os custos sociais da incapacitação advinda dos transtornos mentais como um efeito direto nos impactos da capacidade produtiva de uma Nação.

[7] Para um aprofundamento neste debate indicamos o capítulo 2 "*Is there really an epidemic of mental disorder*" do livro "*Our Psychiatric Future: the politics of Mental Health*", de Rose (2018). Para informações adicionais do contexto brasileiro sugerimos o trabalho de Bonadiman e colaboradores (2017).

metodológica é uma passagem importante, já que, em saúde mental, os transtornos não apenas impactam na expectativa de vida, mas muitas vezes reduzem ou mesmo destituem as pessoas de sua capacidade produtiva.

Essa alteração admirável da racionalidade psiquiátrica não pode ser compreendida senão em íntima ligação com o desenvolvimento do neoliberalismo, ligação que dá inteligibilidade ao progresso do seu campo. Note-se que bibliografia sobre essa relação mostra a existência de diversas formas de trabalhá-la:

Uma primeira forma de estudar as relações entre a psiquiatria e o sistema econômico parte da ideia de uma patogênese da cultura neoliberal enquanto tal. Assim, fenômenos associados com o desenvolvimento do neoliberalismo, tais como a solidão (Cacioppo Capitanio; Cacioppo, 2014), a dissolução dos limites entre vida doméstica e trabalho, e o avanço da lógica da competição, superação e produtividade em todas as esferas da vida (Fisher, 2009; Berardi, 2003; 2009; Marazzi, 2012; Monbiot, 2016; Dardot; Laval, 2017) estariam entre os grandes responsáveis pelas novas formas de sofrimento psíquico e a consequente necessidade de intervenção psiquiátrica. Além disso, diversos estudos nos lembram de como transtornos psiquiátricos são amplamente determinados por dinâmicas sociais relacionadas à vida pública e à gestão do Estado. Assim, emprego, saneamento básico, moradia, jornada de trabalho, acesso à saúde, entre tantos outros fatores seriam capitais para a promoção de saúde mental (Rose, 2018; WHO, 2014; Marmot, 2015; Patel *et al.*, 2010; Fryers *et al.*, 2005; Shonkoff *et al.*, 2012). Poderíamos assim pensar como o recrudescimento de políticas neoliberais e o fim da era do *Welfare State* e suas políticas públicas que garantam ao cidadão meios mínimos de existência contribuem para o adoecimento psíquico. A ausência do Estado na promoção desse tipo de política teria um papel fundamental no aumento dos transtornos mentais nas últimas décadas e mesmo no sofrimento psíquico que não cumpre os critérios para receber um diagnóstico[8] (Thomas, 2016; Barr *et al.*, 2015).

---

[8] Nesse ponto, chamamos a atenção ao conceito de "transtorno mental comum", mas também àquilo que a OMS chama de *sub-threshold mental disorders*, ou seja, uma saúde mental prejudicada, mas que ainda assim não cumpre os critérios necessários para receber um diagnóstico (WHO, 2014).

Contudo, explorando as redes de financiamento e interesse que ligam instituições psiquiátricas e setores do mercado, em especial a indústria farmacêutica, outra abordagem mostra que a relação entre a economia neoliberal e a psiquiatria não é apenas a de uma patogênese da economia sobre as pessoas, que, por sua vez, solicitaria tratamentos da psiquiatria adequados a seu tempo. Nessa abordagem, fica claro que a psiquiatria assume também a função de produção de patologias a serviço do consumo de psicofármacos. Já há alguns anos, a bibliografia sobre o assunto acumula evidências dessa relação e da maneira como os campos da pesquisa e da prática psiquiátricas se retroalimentam, permeadas por essas pressões econômicas. Trata-se dos estudos que investigam o *publication bias* (ROSE, 2018). Estes evidenciam a maior probabilidade de estudos financiados por agentes econômicos interessados terem desfechos favoráveis.

Não é novidade o fato de que indústrias farmacêuticas patrocinam campanhas com o objetivo de sensibilizar a população em relação a determinados transtornos psiquiátricos, o que enviesa médicos e pacientes a compreenderem o sofrimento psíquico dentro do espectro do transtorno e alinharem seu tratamento com os interesses da indústria (MOYNIHAM; HEATH; HENRY, 2002; BONACCORSO; STURCHIO, 2002; AGUIAR, 2004). A carta aberta de Lauren Mosher na ocasião da sua saída da Associação Americana de Psiquiatria (APA) é um depoimento que diz *per se*:

> A razão principal para essa ação é a minha crença de que estou, na verdade, demitindo-me da Associação Psicofarmacológica Americana. Felizmente, a verdadeira identidade da organização não exige nenhuma mudança no acrônimo [...]. Nesse ponto da história, na minha opinião, a psiquiatria tem sido completamente comprada pelas companhias farmacêuticas. A APA não podia continuar sem o apoio da companhia farmacêutica para encontros, simpósios, grupos de trabalho, propaganda em jornal, grandes rodadas de almoços, garantias educacionais irrestritas etc., etc. Os psiquiatras tornaram-se beneficiários da promoção da companhia farmacêutica [...]. Já não buscamos compreender pessoas inteiras em seus contextos sociais – ao contrário, estamos aí para realinhar os neurotransmissores de nossos pacientes (MOSHER, 1998).

Aprofundando eixos específicos dessa submissão da psiquiatria à psicofarmacologia, outros autores dirão que não podemos entender o aumento do número de transtornos mentais apenas como expressões da precarização social generalizada. Temos de considerar também como, no neoliberalismo, há uma reformulação da própria noção de transtorno mental que contribui para essa aparente proliferação (Silva Junior, 2016; Rose, 2018). Dito isso, identificamos diversas estratégias que marcam o traço reformatório neoliberal frente à noção de transtorno mental, tais como a amenização eufemista dos transtornos mentais para que os sujeitos possam se vincular a eles sem estigma, o aumento exponencial de categorias diagnósticas de maneira a patologizar diversas esferas da vida psíquica que antes não mereciam diagnóstico[9] e, mais recentemente, a possibilidade de se pensar intervenções psiquiátricas mesmo sem a referência a noção de transtorno, inaugurando na psiquiatria o campo de práticas médicas de *enhancement* (Mossman, 2012; Gilbert; Walley; New, 2000; Bunton; Petersen, 1997).

É nesse sentido que se pode argumentar que quando o neoliberalismo altera nossa relação com o sofrimento psíquico, tal como ele o faz com os ideais, conforme demonstrado no capítulo anterior, ele produz performaticamente novos sujeitos (Silva Junior, 2016). Assim, temos de compreender a psiquiatria hoje nessa nova produção de subjetividades, na qual os indivíduos tomam a si próprios como empresas a serem geridas. Esse é o argumento deste livro: *as formas de expressão e produção do sofrimento são implicadas pela transformação dos próprios sujeitos realizada pelo neoliberalismo*. Claro está que a psiquiatria a um só tempo atuou como beneficiária dos sofrimentos gerados pela reorganização neoliberal da sociedade e também os produziu, inaugurando uma nova etapa em sua relação secular com a doença mental: não apenas descrever, compreender e tratar os sofrimentos psíquicos, como também produzi-los para então tratá-los. Mas pode-se dizer que, mesmo nesse caso, a psiquiatria continua a se organizar e se definir a partir dos sofrimentos e seus tratamentos. Ora, nas últimas duas décadas, pode-se dizer que, aprofundando cada vez mais suas articulações com o neoliberalismo, a psiquiatria se emancipou dessa definição de si própria baseada em sua relação com o sofrimento. Este capítulo visa isolar um aspecto desse momento da psiquiatria, a saber,

---

[9] Para mais detalhes, sugerimos a discussão feita pelas diversas publicações e autores relacionados ao movimento Stop DSM, como o exposto por Lanaspa (2014).

seu lugar na associação entre a matriz de produção de subjetividades da episteme neoliberal e seus imperativos de autossuperação. Esse lugar está garantido não apenas pelas tecnologias simbólicas desenvolvidas pelo marketing, como também pelas tecnologias de *enhancement*.

Evidentemente esse novo momento da psiquiatria se insere em uma lógica já presente em outras disciplinas médicas, que também se emanciparam do paradigma saúde/doença. Tal emancipação, contudo, é curta, pois ela rapidamente desemboca no que se denomina de *enhancement*, em que os critérios do mercado passam a definir seus objetivos. O *enhancement* seria a maximização de potencialidades das funções humanas para uma melhor satisfação de demandas sociais, sejam elas de cunho estético, laboral ou esportivo. Assim, o esforço curativo da medicina tende a ser superado por um novo paradigma: a *performance*.[10]

Um momento histórico que marca a importância crescente dessa prática que prescinde de um *pathos* é ilustrado no artigo "Medicina pós-moderna", de Gray (1999), publicado no *The Lancet*, importante periódico médico. Nele, o autor descreve uma série de mudanças em curso no mundo médico que estariam aliadas com mutações socioculturais mais amplas da pós-modernidade. Para Gray, a medicina moderna manteve um foco muito unilateral na dimensão médica das doenças e seu tratamento, deixando de lado toda uma demanda relacionada a desconfortos que não se relacionavam a uma nosografia estipulada. Assim, a medicina hegemônica não estaria respondendo a uma demanda de saúde que não se restringe à cura de doenças, mas pede pela promoção de bem-estar.[11]

Para chegar ao *enhancement* com plenos direitos e poderes, contudo, a psiquiatria teve de passar por dois momentos anteriores que tivemos também de tratar no nosso texto.

O primeiro deles é o do processo de biologização da psiquiatria. Veremos como o sujeito da psiquiatria biológica passa a ser entendido como autônomo em relação ao contexto histórico e social que o circunda.

---

[10] Cirurgias estéticas, tratamentos dermatológicos, nutrição esportiva anteciparam na medicina essa passagem da doença à performance como princípio da intervenção clínica. Ver "O corpo como lugar do sofrimento social", em Safatle; Silva Junior; Dunker (2018).

[11] A essa lacuna da medicina hegemônica Gray (1999) atribui, como exemplo sintomático, o amplo consumo de vitaminas na contemporaneidade, bem como o crescimento da medicina alternativa.

Nesse domínio, exclui-se a possibilidade de pensar a dimensão social como campo produtor de patologias psíquicas e, portanto, de intervenção psiquiátrica. Ainda, veremos como esses esforços de biologização se encontram com a matriz da psiquiatria do *enhancement*.

Outro desenvolvimento importante na história recente da psiquiatria para entendermos as tecnologias de *enhancement* na disciplina foi a extensão sem precedentes do campo. Dos anos 1970 em diante vivemos uma crescente patologização da vida cotidiana, na qual os sujeitos cada vez mais passam a nomear sua experiência psíquica balizados nas diretrizes diagnósticas dos grandes manuais psiquiátricos. O transtorno mental se vê livre dos muros do hospício e ganha todas as esferas sociais.

Só então teremos as ferramentas necessárias para entender o fenômeno do *enhancement*. Como veremos, aqui a psiquiatria deixa de operar em uma lógica "marginalidade x norma". O norte das intervenções psiquiátricas não é mais o da adaptação do sujeito desviante aos moldes sociais padronizados. Não há mais um conflito entre aspirações e desejos pessoais e os imperativos sociais normativos, mas sim uma sinergia entre esses vetores rumo a autorrealização, que faz coro a ordem econômica de produção.

Desenvolvimento de uma psiquiatria biológica: o paradigma anatomoclínico

A ideia de que quadros psicopatológicos apresentariam correlatos biológicos é bem antiga na história da psiquiatria.[12] Porém, a busca por marcadores genéticos, fisiológicos e de neuroimagem cerebral para os transtornos psiquiátricos se intensificou perceptivelmente nos últimos 30 anos. Hoje é quase um ponto pacífico à disciplina psiquiátrica o entendimento dos fenômenos psíquicos enquanto portadores de uma explicação que passe em algum momento pelas dinâmicas biológicas em jogo, em especial aquelas em ação no cérebro (VIDAL; ORTEGA, 2019; ROSE, 2018; 2013). Como aponta Rose (2013, p. 305-306):

---

[12] À guisa de exemplo, Esquirol (1772-1840), discípulo de Pinel, antes mesmo de Kraepelin, será conhecido como o primeiro psiquiatra a formular a ideia de uma "psiquiatria sem psicologia", ou seja, uma psiquiatria eminentemente biológica e médica (PICHOT, 2009). Contudo, trata-se de uma questão que remonta, em última instância, à história ainda maior da relação entre mente e corpo na filosofia.

Por volta dos anos 1990, uma mudança fundamental havia acontecido no pensamento e na prática psiquiátrica. [...] Uma forma de pensar assumiu corpo, e uma crescente proporção de psiquiatras encontra dificuldade em pensar de outra maneira. Nessa maneira de pensar, todas as explicações de patologia mental devem "passar através" do cérebro e de sua neuroquímica – neurônios, sinapses, membranas, receptores, canais de íons, neurotransmissores, enzimas, etc. Agora, pensa-se que o diagnóstico é mais acurado quando pode ligar sintomas a anomalias em um ou em mais desses elementos. [...] Poucas décadas atrás, tais alegações pareceriam extraordinariamente ousadas; para muitos pesquisadores médico-psiquiatras e profissionais, elas agora parecem "apenas senso comum".

Essa nova visão sobre o fenômeno psíquico está envolta em todo um "aparato de verdade" (ROSE, 2013, p. 265).[13] Constituindo esse aparato estão as pesquisas sobre as relações entre diagnósticos clínicos em psiquiatria e os "fluidos corporais, culturas de tecidos, escaneamento das funções cerebrais, sequenciamento de DNA";[14] procedimentos da genética comportamental (sendo o mais famoso procedimento investigativo o estudo comparativo entre gêmeos); experimentos em animais dos mais diversos e ainda, seguindo os ditames da medicina baseada em evidências, os testes com grupo-controle para avaliar a efetividade terapêutica dos psicofármacos, sendo o método investigativo padrão-ouro denominado

---

[13] A ideia de aparato de verdade parece mais bem delimitada nessa outra passagem do mesmo texto de Rose: "existem *verdadeiras tecnologias* gerais que definem e delimitam como se podem produzir descobertas em psiquiatria que podem agir na dimensão da confirmação ou não confirmação, da verdade e do erro, que traz o efeito de positividade" (ROSE, 2013, p. 268).

[14] Lacan (1947) irá tratar com certa ironia tal interesse dos psiquiatras cientistas pelos fluidos corporais em vez dos sujeitos na seguinte passagem de seu texto intitulado "A psiquiatria inglesa e a guerra": "a guerra revelou-se portadora de progresso, na dialética essencialmente conflituosa que parece caracterizar bem a nossa civilização. Minha exposição detém-se no ponto em que se descortinam os horizontes que nos projetam na vida pública, ou até, que horror!, na política. Sem dúvida, aí encontraremos objetos de interesse que nos compensarão por aqueles trabalhos apaixonantes do tipo 'dosagem dos produtos de desintegração uréica na parafrenia fabulatória', inexauríveis produtos do esnobismo de uma ciência postiça, nos quais o sentimento predominante de inferioridade diante dos preconceitos da medicina, por parte de uma psiquiatria já ultrapassada era compensado" (LACAN, [1947] 2003, p. 124).

Randomized Controlled Trial (RCT) (Rose, 2013).[15] Estabelece-se assim dentro do saber psiquiátrico uma delimitação da produção de conhecimento válido que orienta as pesquisas da área a procurarem os indícios biológicos do psíquico (Vidal; Ortega, 2019; Rose, 2018).

Essa configuração do campo psiquiátrico o aproxima do eixo epistemológico que funda a medicina moderna, a saber: o *modelo anatomoclínico*, de Marie François Bichat (Foucault, 2015). O paradigma anatomoclínico propõe que, para toda manifestação sintomatológica clínica de um paciente, deve haver um correlato orgânico identificável. A medicina deveria assim discernir essa base orgânica para intervir no domínio biológico da doença. Assim, cabe reconhecer que essa fundamentação biológica da psiquiatria responderia também a pressões internas ao campo da medicina a fim de canonizar a psiquiatria como ciência médica (Birman, 1999). Exemplos importantes da influência dessa matriz de pensamento na medicina em geral e na psiquiatria em particular são estudos neuroanatômicos de Antoine Laurent Jessé Bayle (1799-1858). Em 1826, Bayle irá publicar seu *Traité des maladies du cerveau et de ses membranes: maladies mentales* (Tratado de doenças do cérebro e de suas membranas: doenças mentais), lançando bases para o modelo anatomoclínico aplicado à psiquiatria, tendo como órgão de destaque especial o cérebro. Temos então já em 1826 uma proposta de se entenderem os transtornos mentais em uma gramática biológica (Pichot, 2009).

Do DSM-III ao RDoC: uma biologização radical da psiquiatria

Uma reconstrução histórica da constituição dessa hegemonia do aporte biológico na psiquiatria contemporânea deveria começar com o processo de constituição do *Manual Diagnóstico e Estatístico de Transtornos Mentais*, terceira edição (DSM-III). Embora importante, tal passagem não será trabalhada em demasia, tendo em vista os limites impostos por este capítulo. Optamos, pois, em resgatar o esforço de síntese já apresentado no livro *Patologias do social* (Safatle; Silva

---

[15] A quem possa se interessar, Rose (2013) faz uma listagem exaustiva de todos os métodos investigativos e entidades conceituais dessa nova ciência da mente, com destaque às páginas 266-267 do texto.

Junior; Dunker, 2018). Com o lançamento de sua terceira edição, em 1980, o DSM irá marcar uma transição das práticas psiquiátricas: substitui-se a pluralidade dos debates frente à nosologia psiquiátrica vigente até então pela busca de um princípio nosológico supostamente consensual (Corcos, 2011). Sendo um dos principais manuais da área, tendo em vista a hegemonia da psiquiatria norte-americana entre outros ramos da ciência médica, essa versão rejeitará claramente os conceitos teóricos psicodinâmicos, até então presentes nas versões anteriores do mesmo manual. O DSM-III passaria a divulgar, desde então, critérios diagnósticos de forte teor uniformizador, oriundos de uma base de pesquisa biomédica e comportamental (Corcos, 2011; Wallace, 1994).

Outro passo importante angariado pela divulgação do DSM-III seria possibilitar que as concepções nele imbuídas passassem a ser significativamente difundidas e se tornassem referência internacional, sobretudo em centros de pesquisa clínica e psicofarmacêutica. Retomemos, com alguns pormenores, os pontos essenciais dessa transição a fim de entendermos suas potencialidades e vulnerabilidades.

O DSM dialoga com o momento histórico-cultural e social em que os cálculos e os números ganham uma presença importante na psiquiatria (Corcos, 2011; Rose, 2018). A mecanização da percepção clínica, tanto pela via do manual *prêt-à-penser* como pela prática cada vez mais constante das neuroimagens na prática clínica, seria uma das testemunhas da busca de um controle em face do real terrificante, sobretudo em seu excesso na forma da "loucura" (Corcos, 2011, p. 16).

Desde sua terceira edição, o DSM abandonara o critério etiológico para a definição dos transtornos mentais, propondo um diagnóstico pautado somente nos sintomas. Ainda que existam diferenças entre as edições subsequentes do manual, vemos que desde o DSM-III o enquadramento de um determinado quadro clínico em um diagnóstico psiquiátrico segue o critério de preenchimento de uma *checklist de sintomas* variáveis para cada condição.

Através do relato do paciente e da observação direta do comportamento, verifica-se a apresentação de determinados sinais e sintomas para que se possa atribuir ao indivíduo um ou mais diagnósticos. Os quadros são constituídos, portanto, pela aglutinação das manifestações sintomáticas de cada transtorno, e o enquadramento de um paciente em determinado diagnóstico tem como critério a verificação de certos sinais e sintomas ao longo de um tempo determinado. Importante notar que, apesar da ausência de etiologia para a constituição dos diagnósticos, havia uma aposta de que eles apresentavam um correlato biológico identificável, e que, com os avanços técnicos da disciplina, ou de disciplinas correlatas, como a neurologia, tais correlatos seriam encontrados.

Mas essa aposta não se confirmou. Pelo contrário: com a patente fragilidade dos critérios eminentemente fenotípicos, vemos, desde a publicação do DSM-IV, em 1994, uma preocupação da comunidade psiquiátrica com a objetividade de seus diagnósticos, ou seja, com a possibilidade de atribuir a eles um fundamento biológico.

Frente à deficiência da descrição da listagem fenotípica para a realização de um diagnóstico válido, o passo pretendido nesse momento seria a inclusão, para além dos sinais e sintomas observáveis, dos almejados *indicadores biológicos/biomarcadores*. Ainda que a quarta edição do manual mantivesse a abordagem fenotípica para a construção dos diagnósticos, essa mudança movimentou toda uma agenda em pesquisas dentro da psiquiatria.

Entre a quarta e a quinta edição do manual, a APA, organização responsável pela construção e divulgação do manual, lançou um importante documento chamado *Research Agenda for DSM 5* (KUPFER; FIRST; REGIER, 2002). Como o nome deixa claro, tratava-se de uma agenda de pesquisas que deveria guiar a construção da edição vindoura. Os pesquisadores envolvidos puderam refletir para além dos moldes diagnósticos do DSM IV/IV-TR e pensar assim o futuro da psiquiatria ante os novos desenvolvimentos no campo.

Vemos que, já na introdução, os autores declaram que uma das razões deste documento era a constatação de que o modelo diagnóstico do DSM, até então chamado de *neokraepeliniano*, produziu avanços tímidos demais na identificação de bases orgânicas para os transtornos psiquiátricos (KUPFER; FIRST; REGIER, 2002). A crença de que a delimitação cada vez mais precisa dos transtornos pela covariação dos sintomas em diversos pacientes nos levaria ao estabelecimento de transtornos com bases patofisiológicas distintas se mostrava deficiente:

> Os transtornos no DSM-III foram identificados nos termos das síndromes, sintomas que são observados em populações clínicas

> para covariar junto nos indivíduos. Supunha-se que, como na medicina em geral, o fenômeno da covariação do sintoma poderia ser explicado por uma etiologia subjacente comum. Como descrito por Robins e Guze (1970), a validade dessas síndromes identificadas poderia ser incrementalmente melhorada através de uma descrição clínica cada vez mais precisa, estudos laboratoriais, delimitação de distúrbios, estudos de acompanhamento do desfecho [*follow up studies*] [da doença] e estudos das famílias [*family studies*]. Uma vez totalmente validada, essas síndromes formarão a base para a identificação de grupos padronizados e etiologicamente homogêneos que responderiam uniformemente aos tratamentos específicos.
> Em mais de 30 anos desde a introdução dos critérios Feighner por Robins e por Guze, que conduziram eventualmente ao DSM-III, o objetivo de validar estas síndromes e de descobrir etiologias comuns permaneceu elusivo. Apesar da proposição de muitos candidatos, nenhum marcador laboratorial foi descoberto como sendo específico na identificação de qualquer uma das síndromes definidas pelo DSM (Kupfer; First; Regier, 2002, p. 32).

Como vemos aqui, a necessidade de encontrar explicações etiológicas orgânicas para os transtornos mentais parecia pressionar a comunidade envolvida na construção do DSM a procurar por novas bases de pesquisa para os indicadores biológicos dos transtornos psiquiátricos. Porém, isso não aconteceu. Em 2013, o DSM-V é publicado, e o diagnóstico neokraepeliniano é mantido, apesar dos apontamentos que vimos na agenda de pesquisa.

Nas repercussões de seu lançamento, que se deu à revelia das contradições e dissonâncias já evidentes na agenda de pesquisa, uma terceira solução foi anunciada: esquecer as classificações precedentes e buscar novas classificações a partir de estudos diretamente sobre o cérebro (Insel, 2013). A *confiabilidade* diagnóstica adquirida pelo DSM não se fazia mais suficiente frente à necessidade de uma *validade* biológica das entidades mórbidas da psiquiatria biológica (Pereira, 2014).

Essa crise epistêmica atingiu o nível institucional quando, em 2013, nas vésperas da publicação do DSM V, Thomas Insel, então diretor do National Institute of Mental Health (NIMH), anunciou o divórcio entre a instituição e o DSM. Insel afirmaria que os diagnósticos do DSM são confiáveis, mas não válidos. Qual seria essa diferença entre confiabilidade (*reliability*) e validade (*validity*)? A confiabilidade advém do fato de diferentes médicos utilizarem o diagnóstico da mesma forma, ou seja, que exista uma linguagem comum bem estabelecida que evite o dissenso diagnóstico. Nesse quesito, o DSM estaria aprovado, uma vez que seus diagnósticos são feitos sem inferências etiológicas de qualquer tipo, pautando-se apenas na superfície observável dos sintomas. Porém, isso não confere validade ao DSM, que, para Insel, seria sinônimo da existência de provas ou "medidas laboratoriais objetivas". Nas suas próprias palavras:

> Embora o DSM tenha sido descrito como uma "Bíblia" para o campo, ele é, no máximo, um dicionário, criando um conjunto [*set*] de rótulos e definindo cada um deles. A força de cada uma das edições do DSM tem sido a "confiabilidade" – cada edição garantiu que os clínicos usem os mesmos termos da mesma forma. A fraqueza é a sua falta de validade. Diferentemente de nossas definições de cardiopatia isquêmica, linfoma ou aids, os diagnósticos do DSM baseiam-se em um consenso sobre conjuntos [*clusters*] de sintomas clínicos e não em qualquer medida objetiva laboratorial. No resto da medicina, isso seria equivalente à criação de sistemas de diagnósticos baseados na natureza da dor torácica ou na qualidade [*quality*] da febre. Com efeito, o diagnóstico baseado em sintomas, uma vez comum em outras áreas da medicina, tem sido largamente substituído desde o século passado à medida que entendemos que os sintomas por si só raramente indicam a melhor escolha de tratamento.
> [...] Transtornos mentais são transtornos biológicos envolvendo circuitos cerebrais que implicam domínios específicos da cognição, emoção e comportamento [...]. Mapear os aspectos cognitivos, de circuito e genéticos dos transtornos mentais produzirá novos e melhores alvos para o tratamento (INSEL, 2013, [s.p.]).

É, portanto, em contraposição às fragilidades inerentes ao DSM e pela necessidade de se mudar a orientação de pesquisa que a iniciativa do Research Domain Criteria, conhecido pela sigla RDoC, é justificada.

De fato, cerca de cinco anos antes, em 2008, o NIMH já havia traçado um plano estratégico em busca de novas formas para estudar os transtornos mentais tendo como norte as dimensões tanto dos comportamentos quanto das medidas neurobiológicas (STOYANOV;

Telles-Correia; Cuthbert, 2019). Estava inaugurada a iniciativa RDoC. Inicialmente, tal empreendimento pretendia coabitar a cena da pesquisa em psiquiatria moderna conjuntamente com o DSM e a CID (como ocorreu durante os anos 1970 com o RDC e os outros modelos vigentes). Assim, o RDoC representava um *framework* para a pesquisa psicopatológica, propondo variáveis independentes em desenhos experimentais organizados a partir de constructos funcionais (entre estes, "a memória de trabalho, isolamento social, apatia…), em vez dos diagnósticos categorias tradicionais, como a depressão e a esquizofrenia (Stoyanov Telles-Correia; Cuthbert, 2019).

Uma série de *workshops* foi feita para compilar os domínios funcionais maiores, cada um com diversos constructos funcionais subordinados; tais constructos medidos por meio de múltiplas unidades analíticas, como atividade cerebral, aspectos comportamentais e o autorrelato dos pacientes (Stoyanov; Telles-Correia; Cuthbert, 2019; NIMH, 2018; Kozak; Cuthbert, 2016).

Portanto, esse projeto proporia a seguinte inversão: em vez de procurar objetificar conjuntos de sintomas estáveis em síndromes e transtornos, ele pretende investigar diretamente os "sistemas do funcionamento humano", o que podemos chamar de sistemas do funcionamento psíquico, abrangendo emoção, cognição, motivação e comportamento social (Insel, 2013).

Além disso, essa iniciativa de pesquisa supõe que esses sistemas sejam mais ou menos universais e objetivos, isto é, capazes de ser conhecidos cada vez mais adequadamente no decorrer da pesquisa. Dentro do paradigma do RDoC, são esses sistemas e suas partes que serão candidatos a espécies naturais, aquilo que há de natural e constante no funcionamento humano (Akram; Giordano, 2017).

Tanto os domínios quanto os constructos que constam hoje nas diretrizes do RDoC foram deliberados a partir de uma série de congressos que reuniram pesquisadores da psiquiatria, da psicologia e da neurologia, obedecendo a três critérios: (1) Evidências de um construto funcional comportamental ou psicológico, (2) Evidências de um sistema ou circuito neural que tenha um papel central na implementação da função, e (3) Uma relação putativa a algum problema clínico ou sintoma (Akram; Giordano, 2017).

Atualmente, o projeto descreve seis domínios principais do funcionamento humano, e dentro de cada domínio há uma série de constructos que podem ser componentes comportamentais, processos, mecanismos etc. Os domínios atuais são *valência negativa* (inclui constructos como medo, ansiedade, perda), *valência positiva* (inclui resposta ao reforço, saciação), *cognição* (inclui atenção, percepção, memória), *processos sociais* (apego, comunicação social), *sono-vigília* e *sensório-motor*. Cada constructo pode ser analisado dentro de várias "unidades de análise" (genética, molecular, comportamental, psicométrica, entre outras). É possível entender esses domínios como analogias com os sistemas funcionais do corpo, como o sistema digestório, excretor etc. (AKRAM; GIORDANO, 2017).

No que diz respeito à clínica, embora esse projeto – que é ainda e fundamentalmente uma orientação de pesquisa – não esteja próximo desse ponto, a hipótese é de que as patologias poderão ser descritas como desequilíbrios no funcionamento de diferentes partes dos vários sistemas. Isso está em consonância com um princípio anunciado pelo RDoC de que todo constructo e elemento de análise deve ser avaliado a partir de uma visão dimensional, da normalidade às patologias:

> O RDoC incorpora uma abordagem dimensional explícita de psicopatologia, como denominado em muitas análises recentes de psicopatologia. No entanto, em contraste com as visões que enfatizam a dimensionalidade principalmente como uma função da gravidade dos sintomas, o RDoC está comprometido em estudar a "variação total, do normal ao anormal". Em alguns casos, apenas uma extremidade de uma dimensão pode envolver um comportamento problemático (por exemplo, raramente é provável que se queixem de uma memória notável ou visão aguçada), mas muitas vezes os dois extremos de uma dimensão podem ser considerados "anormais" – por exemplo, uma completa falta de medo pode estar associada a comportamento agressivo ou psicopático, e o extremo oposto da busca de recompensas diminuída pode ser mania (CUTHBERT; INSEL, 2013, p. 5).

Isso implica que as avaliações em saúde mental se distanciam da busca por índices explicitamente patológicos e se expandem para a mensuração do que seriam os sistemas emotivos e cognitivos fundamentais humanos em toda sua amplitude. Assim, constructos como "medo", "autoconhecimento" e "controle cognitivo", por exemplo, seriam objetivados em medidas biológicas ou psicométricas e, por conseguinte, poderiam vir a ter uso diagnóstico e preventivo. É possível imaginar, por exemplo, que uma medida de "resposta inicial ao reforço" desregulada já poderia, em certas circunstâncias, justificar o início de um tratamento psiquiátrico preventivo, antes mesmo da aparição de qualquer sintoma.[16]

Assim, a iniciativa RDoC tende a ser citada na literatura do campo psi (Rose, 2018), sobretudo da psiquiatria, como "revolucionária" (Akram; Giordano, 2017). No entanto, autores mais moderados atrelam a revolução potencial dessa iniciativa à capacidade de o campo neurocientífico trazer, de fato, descrições acuradas e definições dos mecanismos de interação entre o neural e o ambiental nos estados de normalidade e anormalidade investigados pela psiquiatria (Akram; Giordano, 2017).

Agora já temos elementos suficientes para avaliar criticamente esses recentes desenvolvimentos da psiquiatria biológica. Em primeiro lugar, cabe apontar que, ainda que a iniciativa RDoC represente uma radicalização no processo de biologização da psiquiatria, o DSM, em sua aposta de achar os correlatos orgânicos das suas categorias diagnósticas, já operava com um pano de fundo biológico.

Consequências da psiquiatria biológica: uma avaliação crítica desse modelo de racionalidade psiquiátrica

A presença de uma seção chamada "Transtornos mentais orgânicos" no DSM-III poderia nos levar a supor que exista uma divisão no manual entre os transtornos psiquiátricos de base orgânica e os outros, que não teriam esse fundo biológico. Porém, somos logo alertados de que a delimitação dessa classe não implica que os outros transtornos classificados pelo manual não teriam uma base orgânica, apenas que elas ainda não tinham sido identificadas (Bezerra Junior, 2014). Essa aposta na possibilidade de identificar a base biológica para os transtornos

---

[16] Tais expectativas irão desembocar na almejada "psiquiatria de precisão", em que, segundo alguns autores, seria o momento em que a psiquiatria recorreria a algumas iniciativas empreendedoras, como a iniciativa RDoC (Fernandes *et al.*, 2017).

fica evidente ao constatarmos as numerosas pesquisas em busca das bases genéticas ou cerebrais de quadros definidos pelo DSM (Rose, 2013).

Notemos: o que está efetivamente presente na postura metodológica e científica da comunidade psiquiátrica hegemônica é uma hipótese, razoável, de que a covariação dos sintomas clínicos e a relativa estereotipia do curso das doenças psiquiátricas indicariam que os quadros teriam uma base biológica passível de determinação. O que ocorre tacitamente, porém, é que tanto a comunidade científica como a sociedade civil passam a operar com a crença de que transtornos mentais são transtornos fundamentalmente biológicos e, assim, impossíveis de serem compreendidos por heurísticas pautadas em um aporte histórico, sociológico, relacional etc. Como aponta Rose (2013), o biológico acaba sendo, na psiquiatria, o refúgio do transcendental e, assim, campo privilegiado de ocultamento das mediações sociais e políticas dos fenômenos psíquicos.

Um exemplo bem ilustrativo desse processo pode ser visto na compreensão leiga do autismo ao longo das décadas. Houve uma reação muito acalorada à compreensão psicanalítica do autismo, como ocorreu, por exemplo, com o conceito de "mãe geladeira", de Kanner e Bettelheim, popularizado nos anos 1960, e a atribuição do autismo à frieza das mães, fato que até hoje gera querelas e ressentimentos, principalmente por parte dos familiares. O enraizamento do diagnóstico em questões relacionais, familiares e da história pessoal da criança que a psicanálise fez foi visto como uma afronta e uma acusação por esses pais. Ainda que possamos discutir o quanto essa compreensão leiga da etiologia psicanalítica do autismo é apressada, o ponto fundamental aqui é ver como esses pais se mobilizaram, desde os anos 1990, em associações que efetivamente financiavam pesquisas científicas na busca pelos determinantes biológicos da doença e têm uma atividade importante de divulgação de todo achado científico que aponte nessa direção (Rose, 2013, p. 302). Rose vê aí uma manifestação localizada da essencialização e da desistoricização que o biologicismo na psiquiatria promove, permitindo a abstração do psíquico de seus processos sociais e históricos constitutivos.

Também enxergamos esse movimento no fenômeno da desresponsabilização, cada vez mais frequente na clínica. Os pacientes chegam ao consultório descrevendo a si mesmos pelo diagnóstico psiquiátrico que receberam e entendendo sua "condição" (como depressivo, bipolar, *borderline* etc.) como um fato isolado, sem qualquer relação com sua vida, uma vez que, afinal de contas, trata-se não de um problema dele, mas de processos orgânicos deficitários em seu cérebro (Silva Junior, 2016; Vidal; Ortega, 2019; Rose, 2018; Carvalho *et al.*, 2020). Vemos nesses exemplos como categorias em ciências humanas estão longe de ser meras descrições de um mundo real objetivo. Elas têm um efeito performativo sobre os objetos que designam, criando roteiros identificatórios para os sujeitos que ancoram sua autocompreensão e sua compreensão do mundo nesses alicerces (Foucault, 2007; Hacking, 2006; Butler, 2018).[17]

Como vemos, com a psiquiatria biológica não podemos mais pensar, como fez Freud, o sofrimento psíquico no conflito entre as exigências sociais de uma sociedade e as inclinações imorais do paciente, no atrito entre normas sociais hegemônicas e a sexualidade disruptiva (Freud, [1908] 2015). Com a biologização da psiquiatria, o sofrimento psíquico é equalizado como um déficit biológico desvinculado do entorno social. Aqui vem um segundo aspecto importante da psiquiatria biológica: esse desarranjo orgânico é visto como objeto de correção objetiva sem maiores compromissos políticos. Reificada no orgânico, a doença deixa de ser pensada como fenômeno político comprometido com questões como a da adequação às exigências sociais que circundam o indivíduo. Em uma palavra: a *disorder*, em sua reificação orgânica, toma como natural a *order* à qual faz oposição e, assim, retira a psiquiatria do campo da política e do conflito.

Ora, essa autonomização do social que o biológico possibilita é comum aos esforços do DSM e do RDoC, e, ainda que a radicalização desse processo acontecesse nos anos 1990, podemos ver ela como uma continuidade na psiquiatria biológica desde os anos 1970. Há, porém, outra diferença fundamental entre a iniciativa RDoC e os manuais DSM que abre portas para uma intensificação dos compromissos da psiquiatria contemporânea com os imperativos do neoliberalismo, a saber, o modelo dimensional do diagnóstico psiquiátrico, na medida em que este se organiza sobre bases diferentes daquelas da experiência do sofrimento.

---

[17] Apenas para mais um exemplo, a capilaridade dessa concepção organicista na sociedade como um todo pode ser visto no caso de Jane Fitts, mulher obrigada a se aposentar por conta de sua bipolaridade, que vence uma ação judicial na qual demandava que seu transtorno fosse considerado como uma doença orgânica como outras e, assim, ganhasse uma maior indenização pelo seu afastamento (ROSE, 2013, p. 275).

Aberturas do RDoC ao *enhancement*

Como apontamos, o RDoC faz uma crítica ao diagnóstico do DSM e propõe uma radicalização do modelo dimensional de diagnóstico. A nosografia do DSM apresentava o paradoxal problema de ser, ao mesmo tempo, muito específica e muito vaga. Sintoma maior desse problema é o recorrente uso do complemento NOS (*Not Otherwise Specified*) para os diagnósticos, usado quando o paciente não apresenta todos os critérios para ser enquadrado em um transtorno específico (Hacking, 2013).

Ainda, mesmo em um diagnóstico específico, o aporte do DSM seria pouco sensível às diferenças entre pacientes classificados com o mesmo diagnóstico, o que traria dificuldades tanto para a intervenção psiquiátrica como para a comunicação médica. Com a radicalização da proposta dimensional feita pelo RDoC, seria possível entender com maior precisão os pacientes dentro daqueles que são considerados os constructos fundamentais do funcionamento psíquico (valência negativa, valência positiva, cognição, processos sociais, sono-vigília e sensório-motor) e, assim, fazer uma intervenção médica mais especializada na particularidade desse sujeito. Como já indicamos, o RDoC ainda não se configurou como uma proposta clínica. É melhor compreendê-lo como um processo de pesquisa em andamento, e, assim, não podemos dizer ao certo como seu aporte ganhará uso clínico prático, embora já possamos observar seus impactos na pesquisa em psiquiatria. Porém, não seria de todo aventureiro prever algumas consequências possíveis do uso desse modelo diagnóstico como visto até aqui.

A primeira possibilidade aberta em seu horizonte é a de uma psicopatologia sem *pathos*. Expliquemos: antes de qualquer referência a uma base fisiológica, a doença na medicina sempre foi compreendida como um *pathos* que acomete o paciente, esse desarranjo subjetivo fundamental que o tira do centro e faz com que ele procure ajuda médica para estar de novo à altura de suas expectativas de autorrealização como sujeito. A doença é entendida assim como um conflito entre potencialidades virtuais e uma efetividade material vivida pelo paciente. Alguns críticos da iniciativa RDoC dizem que, ao se pretender como um diagnóstico dimensional focado na base orgânica do funcionamento psíquico, o projeto trabalharia com uma armação pouco operativa para a medicina

(Zorzanelli; Dalgalarrondo; Banzato, 2014; Pereira, 2014). Devido ao seu furor biologicista, o RDoC deixaria de lado a dimensão qualitativa que o paciente tem da experiência subjetiva da doença e, assim, não teria uma fundamentação forte para a prática médica, a saber, o *pathos*. O RDoC estaria relegado então a adequar os indivíduos, em seus mais diversos constructos, à normas estatísticas, o que, sabemos desde Canguilhem (2009), constitui uma baliza ruim para a intervenção médica e psicológica (Rose, 1985).[18]

Haveria ainda, porém, outro prosseguimento clínico para o RDoC que preservaria o patológico como fundamentação das intervenções médicas, mas em bases totalmente distintas. Ao ter esse aporte dimensional radical dos domínios fundamentais da vida psíquica, o RDoC lança bases para um projeto de intervenção localizada nesses domínios. Se o DSM, com seu *approach* predominantemente categorial, apenas revisto em sua última versão, acaba referenciando as pesquisas de intervenção médica para a resolução dos sintomas dos transtornos, a iniciativa RDoC teria uma base de pesquisas para buscar intervenções efetivas nos domínios específicos do psiquismo, sem um compromisso terapêutico vinculado à cura dos transtornos.

Assim, em um constructo como o de *cognição*, um dos horizontes que se abrem a intervenções médicas seria aquele de aumentar o tempo de concentração das pessoas, melhorar sua memória ou mesmo deixar mais sensível sua percepção. No constructo sono-vigília, por exemplo, seria possível conjecturar o apoio do RDoC a estratégias psicofarmacológicas capazes de deixar um indivíduo desperto horas a fio, a fim de satisfazer uma demanda de maior produtividade (Crary, 2016). Assim, estarão cada vez mais disponíveis tecnologias médico-farmacológicas que não atuam visando à cura de uma doença ou o retorno a um estado de saúde, mas sim ao *enhancement* psíquico. Abandona-se, ou supera-se, a noção de doença como reguladora exclusiva da intervenção psiquiátrica, deixando o caminho aberto para um *modus operandi* notadamente

---

[18] Um sono muito mais leve do que a média pode não aparecer como problema para um vigia noturno ou para um soldado no exército, da mesma forma que uma criança com dificuldade de se concentrar em tarefas específicas por longos períodos de tempo poderia não ser um problema em uma sociedade que preferisse que ela brincasse e trabalhasse sua criatividade.

neoliberal de gestão das demandas no campo mental e comportamental, regido pelas regras do mercado e pela tecnologia publicitária para a criação de ideais lucrativos.

Ora, mas o que se preserva aí do patológico? É verdade que, à primeira vista, a fundamentação da intervenção médica no patológico seria extinta junto com o desaparecimento da noção de doença como baliza da prática clínica. Porém, o impulso que leva o sujeito doente em busca de tratamento médico não é, fundamentalmente, distinto do impulso que move aquele que busca por tecnologias de *enhancement* humano. Os dois encontram-se num desarranjo entre as expectativas de autorrealização como sujeito e as condições disponíveis para efetivá-las. Nesse sentido, ambos partem de um fundo patológico no sentido original desse termo: aquele de *sofrimento*. A mudança fundamental, porém, ao nosso ver, é como o *pathos* ganha uma nova condição com o neoliberalismo. Em uma fórmula rápida: se o sofrimento no liberalismo e no capitalismo industrial de produção era por *privação*, ou seja, dava-se no conflito entre as normas sociais vigentes e os desejos impedidos do sujeito, o sofrimento no neoliberalismo e no capitalismo de consumo pode ser melhor entendido na dinâmica do *gozo*, em que a questão não é a da adequação a normas sociais postas, mas a da autossuperação dos limites do sujeito a todo momento (Safatle, 2008).

O que está em jogo aqui é a busca por um bem-estar, com toda carga fantasiosa de um estado de vida melhor do que aquele que se vive no presente. Trata-se de viver uma vida melhor, da busca por uma *wellness* que está para além da cura e de sua promessa de reestabilização de uma pretensa normalidade do funcionamento orgânico. Mas no campo do gozo, as definições do que seria uma vida melhor já não são oriundas dos desequilíbrios internos de cada sujeito. Essas definições são marcadas por dinâmicas e interesses que lhes escapam, mas que lhes chegam como ideais a serem buscados. Ora, o conjunto desses ideais, tal como vimos no caso do ideal de liberdade presente nas matrizes psicológicas do neoliberalismo, é definido segundo os interesses econômicos da lógica neoliberal.

Esse é o novo horizonte a partir do qual intervenções médicas não mais focadas na noção de doença retiram seu sentido. Ainda que isso não seja novidade (a cirurgia plástica e a dermatologia cosmética estão aí para nos lembrar disso), essa tendência na medicina parece ter se acentuado nos últimos anos e ganhou maior atenção da comunidade médica. Existe hoje toda uma sorte de demandas em saúde que explicitam não uma vontade do paciente em se livrar de uma doença devidamente classificada, mas sim de uma insatisfação mais etérea com a própria existência, uma vontade de estar melhor. Em uma tentativa de dar conceitos para essas mudanças, podemos dizer que essa prática médica para além da doença se apoia em um mal-estar não relacionado a uma nosologia. O tema da utilização de soluções médico-tecnológicas para a resolução de conflitos dessa natureza e sua interface com a economia já foi trabalhada em relação às modificações corporais.[19] Seguindo esse primeiro trabalho, aqui, em relação ao psiquismo, poderemos traçar uma linha entre terapêutica e *enhancement*.

Enquanto a intervenção terapêutica/adaptativa teria supostamente uma caracterização clara da doença e da sua intervenção, os processos de aprimoramento se dariam sem a presença de uma doença devidamente classificada. É claro que essa divisão pode ser às vezes difusa. Em primeiro lugar, vemos como pode ser arbitrário dizer em que ponto o uso de hormônios de crescimento deixa de ser um tratamento (no caso do uso dele por alguém com nanismo) e vira um *enhancement*, ao ser administrado a uma pessoa com baixa estatura (Mossman, 2012). Ainda, quando se trata da aferição da pressão arterial, por exemplo, é curioso notar que a hipotensão é uma doença propriamente alemã. Não que pessoas de outras nacionalidades não apresentem as mesmas medidas de pressão que os pacientes alemães hipotensos, mas porque a Alemanha é o único país que medica pacientes com pressão baixa mesmo que assintomáticos, enquanto em países como os Estados

---

[19] Os primeiros movimentos acerca dessa compreensão já foram realizados na última publicação do Latesfip, *Patologias do social: arqueologias do sofrimento psíquico*. Desenvolvidos no terceiro capítulo, sob a dicotomia: corpos *commodities* x corpos capital-fixo, articulam a busca pela eliminação de uma falta constitutiva do sujeito através de modificações corporais com uma nova face da mais-valia. Desse modo, como um autoinvestimento financeiro a fim de multiplicar o próprio capital humano, o sujeito faz uso de soluções do mercado para aumentar, sua eficiência e seu valor "no mercado". No texto, observa-se que as mudanças corporais supostamente ofereceriam uma solução do impasse neurótico. Ao nosso ver, essa mesma dicotomia presente na apropriação dos corpos pelo neoliberalismo, a saber, entre corpos *commodities* e corpos capital-fixo, também pode ser reencontrada em sua apropriação do psiquismo.

Unidos a pressão mais baixa é avaliada positivamente, indicando para os médicos uma maior expectativa de vida (Mossman, 2012). Ou seja, mesmo dentro daquilo que Gray chamou de medicina moderna já existe uma delimitação difusa entre saúde e doença, expressa nesses exemplos.[20] Ainda que essa distinção seja difusa, defendemos que o fato de a medicina passar a operar cada vez mais sem essa delimitação é uma mudança fundamental na configuração do campo. Examinemos essa nova configuração em algumas de suas expressões.

Expansão de diagnósticos e reestruturações teóricas: a abertura de novos mercados pela psiquiatria

Apesar da crise em que se encontra a psiquiatria (Chebili, 2016; Gori, 2008), sua refundamentação teórica mapeada durante as atualizações dos manuais tanto DSM quanto CID permitiu que a psiquiatria se articulasse intimamente à indústria farmacêutica e ao marketing (Silva Junior, 2016). Tal alteração "coloca entre parênteses a ideia mesma de 'doenças', razão pela qual o termo foi substituído por aquele de 'transtornos', evitando assim a forte carga moral do primeiro" (Silva Junior, 2016, p. 232). A função do marketing seria facilitar a adoção social dos diagnósticos e, por meio da banalização, da naturalização e da massiva divulgação destes nos núcleos médicos, midiáticos e educacionais, atingir um público maior de consumidores, vencendo a carga moral e naturalizando a questão dos transtornos, que passaram a ser tratados, também, por outras especialidades médicas que não a psiquiatria.

---

[20] Outro bom exemplo de como esse limite é muitas vezes borrado (mas não dissolvido) poderia ser a forma como tratamos a generalização dos transtornos psiquiátricos operada pelo DSM. No caso dos transtornos psiquiátricos, esse limite difuso é ainda mais nítido, uma vez que, não tendo um correlato orgânico bem delimitado, a avaliação sintomatológica fica muito enviesada por fatores não necessariamente clínicos. É o que ocorre nas ondas de diagnóstico, como aconteceu com o TDAH: cria-se todo um plano de fundo cultural que facilita a nomeação de um conjunto de comportamentos como TDAH pelos professores, pais e, por fim, pelos psiquiatras. Lembremos que entre 2001 e 2009 nos Estados Unidos houve um aumento de 76% de chamadas por envenenamento decorrente do abuso por adolescentes de remédios para TDAH, e a prescrição de um deles, o Adderall (um composto anfetamínico), quase dobrou nesse mesmo período (MOSSMAN, 2012, p. 245).

Esse processo de eufemização dos quadros psiquiátricos que vemos na mudança da noção de "doença" para a de "transtorno" é também explicitada nas mudanças de nomenclatura de algumas categorias diagnósticas não psiquiátricas. Um exemplo especialmente claro desse processo é a mudança do diagnóstico de "impotência viril masculina" para o de "disfunção erétil", trocando uma semântica moral por uma mecânica, mais neutra (Silva Junior, 2016, p. 234).

Desse modo, tal expansão do diagnóstico e da intervenção psicofarmacológica sobre o sofrimento psíquico, que, como demonstrado, retirou do campo a responsabilidade e a história do sujeito ao naturalizar o sofrimento como uma disfunção orgânica, viabilizando para a "psiquiatria um salto para além das fronteiras da medicina tradicional, a saber, um salto para a *indústria do consumo*, numa bem-sucedida *joint venture* acadêmico-empresarial" (Silva Junior, 2016, p. 232). O aumento exponencial de diagnósticos e a flexibilidade de sua aplicação permite que a psiquiatria deixe os manicômios e ganhe a cidade, em uma sociedade em que todos são pacientes psiquiátricos potenciais, como apontou Rose no título de seu último livro, *Our Psychiatric Future* (Rose, 2018). É possível ouvir nesse combate ao estigma do sofrimento psíquico e na generalização do sofrimento psíquico para toda a população os paradoxais ecos dos movimentos de reforma psiquiátrica. Afinal, tanto para o DSM como para os antimanicomiais, "de louco todo mundo tem um pouco".[21]

Considerada a partir das mudanças sociais promovidas pelo neoliberalismo, essa *joint venture* é homóloga ao novo estatuto dos pacientes da psiquiatria, que passam a exercer a função de consumidores também em relação ao seu sofrimento. As estratégias de marketing são eficazes, ironicamente, pela ausência de uma clara inscrição biológica dos sintomas

---

[21] Não queremos aqui deslegitimar os movimentos da reforma psiquiátrica. Em nossa avaliação eles são de suma importância e suas conquistas devem ser celebradas e defendidas. Porém, não podemos deixar de enxergar que as reivindicações pelo fim dos manicômios atuam como vetor de força conjuntamente aos imperativos neoliberais para a expansão do transtorno mental para toda a sociedade. O que ocorre é que as pressões neoliberais se aproveitam do discurso antimanicomial naquilo que este lhes traz vantagem, isto é, o aumento do consumo de psicofármacos. Mas, não por acaso, deixa de lado nesse discurso precisamente a crítica radical que esses movimentos fazem às formas de organização social capitalista.

e pela elaboração das estruturas narrativas de formulação das queixas e descrição dos sintomas. Isso deu ao diagnóstico psiquiátrico uma flexibilidade que pode ser explorada por outros mercados para além da indústria farmacêutica, sofisticando o projeto em que estratégias de marketing já se mostraram efetivas e que utilizam o campo da saúde e suas "oportunidades" para realizar o projeto capitalista, mesmo que em detrimento dos pacientes/consumidores (Gøtzsche, 2016). Fundamentalmente, o essencial dessas estratégias se resume na construção de narrativas com estrutura problema-solução, em que novos conjuntos de sintomas, cuja resposta tenha sido sensível a princípios ativos, são apresentados como "doenças" para as quais a medicina já tem o remédio adequado, a saber, aqueles mesmos princípios ativos (Silva Junior, 2016).

A eficácia dessa nova forma de divulgação psiquiátrica se expressa na inquietante coincidência entre o aumento dos índices e das estimativas epidemiológicas de transtornos psiquiátricos e as possibilidades de consumo de drogas psicoativas, o que complexifica o entendimento da expansão dos diagnósticos psiquiátricos na sociedade. De fato, uma dinâmica essencialmente mercantil passa a reger relações que até então eram essencialmente da competência médica:

> Assim, entre outros elementos que constituem um quadro semântico de extrema coerência, o marketing farmacêutico não hesita em apresentar a alegria, o sono ou a ereção como um estado à mão, passível de ser obtido pela medicação a qualquer momento e por toda a vida. A cada momento um novo desconforto, ou uma "nova causa, recém-descoberta pela ciência de ponta" substituirão os antigos sofrimentos e soluções. A manutenção de um processo virtualmente infinito de renomeação de grupos de sintomas permitirá, nesse sentido, numa inquietante importação de uma das estratégias mais eficazes do marketing de produtos de consumo, aquela da obsoletização programada, tendo condições de fornecer sempre o perfeito consumidor para a indústria farmacêutica (Silva Junior, 2016, p. 235).

Aqui, vemos uma mudança fundamental em relação ao espaço social destinado à loucura que vimos brevemente em Foucault no início deste texto. Se o início do manicômio e da psiquiatria representa uma diferenciação bem delimitada entre, de um lado, aqueles adaptados à ordem social vigente e seus imperativos de reprodução da vida social e, de outro, aqueles cujos corpos resistiam aos movimentos e à racionalidade da sociedade capitalista, com essa nova configuração da psiquiatria esses limites são bem mais borrados. Não há mais uma divisão nítida entre doentes e pessoas saudáveis, e todos são, assim, potenciais consumidores psicofarmacológicos (Rose, 2018). Sobretudo em uma sociedade cujo *modus operandi* neoliberal dialoga intimamente com o alicerce promovido pela política do *enhancement*, em que todos podem ser "uma versão melhorada e mais produtiva de si", e "uma versão potencializada de si", com todas as ironias inseridas nesta última expressão.

Contudo, uma análise comparativa com movimentos posteriores da psiquiatria demonstra que as estratégias acima ainda operam no interior do paradigma clássico, a saber, aquele entre a doença natural e o tratamento médico para a recuperação da saúde. Ora, esse paradigma é decisivamente ultrapassado em iniciativas subsequentes da psiquiatria, no campo da pesquisa psicofarmacológica, da neurofisiologia e das alternativas digitais, repertoriadas a seguir.

Um projeto brasileiro sobre o uso de antidepressivos em populações eutímicas

Observe-se que tal ultrapassagem se deu gradativamente. Assim, antes do fenômeno da psiquiatria do aprimoramento, é preciso marcar o surgimento de uma etapa intermediária nessa passagem da lógica saúde-doença para outra que visa suprir a constante demanda de indivíduos sempre devedores do melhor de si: trata-se da psicofarmacologia cosmética. Em seu livro *Listening to Prozac*, Peter Kramer (1993) retoma esse termo a fim de descrever o potencial horizonte de uso dos psicofármacos, com base numa série de respostas trazidas por pacientes que fizeram o uso da substância em questão. Entre essas respostas encontravam-se: aumento de autoestima, sensação de aumento do poder de sedução, melhora no desempenho profissional e nas relações interpessoais, diminuição da sensibilidade à rejeição e da resposta hostil a determinados eventos.

Nessa perspectiva nascem pesquisas sobre o efeito de drogas na disposição e no comportamento de indivíduos sem histórico psicopatológico, isto é, indivíduos saudáveis. Tais pesquisas deixam claro o abandono do foco paradigmático de encontrar curas para doenças, porém, diferentemente do que foi tratado anteriormente, não se trata apenas da epistemologia inversa, ou seja, em que a pesquisa parte da droga e seus efeitos em direção aos potenciais transtornos e consumidores; trata-se de encontrar condições para a viabilização de um aprimoramento de algumas funções de indivíduos sãos. Neste momento, estamos diante da busca pelo excesso, nessa empreitada o termo "doença" não é nem sequer necessário, muito menos presente.

O uso de substâncias como *enhancers* abriu um debate sobre implicações éticas em artigos de periódicos norte-americanos que se ocupam dos desafios quanto ao seu uso e sua regulamentação. A principal fonte é de um artigo de 2004, "Aprimoramento neurocognitivo: o que podemos e o que deveríamos fazer?" (Farah *et al.*, 2004), publicado na *Nature Reviews Neuroscience*. O artigo visa apresentar um estado da arte em aprimoramento neurocognitivo, principalmente sobre os problemas éticos relacionados e os modos como a sociedade os trata. A maneira como a discussão é organizada ilustra como o ideal de adequação dos sujeitos a demandas de produtividade está posto, de início, nas discussões. O trabalho traz conteúdos que tocam a transformação da liberdade em obrigação de desempenho e questionamentos acerca da coerção ao uso: "Empregadores reconhecerão os benefícios de uma força de trabalho mais atenta e menos distraída; professores julgarão alunos 'aprimorados' mais receptivos à aprendizagem. E se a manutenção do emprego ou a permanência em uma escola depender de praticar aprimoramento cognitivo?" (Farah et al., 2004, p. 424, tradução nossa).

O debate ético acerca do tema é vasto, apesar de os argumentos a favor não serem muito sólidos. Destacam-se os pontos de atenção e preocupação da disseminação do uso dessas substâncias dada a possibilidade do estabelecimento de uma nova norma de performance, já pautada na concorrência e competitividade, mas podendo ser atualizada através dos *enhancers*, gerando impactos significativos para a sociedade (Alonso, 2009; Maslen *et al.*, 2014). Um dos pioneiros da pesquisa com *enhancers* no Brasil foi o psiquiatra Valentim Gentil Filho, coordenador do projeto temático[22] intitulado "Estudo psicológico da regulação emocional a partir

---

[22] A investigação teve fomento financeiro da agência de pesquisa Fapesp, entre os anos 2001 e 2008.

dos efeitos de antidepressivos". Analisemos alguns pontos da pesquisa e seus resultados. Segundo seu resumo, o projeto visava "dar prosseguimento e aumentar a abrangência de nossas pesquisas sobre os efeitos de baixas doses de antidepressivos no estado emocional habitual *de pessoas normais* e de portadores de transtornos psiquiátricos menores para tentar delimitar *seu espectro de ação 'extraterapêutico'*" (Gentil et al., 2001, grifo nosso).

O termo "extraterapêutico", que sintetiza bem o movimento de ampliar a circulação dessas substâncias para além dos limites convencionais, diz respeito à potencialização de algumas características compreendidas como positivas, ou uma inibição das negativas. Consiste em abrir um caminho para uma melhor adaptação, mas cabe a questão: adaptação a quê? Pois, se não consiste em adaptar o organismo ao seu funcionamento normal, se não se busca o ideal de homeostase no funcionamento do organismo, ao que se refere essa "melhor adaptação"?

Para compreendermos melhor do que se trata, vale observar mais de perto os resultados de algumas pesquisas relacionadas a esse projeto. Os autores concluem que ingerir baixas doses de antidepressivos altera positivamente o humor de pessoas saudáveis, diminuindo a irritação e aumentando sua tolerância e eficiência no trabalho. Os sujeitos da pesquisa relatam a experiência de se perceberem menos aflitos com as exigências simultâneas e de errarem menos. Aqui já é possível identificar o que é levantado no debate sobre a regulamentação do uso extraterapêutico dessas substâncias, ao utilizá-las como *enhancers*, que se refere à preocupação frente a uma possível coerção social pelos empregadores para terem empregados mais eficientes e menos angustiados diante do excesso de tarefas.

Em outra pesquisa na mesma linha, intitulada *Aspectos fenomenológicos da alteração e emocional induzida por antidepressivos* (Henna, 2007), que visava, entre outros objetivos, descrever os aspectos fenomenológicos da alteração da resposta emocional pelo uso de antidepressivos em voluntários sadios, temos exemplos úteis para a nossa discussão. Um dos instrumentos metodológicos para validar a pesquisa é constituído de uma entrevista estruturada de perguntas abertas; vejamos duas respostas à pergunta: "Você se sente diferente de seu habitual?": "É um pouco estranho, porque é diferente de não ter a doença. Parece mesmo que eu sou outra pessoa. Me pego não tendo reações a algumas situações e não só me surpreendo, como a todos que me conheciam anteriormente"

(Henna, 2007, p. 41); e "Estou sim. Quando que eu poderia imaginar que meu marido fosse chegar bêbado e eu não perceberia porque já tinha dormido? Ele próprio chegou a me perguntar se eu estava usando drogas. Pode?" (Henna, 2007, p. 42).

Os sujeitos relataram ainda, na linha de uma maior eficiência no trabalho, a melhora de desempenho, descrita como maior facilidade de priorizar tarefas, evitando distrações e concluindo o que tinham se proposto a fazer de forma mais rápida e eficiente, com número menor de erros. Exemplo de que na pesquisa brasileira e em seus resultados é possível identificar, além da utilização do psicofármaco em uma função extraterapêutica, a forte correlação entre os resultados encontrados e o horizonte de normalidade proposto pela matriz psicológica da episteme neoliberal. Fica claro assim a que se refere o autor do projeto quando este usa a expressão "melhor adaptação".

Smart drugs: remédios sem doentes

Uma das novas possibilidades abertas para a psiquiatria com uma medicina do *enhancement* é a de aumentar o bem-estar ou ter ganhos performativos via prescrição de substâncias psicoativas, as chamadas *smart drugs* (Nicholson; Wilson, 2017), também conhecidos como nootrópicos (Giurgea; Salama, 1977).

À guisa de exemplo, podemos apontar a utilização de substâncias farmacológicas, como nos casos em que pessoas saudáveis usam Ritalina e Adderall como potencializadores cognitivos. Em uma consulta recente da revista *Nature* com 1.400 de seus leitores de 60 países diferentes, 20% dos participantes disseram já ter usado drogas não por indicação médica, mas para estimular o seu foco, concentração e memória (Mossman, 2012). Ainda, a pertença ou não no domínio da nosologia traz um aspecto prático fundamental que é a capacidade de avaliar riscos e os efeitos colaterais da utilização de uma substância. Uma vez que os estudos de risco para o uso desses medicamentos com fins de aprimoramento são recentes, tem-se a ilusão de que elas são *risk free* (Mossman, 2012). Trata-se da possibilidade de medicar sem a presença do transtorno, de uma proposta de intervenção no campo médico para além da cura de uma doença (Jorge, 2020; Landman, 2019).

Podemos perceber nessa prática uma articulação indissociável, em seus objetivos, dos ideais da subjetividade na narrativa neoliberal, particularmente em suas bases concorrenciais e competitivas, como nos aponta um estudo realizado com 1.453 médicos residentes no verão de 2017 (Rubin-Kahana *et al.*, 2020). Os autores apontam que uso não médico de medicamentos prescritos para o aprimoramento do funcionamento cognitivo tem ganhado popularidade ao longo dos últimos anos, especialmente entre jovens adultos instruídos. Um terço dos respondentes relataram uso, e 73% deles o faziam sem um diagnóstico médico relacionado. Quase metade dos usuários adquiriu o medicamento com receita médica, mas sem o diagnóstico de um distúrbio médico relacionado. Curiosamente, os fatores que justificaram o uso não médico incluem: declarar transtorno do déficit de atenção e déficit de atenção não diagnosticado, medo de reprovar no exame, crença de que outros colegas tomam medicamentos para aprimoramentos cognitivos.

Como exposto na primeira parte, a ampla divulgação dos transtornos mentais possibilita o exercício do autodiagnóstico e, embora o público da pesquisa apresentada fosse constituído por médicos, sabemos que o fenômeno não é restrito à categoria. Por outro lado, o discurso, associado à concorrência fica claro na conclusão dos pesquisadores: "O uso de medicamentos que são tomados tradicionalmente para o tratamento do transtorno de hiperatividade do déficit de atenção é comum entre médicos residentes, com e sem indicação médica relacionada. Curiosamente, fatores associados ao medo de ser 'deixado para trás' aumenta o uso não médico e não o desejo de ter sucesso" (Rubin-Kahana *et al.*, 2020, p. 6).

Sem a necessidade do médico para validar via diagnóstico o uso de uma tecnologia de saúde, o indivíduo, antes paciente, é agora autônomo para identificar seu sofrimento e as lacunas de sua vida a serem melhoradas para, através dessas tecnologias, alcançar essa suposta *melhor versão de si mesmo*.

A instabilidade econômica da psiquiatria e sua entrada no mercado da *digital health*

Se, até onde descrevemos as transformações do saber psiquiátrico, ele esteve diretamente relacionado à indústria farmacêutica e suas estratégias de marketing, outra etapa que o aproxima ainda mais de uma disciplina médica de *enhancement* humano é aquele do processo de expansão da psiquiatria para além das fronteiras da intervenção via medicamentos.

Atualmente, o sofrimento psíquico e o saber psiquiátrico passam a ser um domínio cuja exploração econômica é viável também para outras indústrias. O caso mais significativo dessa expansão talvez seja o do novo mercado de *digital health* (Wyber *et al.*, 2015; WHO, 2020), que oferece diversos serviços de cuidado, controle e, por que não, de superação de formas variadas de mal-estar psicológico. Alguns movimentos preliminares foram fundamentais para a constituição desse novo campo de intervenção psiquiátrica.

O primeiro foi a alteração dos investimentos na indústria psicofarmacológica, alteração que se explica em parte pelas crescentes dificuldades em sustentar a pertinência das intervenções farmacológicas pelos testes de eficácia propostos pelo paradigma da "medicina baseada em evidências" (Rose, 2018; Masic; Miokovic; Muhamedagic, 2008). Pesou aqui o fato de a indústria psicofarmacológica não ter conseguido desenvolver nenhuma droga realmente inovadora desde os anos 1960. Recentes estudos realizados a partir da consideração de experimentos não publicados (obtidos a partir da lei de acesso à informação dos Estados Unidos) colocam em xeque a eficácia de grande parte dos remédios empregados, especialmente dos antidepressivos (Watters, 2010; Furukawa *et al.*, 2016). A somatória disso com a crise do DSM e a cruzada do RDoC contra a psiquiatria tradicional e suas categorias clínicas trouxe um cenário bastante instável e de grande risco econômico, uma vez que uma parte extremamente relevante da receita dessa indústria provém de remédios cuja eficácia está sendo questionada. O efeito disso, aponta Rose (2018), foi o deslocamento de investimentos para outras áreas médicas (como oncologia e imunologia, por exemplo), o que pode ser visto pela diminuição do número de drogas psicoativas aguardando aprovação de agências sanitárias nos Estados Unidos. Se em 2008 o número de medicamentos psiquiátricos era praticamente igual aos medicamentos oncológicos (perto de 280 medicamentos), em 2013 já era a metade disso.

À incerteza crescente do mercado psiquiátrico, especificamente o mercado psicofarmacológico, é possível notar uma resposta clara da indústria com um desinvestimento contínuo das pesquisas em novos medicamentos psiquiátricos, com cortes que chegaram a 70% de 2006 a 2016 (O'Hara; Duncan, 2016). Por outro lado, outras alternativas no mercado de saúde vêm se consolidando, como o mercado de *digital health*, que foi avaliado em US$ 118 bilhões em 2017, e a expectativa é que cresça para US$ 206 bilhões, ou seja, praticamente dobre, em 2020, e US$ 504 bilhões até 2025 (McRobbie, 2019).

Esse primeiro indicador confirma que a *digital health* já está sendo considerada como um espaço promissor a ser economicamente explorado. Ele consiste em novas soluções para abordar as questões de saúde de modo operacionalmente menos custoso e com a possibilidade de levar o serviço a qualquer indivíduo conectado. Trata-se de novas soluções como telemedicina (WHO, 2009) e aplicativos (*apps*) de smartphone (WHO, 2020).

Esse mercado se torna financeiramente atrativo, uma vez que essas intervenções passam a ser muito mais acessíveis – com o baixo custo operacional, diminui-se o preço do serviço e, com isso, garante-se a lucratividade. Diferentemente da indústria farmacêutica, que pratica em margens altíssimas de lucratividade, as empresas de *digital health* passam a se justificar através de baixas margens e alta capilaridade de consumo. Ainda, esse novo campo trabalha ativamente a aquisição de dados de usuários, que servem desde insumo para pesquisas de efetividade da intervenção proposta, até para a segmentação de clientes, desenvolvimento de ferramentas de engajamento e personalização do serviço.

Os *apps* de saúde mental e as potencialidades da clínica digital

Desde 1994, houve um aumento dos investimentos em pesquisa sobre biomedicina e inteligência artificial no setor privado (Insel, 2017). Estima-se que empresas como Google, IBM, Apple, Alphabet e Mindstrong destinem aproximadamente 60% do seu orçamento a pesquisas biomédicas: "as reservas de caixa coletivas da Apple, Microsoft, Alphabet e Facebook – cerca de US$ 500 bilhões – superam em 10 vezes o investimento federal anual em pesquisa biomédica" (Insel, 2017).

Um setor importante desses aplicativos se destina à administração e ao acompanhamento de quadros previamente diagnosticados, como depressão e ansiedade. Eles se baseiam nas técnicas da terapia cognitivo-comportamental e oferecem atividades para o usuário se autoavaliar, informações sobre tópicos relacionados à saúde, ferramentas de aprendizagem com exercícios para o desenvolvimento de novos hábitos. De modo geral, visam "transformar padrões de pensamento negativos, ensinar o usuário a gerenciar sentimentos angustiantes e substituir os comportamentos inúteis".[23]

Outro braço importante das pesquisas de biomedicina e sistemas digitais é a busca de informações. De acordo com a avaliação de Hatfield *et al.* (2010) e Saeb *et al.* (2016), apenas o julgamento clínico não seria suficiente para a avaliação da progressão dos quadros e a obtenção das medidas comportamentais e cognitivas determinantes para prevenção e organização da oferta de tratamentos. O mundo da política de saúde mental tem se preocupado mais com a necessidade de melhorar a prática por meio do "cuidado baseado em mensuração" do que com o julgamento clínico. De acordo com um estudo, com base apenas no julgamento clínico, os profissionais de saúde mental detectaram deterioração apenas em 21,4% dos 70 pacientes que apresentaram aumento da gravidade dos sintomas (Hatfield *et al.*, 2010). A falta de mensuração, nesse caso, não foi a ausência de um biomarcador, mas a falha em rastrear mudanças no humor, na cognição e no comportamento.

Para isso, as empresas de inteligência artificial desenvolvem meios cada vez mais novos para a coleta de dados com o objetivo de gerar dados a respeito de remissão de sintomas, recaída, de previsão de riscos e adesão ao tratamento, identificação das necessidades de oferta de serviços.

Um dos sistemas de que mais recebe investimento é a chamada "fenotipagem digital" (Deboever *et al.*, 2020), que consiste na coleta de biomarcadores digitais através de smartphones. Eles fazem isso através dos sensores do telefone, da interação com o teclado e análise da voz e da fala, através dos quais são analisados atividade, socialização, tempo de reação, atenção, memória, prosódia, sentimento e coerência da fala.

A Mindstrong, *start-up* responsável por esse projeto, consegue rastrear até cinco biomarcadores digitais e analisá-los, sendo estes:

---

[23] Retirado do *site* do *app* Webpsychology: <www.webpsychology.com>. Acesso em: 11 set. 2019.

"a função executiva, o controle cognitivo, a memória de trabalho, a velocidade de processamento e a valência emocional".[24] Ainda não há dados padronizados sobre como essas ferramentas têm sido utilizadas na clínica psiquiátrica. Contudo, é possível conjecturar que possam, em um futuro não muito distante, contribuir para a realização de diagnósticos clínicos, ou mesmo para a indicação de mais avaliações para casos suspeitos, ou em risco.

Como expusemos, o desenvolvimento de soluções tecnológicas, como os *apps*, já é uma realidade no mercado e, por que não, uma alternativa à adesão a um tratamento farmacológico e à visita presencial a um psiquiatra como intermediário necessário. Os *apps*, assim, aparecem como candidatos fortes para sanar o problema da carência de profissionais da psiquiatria em diversos países e o consequente subdiagnóstico e deficiência de assistência em saúde mental.

Porém, cremos que esse movimento de expansão não pare aqui. Falamos dos aplicativos que monitoram o comportamento dos pacientes, ajudam no diagnóstico e contribuem para o controle e a monitorização dos estados anímicos de seus usuários, às custas de um incessante escrutínio de parâmetros relacionados ao estado suposto de remissão dos sintomas.

Aqui, estamos ainda muito claramente vinculados ao campo psiquiátrico cuja intervenção médica se fundamenta no diagnóstico. Ainda que, como vimos, o DSM tenha permitido uma maior aplicabilidade dos diagnósticos psiquiátricos e alcançado novas parcelas da população, as intervenções estão sempre pautadas na presença de um transtorno, que transforma o cidadão comum em paciente. Porém, há aplicativos de *digital health* que fogem desse domínio. Apenas para citar alguns exemplos notórios, podemos mencionar os aplicativos para a otimização de capacidades (como o Brain Power) ou mesmo para resolução de sensações de desconforto e estresse do cotidiano (como o Calm e Headspace, aplicativos para meditação). Como vemos, aqui se dá uma mudança de status, em que não é mais necessário todo o peso de um diagnóstico para se adentrar no portal das tecnologias em saúde, basta apenas que se busque melhorar. Quando falamos desses *apps*, já

---

[24] Retirado do site do *app* Mindstrong: <https://mindstrong.com>. Acesso em: 11 set. 2019.

estamos tratando de todo um novo campo de intervenção e controle tecnológico-médico-psiquiátrico que não se orienta mais pela distinção transtorno x normalidade (normal x patológico). Estamos aqui diante de outra política: a do *enhancement* humano.

De fato, a expansão do campo *digital health* aparece como mais um movimento importante de expansão da psiquiatria em sua dimensão clínica através de novas possibilidades abertas pelos recursos digitais, notadamente aquelas de ramificação e de capilaridade. Sem dúvida, uma forma simultaneamente abrangente e singularizada de poder passa a poder ser exercida pela psiquiatria. Por um lado, por meio dos smartphones, as fontes de dados que alimentam o novo saber psiquiátrico chegam a números inéditos. Por outro lado, esses mesmos dispositivos permitem um acompanhamento dos seus usuários nunca antes vista. Pode-se constatar que, se as tecnologias digitais já exercem formas modernas daquilo que Foucault nomeou como poder pastoral no campo da política, essa mesma forma de poder está igualmente presente na condução das ações e autopercepções futuras dos usuários dos *apps* de *digital health* (Silva Junior, 2019a).

Implantes neuronais, um novo horizonte para as pesquisas sobre aprimoramento

Como no exemplo dos *apps*, a lógica do aprimoramento não se resume apenas às soluções psicofarmacológicas. Recentemente, reafirmando a base quase toda biológica dos transtornos mentais, surgiram pesquisas acerca das interfaces cérebro-máquina. Seu principal expoente está associado à empresa Neuralink, uma *health-tech* cofundada em 2016 por Elon Musk, e nos permite observar novos rumos de pesquisas que articulam, como se fossem ambos resultados de um mesmo esforço, o tratamento de transtornos psíquicos com potencialidades de aprimoramento.

De maneira sucinta, podemos afirmar que o objetivo geral da empresa é desenvolver microdispositivos eletrônicos possíveis de serem implantados no cérebro humano de forma permanente e que sejam capazes de capturar as comunicações neurais, bem como lê-las e transmiti-las como uma ação para um dispositivo não orgânico, que pode ou não estar integrado ao corpo humano. Contudo, ainda existe um longo caminho para se chegar a esse ponto, e Musk (2019) marca até onde suas pesquisas chegaram até o momento:

> Nós desenvolvemos um minidispositivo eletrônico personalizado que nos permite transmitir em alta velocidade dados eletrofisiológicos simultaneamente de todos os dispositivos. Nós preparamos esse sistema para implantes de longa duração e desenvolvemos um sistema on-line detector de *spikes* capazes de detectar ações em potencial de baixa latência. Juntos, esses sistemas servem como uma plataforma de pesquisa de ponta e um primeiro protótipo para um BMI (Brain Machine Interface) totalmente implementável em humanos.

O que Musk e seus pesquisadores conseguiram até agora foi desenvolver um microchip e um robô cirurgião capaz de implantar esses chips a uma distância de 60 microcentímetros dos neurônios de uma forma pouco invasiva. Esses dispositivos ainda não são implantes definitivos, mas já são capazes de capturar e transmitir em tempo real as comunicações neuronais para um computador externo. Este, por sua vez, decodifica essas informações através de um algoritmo, desenvolvido pela própria empresa, que transforma as informações transmitidas por esses sensores em dados precisos sobre o funcionamento cerebral.

Esses dispositivos já foram implantados e estão sendo testados em ratos, e tais experimentos têm comprovado sua eficiência. Segundo seu próprio artigo, foram capazes de mapear, com uma precisão até agora inédita, os exatos locais do cérebro responsáveis por determinadas ações, e com monitoramento e processamento desses dados em tempo real. A partir desses primeiros resultados, anunciaram que o próximo passo do projeto será iniciar os implantes e experimentos em voluntários humanos em 2020.

Embora aplicações desses desenvolvimentos para o campo da saúde mental não sejam propriamente citadas no artigo publicado, em sua apresentação com os anúncios dos resultados das pesquisas transmitida abertamente via YouTube,[25] Musk (2019) afirmou que essa é uma pretensão de sua empresa e que suas descobertas podem fazer avançar as possibilidades de tratamento para lesões cerebrais e até mesmo transtornos mentais. Porém, essa é só uma das possíveis aplicações dessa

---

[25] Disponível em: <https://youtu.be/r-vbh3t7WVI>.

interface. Não se trata apenas de sensores aptos a captar o funcionamento do cérebro no sentido cérebro-máquina, o que já abre espaço para o avanço em diversas pesquisas sobre o cérebro, como também de aplicações que tornem possível o controle de dispositivos eletrônicos apenas com o pensamento,[26] e, como o nome "interface" sugere, a comunicação também é possível no sentido inverso máquina-cérebro. Nesse sentido, abre-se campo para uma série de novas modalidades interventivas para além da psicofarmacologia, capazes de enviar estímulos ao cérebro e produzir a ativação de circuitos neuronais artificialmente.

Formulando de uma maneira sintética e radical: estamos diante de uma medicina sem pacientes e sem médicos, que recebe diuturnamente ofertas supostamente promotoras de melhoramento humano como artigos de mercadoria. Tais mercadorias agem como intervenções biológicas para esses indivíduos, mesmo aqueles classificados como saudáveis pela medicina tradicional, mas que ainda assim desejam mudar a si mesmos, não necessitando, contudo, da chancela dos saberes médicos para ter acesso a toda tecnologia médica, pois a acessam como consumidores. Aqui se desnuda uma íntima relação entre economia e ciência, mais especificamente, entre a psiquiatria com seus saberes e o neoliberalismo com sua lógica de produção de tamponamentos para as fragilidades, inconsistências e precariedades humanas segundo o critério da produtividade máxima a todo momento.

Cabe perguntar se, com essa nova configuração, estamos falando ainda da mesma dinâmica de exclusão e adaptação que vimos no início da psiquiatria com a análise de Foucault. Existe algo novo em jogo. Se antes a organização social se pautava na submissão dos indivíduos às normas sociais postas e na consequente repressão dos desejos individuais que se contrapunham a essa ordem (uma matriz libidinal freudiana), vemos agora em diversas esferas da vida social um alinhamento total entre desejos individuais e a produção de uma ordem social específica e de caráter duvidoso, em uma dinâmica na qual a autorrealização dos sujeitos faz coro aos imperativos sistêmicos do neoliberalismo (Dardot; Laval, 2017).

---

[26] Já houve um humano capaz de realizar esse tipo de atividade, Matthew Nagle. Com o auxílio de sistemas como o BrainGate, já controlou aparelhos eletrônicos apenas com a atividade cerebral.

A história recente da psiquiatria é exemplar das relações complexas entre ciência e economia. Ao longo de todo o capítulo, foram levantadas reflexões críticas cujo fio condutor foi a relação íntima entre os saberes psiquiátricos e o *modus operandi* neoliberal. Assim, as continuidades e descontinuidades, as tensões e dissonâncias do saber psiquiátrico lançam luz sobre o estatuto do conflito na racionalidade dessa disciplina, conflito que nos parece ser uma noção que é alvo de certo apagamento mais radical, ao dissolver o conflito entre desejo e norma.

Assim, as formas clássicas de pensar a transformação social como adequação da ordem social aos anseios de reconhecimento dos indivíduos parecem estar em seu ocaso. O que se nota é um movimento contrário, em que o indivíduo sofre um empuxo ao excesso, em uma nova forma de exploração capitalista. Exploração que se dá não mais segundo o paradigma da ideologia e da captura dos sujeitos pelo discurso e seus efeitos narcísicos, mas segundo o paradigma do gozo. Esse movimento de expropriação do gozo pelo capitalismo é levado aos seus estertores pelo *enhancement* e seus slogans, com impactos tanto na esfera política e econômica quanto no sofrimento psíquico, em suma. Sobre esse paradigma do gozo, segundo Dunker (2015, p. 433):

> A noção lacaniana de gozo parece remeter-se, mas não em todos os momentos, a esse tipo de experiência de não identidade, de "in-formidade", de estranhamento. Esse cruzamento entre experiências de determinação e de indeterminação foi proposto e desenvolvido por Safatle no quadro de reflexão sobre a modernidade (Safatle, 2008) em sua teoria social crítica (Safatle, 2011). Tal desenvolvimento retoma os propósitos iniciais da teoria crítica de estabelecer um pensamento que não fosse apenas reprodução da autoidentidade patologicamente atribuída ao processo de individualização.

Talvez essa dinâmica seja ainda mais facilmente compreendida ao apelarmos a um exemplo de outra área que não a psiquiatria: as culturas empresariais. Dardot e Laval (2016), em seu *A nova razão do mundo*, afirmam que com o neoliberalismo ocorreu uma mudança notável nesse domínio. Se antes o trabalho era visto como um fardo pelo trabalhador, como uma atividade que se contrapunha aos seus desejos e como obrigação a ser cumprida, com as culturas empresariais neoliberais existe um alinhamento entre o desejo do trabalhador e os objetivos da empresa. A mudança do estatuto de "empregado" para o de "colaborador" e a expectativa de que o trabalhador vista a camisa da empresa expressam esse funcionamento institucional em que o trabalho vira uma realização pessoal na vida dos sujeitos. Em sua relação com o discurso neoliberal, a passagem de trabalhadores a colaboradores é simplesmente homóloga àquela de pacientes à *self-enhancers*: ambas essas transformações implicam uma passagem do sofrimento ao gozo como motor das ações do sujeito em suas posições diante do poder.

De fato, estão contrapostas nessa passagem duas diferentes dinâmicas de poder. Se no capitalismo industrial e no liberalismo o modelo de sujeição era mais claramente desenhado como uma oposição entre as dinâmicas institucionais e as vontades do trabalhador, no neoliberalismo e no capitalismo de consumo temos uma sinergia entre esses dois vetores. Há uma passagem da ética da renúncia para uma ética do gozo e da performance que faz com que os sujeitos vejam o trabalho como um espaço de autorrealização e liberdade. Como os autores apontam:

> Se aqui [no neoliberalismo] o trabalho se torna espaço de liberdade, isso só acontece se o indivíduo souber ultrapassar o estatuto passivo do assalariado de antigamente, isto é, se ele se tornar uma empresa de si mesmo. O grande princípio dessa nova ética do trabalho é a ideia de que a conjunção entre as aspirações individuais e os objetivos de excelência da empresa, somente é possível se cada indivíduo se tornar uma pequena empresa. Em outras palavras, isso pressupõe conceber a empresa como uma entidade composta de pequenas empresas de si mesmo (DARDOT; LAVAL, 2017, p. 334).

Mais sinteticamente, Dardot e Laval dizem que "A liberdade tornou-se uma obrigação de desempenho. O normal não é mais o domínio e a regulação das pulsões, mas sua estimulação intensiva como principal fonte de energia" (p. 361). "O trabalho não é castigo, é gozo de si por intermédio do desempenho que se deve ter" (p. 373). Não é que os trabalhadores do neoliberalismo não estejam assujeitados às suas normas de funcionamento, mas esse assujeitamento não é mais visto como domínio ou imposição. O desejo mesmo dos sujeitos está codificado no *modus operandi* do sistema econômico, que se beneficia de todos os rasgos da autossuperação desses sujeitos.

Ora, a mudança descrita da medicina moderna para medicina contemporânea, a diluição da noção de doença e a intensificação das práticas médicas de aprimoramento, parecem obedecer à mesma estrutura que essa mudança vista no mundo empresarial. Aqui não existe mais o braço de ferro entre norma e desvio, saúde doença, trabalho e anseios pessoais etc. Há, antes, uma busca de *performance* e *autossuperação* através das tecnologias disponíveis, em que podemos ser sempre uma versão melhor de nós mesmos: mais saudáveis, mais dispostos, mais inteligentes ou criativos. O *enhancement* humano parece ser uma marca, presente na psiquiatria contemporânea, de sua íntima relação com a lógica neoliberal de gestão do sofrimento, cujo denominador comum entre os saberes psis e a prática neoliberal seria o processo de *esvaziamento* e de *dissolução* dos conflitos.

Mais especificamente, é possível depreender que não se trata, em tal política de dissolução dos conflitos, somente de uma íntima relação entre psiquiatria e neoliberalismo, mas justamente da psiquiatria enquanto um campo de efetivação do projeto neoliberal. Se tomarmos o caminho percorrido nesta apresentação e o articularmos ao que já foi exposto nos capítulos anteriores deste livro, veremos que as modificações que a psiquiatria têm sofrido nas últimas décadas obedecem a uma dupla inscrição da lógica neoliberal. Por um lado, vê-se que há uma correspondência naquilo que poderia ser reconhecido enquanto dimensão valorativa da atuação social, em que é delineado um horizonte cada vez mais calcado na valorização do caráter individual da produtividade e num regime de compensação baseado na indiferenciação entre os objetivos demandados do trabalhador e aqueles que seriam por ele desejados. É isso que foi possível demonstrar no direcionamento da psiquiatria a uma prática de aperfeiçoamento e seu efeito de apagamento da dimensão conflitiva, uma vez que realiza a efetiva adaptação do horizonte desejante da força de trabalho aos interesses dos detentores dos meios de produção. Esse apagamento recobre a clivagem entre os interesses das diferentes classes, como se ao fim fosse realmente possível tomar como verdade que o sucesso dos proprietários dos meios de produção corresponderia ao bem dos trabalhadores. Exemplo de aplicação imediata daquilo que por tanto tempo foi defendido por autores como Ayn Rand, Milton Friedman e Friedrich Hayek sobre a busca do sucesso individual e da maximização do lucro como o melhor meio de se chegar ao bem comum.

Por outro lado, o segundo momento da inscrição da lógica neoliberal que se realiza na psiquiatria consiste na naturalização dos pilares da ideologia neoliberal como ponto de partida da reflexão sobre a experiência social. Prática comum a autores do neoliberalismo canônicos, como Hayek ou Becker, que não partem em seus textos de uma discussão sobre uma teoria do sujeito, mas que apresentam suas teorias do sujeito enquanto dados estabelecidos e inquestionáveis.[27] Nesse sentido, a psiquiatria pode ser tomada enquanto um campo de realização da lógica neoliberal na medida em que efetiva, a partir de seus saberes e práticas, um modo específico de experiência que não se apresenta enquanto questionável. Não por acaso, uma discursividade calcada em ideais como liberdade e autonomia parece paradoxalmente produzir como efeito uma redução intensa das possibilidades de atuação e de experiência dos sujeitos. Se podemos ver em Freud ([1908] 2015) o reconhecimento de articulação entre conflito psíquico e moral civilizada e o apontamento de que a diminuição do sofrimento deve ser pensada a partir de atuações sobre o social, o que se vê na psiquiatria contemporânea enquanto efetivação da lógica neoliberal é justamente o seu oposto, uma lógica em que a adequação desenfreada aos ideais culturais é tomada enquanto horizonte necessário, isto é, sem alternativa possível.

Finalizando essa reflexão, há de se insistir no caráter não fortuito do direcionamento da psiquiatria para esse horizonte. Não é surpresa que a produção de conhecimento nesse campo não goze de autonomia em relação a seu contexto e às demandas do poder. De fato, embora travestida de um discurso de cientificidade que se apresenta enquanto uma produção desinteressada por influências exteriores às suas questões epistemológicas ou clínicas, a inseparabilidade entre o caminho traçado pela psiquiatria e o desenvolvimento das práticas sociais neoliberais nas últimas décadas parece inegável. Inquietante confirmação de posições como a de Isabelle Stengers (2000) sobre a inseparabilidade entre ciência e política.

Claro está que esse movimento recente da psiquiatria não deve ser tomado somente enquanto um efeito de um modo de organização neoliberal, mas sim como uma importante frente estratégica de implementação dessa racionalidade a partir da definição e do tratamento do

---

[27] Ver capítulo sobre a matriz psicológica do pensamento neoliberal.

sofrimento psíquico, dado o seu alto potencial crítico e contestatário. De fato, a adaptação do horizonte geral de expectativas aos interesses do poder econômico não pode prescindir do controle, da produção e da condução da experiência do sofrimento. O deslocamento da dimensão conflitiva do sofrimento para aquela de uma necessidade de aperfeiçoamento adaptativo, capaz de retroalimentar incessantemente o funcionamento do consumo, não deve ser assim subestimado como peça estratégica exemplar do discurso neoliberal.

Sabe-se que os modos de sofrimento não somente dependem de seu reconhecimento social, mas que também são produzidos e expressados a partir de elementos simbólicos disponíveis na cultura (Freud, [1917] 2014; Hacking, 2000; 1998; 2009; Dunker, 2015; Silva Junior, 2019b). Mais do que isso, como bem define Hacking (2009), os saberes produzidos sobre indivíduos exercem um efeito retroativo sobre esses mesmos indivíduos, modificando as possibilidades de experiência de sua existência. Nesse sentido, a psiquiatria não somente cria produtos psicoativos e ministra tratamentos, como também produz uma discursividade sobre um modo de subjetividade indispensável ao funcionamento neoliberal, precisamente aquela que diz respeito à sua capacidade de gestão do sofrimento. A fragilidade das bases psicológicas do pensamento neoliberal encontra na psiquiatria do aprimoramento de si um aliado institucional e uma prática insubstituível, capaz de amparar com prescrições médicas e soluções identificatórias aquilo que a bidimensionalidade de seu discurso não pode oferecer, notadamente, um suposto saber sobre o sofrimento (Dunker, 2015; Beer, 2020).

Eventualmente, o fracasso desse modo de gestão do sofrimento talvez seja um ponto de potencial ruptura. Os recorrentes fracassos da psiquiatria (Rose, 2018) carregam, de alguma maneira, essa tensão: por um lado reforçam a impossibilidade desse projeto, mas por outro são um ponto exemplar de como o horizonte normativo neoliberal consegue reduzir seus enunciados normalizantes ao máximo, a saber, à sua mera enunciação prescritiva. O que parece, de fato, ser o funcionamento geral dessa lógica, que esconde aquilo que é precisamente ao mostrar todo o tempo aquilo que verdadeiramente é (Safatle, 2008). No caso da psiquiatria do aprimoramento de si, esse funcionamento se encarna em um discurso que apresenta como estando à mão a experiência de liberdade, fruição e aperfeiçoamento, que esconde a finalidade servil e alienante de tal liberdade para empreender e enfrentar riscos individualmente e assim gerar lucros sem risco aos investidores. Redução cínica e radical das possibilidades de ser, de sofrer e, principalmente, de transformar o mundo.

Referências

AGUIAR, A. *A psiquiatria no divã: entre as ciências da vida e a medicalização da existência.* Rio de Janeiro: Relume Dumará, 2004.

AKRAM, F.; GIORDANO, J. Research Domain Criteria as Psychiatric Nosology. *Cambridge Quarterly of Healthcare Ethics*, v. 26, n. 4, p. 592-601, 2017. DOI: 10.1017/S096318011700010X.

ALONSO, L. E. Psicofarmacología terapéutica y cosmética. Riesgos y límites. *Cuadernos de Bioética*, v. 20, n. 2, p. 211-230, 2009.

BARR, B.; KINDERMAN, P.; WHITEHEAD, M. Trends in Mental Health Inequalities in England During a Period of Recession, Austerity and Welfare Reform 2004 to 2013. *Social Science & Medicine*, v. 147, p. 324-331, 2015.

BASAGLIA, F. *A instituição negada.* Rio de Janeiro: Graal, 1985.

BEER, P. A. C. *A questão da verdade na produção de conhecimento sobre sofrimento psíquico: considerações a partir de Ian Hacking e Jacques Lacan.* 2020. 265 f. Tese (Doutorado em Psicologia) – Instituto de Psicologia, Universidade de São Paulo, São Paulo, 2020. DOI: 10.11606/T.47.2020.tde-28052020-185500.

BERARDI, F. *La fabrica de la infelicidad: nuevas formas de trabajo y movimiento global.* Madrid: Traficante del Suenos, 2003.

BERARDI, F. *The Soul at Work: From Alienation to Autonomy.* Los Angeles, CA: Semiotext(e), 2009.

BEZERRA JUNIOR, B. Introdução: a psiquiatria contemporânea e seus desafios. *In*: BEZERRA JUNIOR, B.; COSTA, J.; ZORZANELLI, R (Org.). *A criação do diagnóstico na psiquiatria contemporânea.* Rio de Janeiro: Garamond, 2014. p. 9-34.

BIRMAN, J. A psicopatologia na pós-modernidade: as alquimias do mal-estar da atualidade. *Revista Latino-Americana de Psicopatologia Fundamental*, São Paulo, v. 1, n. 2, jan.-mar. 1999.

BONACCORSO, S.; STURCHIO, J. Direct to Consumer Advertising Is Medicalizing Normal Human Experience. *British Medical Journal*, n. 324, p. 910-911, 2002.

BONADIMAN, C. S. C. *et al*. A carga dos transtornos mentais e decorrentes do uso de substâncias psicoativas no Brasil: Estudo de Carga Global de Doença, 1990 e 2015. *Revista Brasileira de Epidemiologia*, São Paulo, v. 20, supl. 1, p. 191-204, maio 2017. DOI: https://doi.org/10.1590/1980-5497201700050016.

BUNTON, R.; PETERSEN, A. *Foucault, Health and Medicine*. London: Routledge, 1997.

BUTLER, J. *Quadros de guerra: quando a vida é passível de luto?* Trad. Sérgio Tadeu de Niemeyer Lamarão e Arnaldo Marques da Cunha. 4. ed. Rio de Janeiro: Civilização Brasileira, 2018. 288 p.

CACIOPPO, S.; CAPITANIO, J. P.; CACIOPPO, J. T. Toward a Neurology of Loneliness. *Psychological Bulletin*, v. 140, n. 6, p.146-504, 2014.

CANGUILHEM, G. *O normal e o patológico*. 6. ed. Rio de Janeiro: Forense Universitária, 2009.

CARVALHO, S. R. *et al*. Our Psychiatric Future and the (Bio)Politics of Mental Health: Dialogues with Nikolas Rose. *Interface: Comunicação, Saúde, Educação*, Botucatu, v. 24, 2020. DOI: https://doi.org/10.1590/Interface.190732.

CASTEL, R. *A ordem psiquiátrica: a era de ouro do alienismo*. 2. ed. Rio de Janeiro: Edições Graal, 1978.

CHEBILI S. Le malaise dans la psychiatrie et son histoire [Malaise in Psychiatry and Its History]. *L'Encephale*, v. 42, n. 2, p. 185-190, 2016. DOI: https://doi.org/10.1016/j.encep.2015.12.011.

CORCOS, M. *L'homme selon le DSM: le nouvel ordre psychiatrique*. Paris: Albin Michel, 2011.

CRARY, J. *24/7: capitalismo tardio e os fins do sono*. São Paulo: Ubu, 2016.

DARDOT, P.; LAVAL, C. *A nova razão do mundo: ensaio sobre a sociedade neoliberal*. São Paulo: Boitempo, 2017.

DE LAGASNERIE, G. *La dernière leçon de Michel Foucault: sur le* néolibéralisme, la théorie et la politique. Paris: Fayard, 2012. 178 p. (À Venir). EAN: 9782213671413.

DEBOEVER, C. *et al*. Assessing Digital Phenotyping to Enhance Genetic Studies of Human Diseases. *The American Journal of Human Genetics*, v. 106, n. 5, p. 611-622, May 2020.

DELEUZE, G. *Post-scriptum* sobre as sociedades de controle. Tradução de Peter Pal Pélbart. *In*: Conversações. São Paulo: Editora 34, 2008. p. 219-226.

DUNKER, C. *Mal-estar, sofrimento e sintoma: uma psicopatologia do Brasil entre muros*. São Paulo: Boitempo, 2015. (Estado de Sítio).

FABIUS, L. Geoffroy de Lagasnerie, *La dernière leçon de Michel Foucault: sur le* néolibéralisme, la théorie et la politique. *Lectures*, 8 fév. 2013. Disponível em: http://journals.openedition.org/lectures/10616. Acesso em: 26 maio 2020.

FACCHINETTI, C. Philippe Pinel e os primórdios da Medicina Mental. *Revista Latino-Americana de Psicopatologia Fundamental*, São Paulo, v. 11, n. 3, p. 502-505, set. 2008. DOI: https://doi.org/10.1590/S1415-47142008000300014.

FARAH, M. J. *et al*. Neurocognitive Enhancement: What Can We Do and What Should We Do? *Nature Reviews Neuroscience*, v. 5, n. 5, p. 421-425, 2004.

FERNANDES, B. S. *et al*. The New Field of "Precision Psychiatry". *BMC Medicine*, v. 15, n. 80, Apr. 2017. DOI: 10.1186/s12916-017-0849-x.

FISHER, M. *Capitalist Realism: Is There No Alternative?* Ropley, UK: O Books, 2009.

FOUCAULT, M. *As palavras e as coisas: uma arqueologia das ciências humanas*. 2. ed. São Paulo: Martins Fontes, 2007.

FOUCAULT, M. *História da loucura*. 10. ed. São Paulo: Perspectiva, 2014.

FOUCAULT, M. *Nascimento da biopolítica: curso dado no Collège de France (1978-1979)*. São Paulo: Martins Fontes, 2008.

FOUCAULT, M. *O nascimento da clínica*. 7. ed. Rio de Janeiro: Forense Universitária, 2015.

FREUD, S. Moral sexual "cultural" e o nervosismo [1908]. *In*: *O delírio e os sonhos na Gradiva, Análise da fobia de um garoto de cinco anos e outros textos (1906-1909)*. Trad. P. C. de Souza. São Paulo: Companhia das Letras, 2015. p. 359-390. (Obras Completas, v. 8).

FREUD, S. O sentido dos sintomas [1917]. *In*: *Conferências introdutórias à psicanálise (1916-1917)*. Trad. Sergio Tellaroli. São Paulo: Companhia das Letras, 2014. (Obras Completas, v. 13).

FRYERS, T.; MELZER, D.; JENKINS, R.; BRUGHA, T. The Distribution of the Common Mental Disorders: Social Inequalities in Europe. *Clinical Practice and Epidemiology in Mental Health*, v. l, n. 1, p. 14, 2005.

FURUKAWA, T. A. *et al*. Placebo Response Rates in Antidepressant Trials: A Systematic Review of Published and Unpublished Double-blind Randomised Controlled Studies. *The Lancet Psychiatry*, v. 3, n. 11, p. 1059-1066, 2016.

GENTIL, V. *et al*. Estudo psicológico da regulação emocional a partir dos efeitos de antidepressivos. 2001. Disponível em: <https://bit.ly/33xeH5o>. Acesso em: 11 nov. 2020.

GILBERT, D.; WALLEY, T.; NEW, B. Lifestyle Medicines. *BMJ*, v. 321, n. 7.272, p. 1341-1344, 2000. DOI: https://doi.org/10.1136/bmj.321.7272.1341.

GIURGEA, C.; SALAMA, M. Nootropic Drugs. *Progress in Neuro-Psychopharmacology*, v. 1, n. 3-4, p. 235-247, 1977.

GORI, R. Malaise dans la psychiatrie?. *Cliniques* Méditerranéennes, v. 78, n. 2, p. 49-64, 2008.

GØTZSCHE, P. C. *Medicamentos mortais e crime organizado: como a indústria farmacêutica corrompeu a assistência médica*. Porto Alegre: Bookman, 2016.

GRAY, M. Postmodern Medicine. *The Lancet*, v. 354, p. 1550-1553, 1999.

HACKING, I. *Mad Travelers: Reflections on the Reality of Transient Mental Illness*. London: University Press of Virginia, 1998.

HACKING, I. Making Up People. *London Review of Books*, n. 28, 2006.

HACKING, I. *Múltipla personalidade e as ciências da memória*. São Paulo: José Olympio, 2000.

HACKING, I. *Ontologia histórica*. Porto Alegre: Editora Unisinos, 2009.

HACKING, I. Sobre a taxonomia dos transtornos mentais. *Revista Discurso*, São Paulo, v. 1, n. 43, p. 301-314, 18 set. 2013.

HATFIELD, D.; MCCULLOUGH, L.; FRANTZ, S. H.; KRIEGER, K. Do We Know When our Clients Get Worse? An Investigation of Therapists' Ability to Detect Negative Client Change. *Clinical Psychology & Psychotherapy: An International Journal of Theory & Practice*, v. 17, n. 1, p. 25-32, 2010.

HENNA, E. *Aspectos fenomenológicos da alteração emocional induzida por antidepressivos*. 2007. 93 f. Dissertação (Mestrado em Medicina) – Faculdade de Medicina, Universidade de São Paulo, São Paulo, 2007.

INSEL, T. R. Digital Phenotyping: Technology for a New Science of Behavior. *Jama*, Chicago, v. 318, n. 13, p. 1215-1216, Oct. 2017. Doi: 10.1001/jama.2017.11295

INSEL, T. Transforming Diagnosis. *National Institute of Mental Health*, Apr. 29, 2013. Disponível em: <https://bit.ly/3qbpQ5r>. Acesso em: 20 set. 2020.

JORGE, M. A. C. TDAH: transtorno ou sintoma? *Revista Latino-Americana de Psicopatologia Fundamental*, São Paulo, v. 23, n. 1, p. 157-160, mar. 2020. DOI: https://doi.org/10.1590/1415-4714.2020v23n1p157.10.

KOZAK, M.; CUTHBERT, B. The NIMH Research Domain Criteria Initiative: Background, Issues, and Pragmatics. *Psychophysiology*, v. 53, n. 3, p. 286-297, 2016.

KRAMER, P. D. *Listening to Prozac: A Psychiatrist Explores Antidepressant Drugs and the Remaking of the Self*. New York: Viking, 1993.

KUPFER, D.; FIRST, M.; REGIER, D. (Ed.). *A Research Agenda for DSM V*. Washington, D.C.: American Psychiatric Association: 2002.

LACAN, J. A psiquiatria inglesa e a guerra [1947]. *In*: *Outros escritos*. Rio de Janeiro: Jorge Zahar, 2003. p. 106-126.

LANASPA, C. R. Manifiesto a favor de una psicopatología clínica, que no estadística. Entrevista concedida a Infocopha. 2014. Disponível em: <http://stopdsm.blogspot.com.br>. Acesso em: 20 set. 2020.

LANDMAN, P. *Todos hiperativos? A inacreditável epidemia dos transtornos de atenção*. Rio de Janeiro: Contracapa, 2019. (Janus, v. 20).

MARAZZI, C. *The Violence of Financial Capitalism*. Los Angeles: Semiotext(e), 2012.

MARMOT, M. *The Health Gap: The Challenge of an Unequal World*. London: Blumsbury, 2015.

MASIC, I; MIOKOVIC, M; MUHAMEDAGIC, B. Evidence based medicine: new approaches and challenges. *Acta Inform Med.*, v. 16, n. 4, p. 219-25, 2008. Doi: 10.5455/aim.2008.16.219-225.

MASLEN, H.; FAULMÜLLER, N.; SAVULESCU, J. Pharmacological Cognitive Enhancement: How Neuroscientific Research Could Advance Ethical Debate. *Frontiers in Systems Neuroscience*, v. 8, p. 107, 2014.

MCROBBIE, L. R. Offering Mental Health Apps as Part of Corporate Wellness Programs Can Be Risky: Why Companies Need to Tread Carefully in this Unregulated Space. *Strategy + Business*, 2019. Disponível em: <https://bit.ly/3mwbieD>. Acesso em: 19 ago. 2019.

MONBIOT, G. Neoliberalism ls Creating Loneliness. That's What's Wrenching Society Apart. *The Guardian*, 12 Oct. 2016. Disponível em: <https://bit.ly/3odkS6o>. Acesso em: 20 set. 2020.

MOSHER, L. Letter of Resignation from the American Psychiatric Association. Dec. 1998. Disponível em: <https://bit.ly/3ltdTV7>. Acesso em: 20 set. 2020.

MOSSMAN, K. In Sickness and in Health: The (Fuzzy) Boundary Between Therapy and Enhancement. *In*: SAMUELSON, H.; MOSSMAN, K. (Ed.). *Building Better Humans? Refocusing the Debate on Transhumanism*. Frankfurt am Main: Peter Lang. 2012. p. 242.

MOYNIHAM, R.; HEATH, I.; HENRY, D. Selling Sickness: The Pharmaceutical Industry and the Disease Mongering. *British Medical Journal*, v. 324, p. 886-891, 2002.

MUSK, E. *et al*. An Integrated Brain-machine Interface Platform with Thousands of Channels. *Journal of Medical Internet research*, v. 21, n. 10, p. e16194, 2019.

NICHOLSON, P. J.; NIGEL, W. Smart Drugs: Implications for General Practice. *The British Journal of General Practice: The Journal of the Royal College of General Practitioners*, v. 67, n. 656, p. 100-101, 2017. DOI: 10.3399/bjgp17X689437.

O'HARA, M.; DUNCAN, P. Why 'Big Pharma' Stopped Searching for the Next Prozac. *The Guardian*, 27 Jan. 2016. Disponível em: <https://bit.ly/3g1kvcs>. Acesso em: 6 nov. 2019.

PATEL, V.; LUND, C.; HATHERILL, S.; PLAGERSON, S.; CORRIGAL, J.; FUNK, M.; FLISHER, A. Mental Disorders: Equity and Social Determinants. *In*: BLAS, E.; KURUP, A. S. (Ed.). *Equity, Social Determinants and Public Health Programmes*. Geneva: World Health Organization, 2010. p. 115-134.

PEREIRA, M. E. C. A crise da psiquiatria centrada no diagnóstico e o futuro da clínica psiquiátrica: psicopatologia, antropologia médica e o sujeito da psicanálise. *Physis: Revista de Saúde Coletiva*, Rio de Janeiro, v. 4, n. 24, 2014.

PICHOT, P. The History of Psychiatry as a Medical Specialty. *In*: GELDER, M.; ANDREASEN, N.; LOPEZ-IBOR, J.; GEDDES, J. *Oxford Textbook of Psychiatry*. Oxford: Oxford University Press, 2009. p. 17-27.

REZENDE, H. Política de saúde mental no Brasil: uma visão histórica. *In*: ROMERO, S.; COSTA, N. (Org.). *Cidadania e loucura*. 7. ed. Petrópolis: Vozes, 2001. p. 15-73.

ROBINS, E.; GUZE, S. B. Establishment of Diagnostic Validity in Psychiatric Illness: Its Application to Schizophrenia. *American Journal of Psychiatry*, v. 126, n. 7, p. 983-987, 1970.

ROSE, N. *Our Psychiatric Future*. Hoboken, NJ: John Wiley & Sons, 2018.

ROSE, N. Si mesmos neuro-químicos. *In*: *A política da própria vida: biomedicina, poder e subjetividade no s*éculo XXI. São Paulo: Paulus, 2013. p. 305-306.

ROSE, N. *The Psychological Complex: Psychology, Politics and Society in England 1869-1939*. London: Routledge & Kegan Paul, 1985.

RUBIN-KAHANA, D. S.; RUBIN-KAHANA, Z.; KUPERBERG, M.; STRYJER, R.; YODASHKIN-PORAT, D. Cognitive Enhancement Drug Use Among Resident Physicians: Prevalence and Motivations for Use – Results from a Survey. *Journal of Addictive Diseases*, v. 38, n. 3, p. 1-7, 2020. DOI: 10.1080/10550887.2020.1747337.

SAEB, S.; LATTIE, E. G.; SCHUELLER, S. M.; KORDING, K. P.; MOHR, D. C. The Relationship Between Mobile Phone Location Sensor Data and Depressive Symptom Severity. *PeerJ*, 2016. Disponível em: <https://peerj.com/articles/2537>. Acesso em: 29 set. 2016.

SAFATLE, V. Crítica à economia libidinal. *In*: *Cinismo e a falência da crítica*. São Paulo: Boitempo, 2008.

SAFATLE, V. *Grande Hotel Abismo: por uma reconstrução da teoria do reconhecimento*. São Paulo: WMF Martins Fontes, 2011.

SAFATLE, V.; SILVA JUNIOR, N.; DUNKER, C. (Org.). *Patologias do social: arqueologias do sofrimento psíquico*. Belo Horizonte: Autêntica, 2018.

SHONKOFF, J. P.; GAMER, A. S.; SIEGEL, B. S.; DOBBINS, M. I.; EARLS, M. F.; MCGUINN, L.; PASCOE, J.; WOOD, D. L. The Lifelong Effects of Early Childhood Adversity and Toxic Stress. *Pediatrics*, v. 129, n. 1, p. 232-246. 2012.

SILVA JUNIOR, N. Epistemologia psiquiátrica e marketing farmacêutico: novos modos de subjetivação. *Stylus Revista de Psicanálise*, Rio de Janeiro, n. 33, p. 227-239, nov. 2016.

SILVA JUNIOR, N. *Fernando Pessoa e Freud: diálogos inquietantes*. São Paulo: Blucher, 2019b.

SILVA JUNIOR, N. The Politics of Truth and Its Transformations in Neoliberalism: The Subject Supposed to Know in Algorithmic Times. *Filozofski Vestnik*, Ljubljana: SAZU Filozofski Institute, v. 40, n. 3, 2019a.

STENGERS, I. *As políticas da razão: dimensão social e autonomia da ciência*. Lisboa: Edições 70, 2000.

STOYANOV, D.; TELLES-CORREIA, D., CUTHBERT, B. The Research Domain Criteria (RDoC) and the Historical Roots of Psychopathology: A Viewpoint. *European Psychiatry*, v. 57, p. 58-60, 2019. DOI: 10.1016/j.eurpsy.2018.11.007.

THOMAS, P. Psycho Politics, Neoliberal Governmentality and Austerity. *Self & Society*, v. 44, n. 4, p. 382-393, 2016.

VIDAL, F; ORTEGA, F. *Somos nosso cérebro? Neurociências, subjetividade, cultura*. São Paulo: n-1 Edições, 2019. 345 p.

WALLACE, E. R. *Psychiatry and its nosology: A historico-philosophical view. Philosophical perspectives on psychiatric diagnostic classification*. Edited by: SADLER, J. Z.; WIGGINS, O. P.; SCHWARTZ, M. A. Baltimore: Johns Hopkins University Press, 1994. p. 16-86.

WALLACE, E. R. Psychiatry and Its Nosology: An Historico-philosophical Overview. *In*: SADLER, J. Z.; WIGGINS, O. P.; SCHWARTZ, M. A. (Ed.). *Philosophical Perspectives on Psychiatric Diagnostic Classification*. Maryland, EUA: The Johns Hopkins University Press, 1994. p. 16-86.

WATTERS, E. *Crazy like us: The globalization of the American psyche*. Nova York: Free Press, 2010.

WORLD HEALTH ORGANIZATION. *Draft Global Strategy on Digital Health 2020-2024*. 2020. Disponível em: <https://bit.ly/3o8oRRM>. Acesso em: 19 set. 2020.

WORLD HEALTH ORGANIZATION. *Social Determinants of Mental Health*. 2014. Disponível em: <https://bit.ly/2L3Gbcx>. Acesso em: 19 set. 2020.

WORLD HEALTH ORGANIZATION. *The World Health Report 2001. Mental Health: New Understanding, New Hope*. 2002. Disponível em: <https://bit.ly/33DCErD>. Acesso em: 19 set. 2020.

WYBER, R.; VAILLANCOURT, S.; PERRY, W.; MANNAVA, P., FOLARANMI, T.; CELI, L. A. Big data in global health: improving health in low- and middle-income countries. *Bulletin of the World Health Organization*, v. 93, v. 3, 2015, p. 203-208.

ZORZANELLI, R.; DALGALARRONDO, P.; BANZATO, C. O projeto *Research Domain Criteria* e o abandono da tradição psicopatológica. *Revista Latino-Americana de Psicopatologia Fundamental*, São Paulo, n. 17, v. 2, jun. 2014.

A hipótese depressiva

Christian Dunker

Entre o fim da Segunda Guerra Mundial e os anos 1980, no espaço de 40 anos, a depressão passou de uma coadjuvante tardia no grande espetáculo da loucura, em meados do século XIX, à condição de atriz principal e diva preferencial das formas de sofrimento de nossa época. Esse é também o processo de literalização e de encaixotamento dos pacientes em uma lista de sinais descritivos, isolados de um nexo narrativo sem qualquer conexão entre a emergência e a desaparição de sintomas. Se a depressão nasce envolta em metáforas, carregada nos braços de seus nobres ancestrais filosóficos e poéticos como a melancolia, hoje ela parece ter se reduzido a duas metáforas empobrecidas: "a falta de um ingrediente químico no cérebro" e o "gatilho" que dispara pioras e repetições. Neste capítulo abordaremos a depressão como uma patologia do social (Safatle; Silva Junior; Dunker, 2018), ou seja, como uma forma de vida que carrega dentro de si sua própria gramática de reconhecimento, bem como suas prescrições interpretativas. Assim como Foucault levantou uma hipótese repressiva para descrever a emergência da psicanálise freudiana, seria possível agora falar em uma hipótese depressiva, como forma de sofrimento normalopática, compulsória e expansiva.

> Por volta do século XVIII nasce uma incitação política, econômica, técnica a falar de sexo. E não tanto sob forma de uma teoria geral da sexualdiade, mas sob forma de análise, da contabilidade, de classificação e de especificação, através de pesquisas quantitativas ou causais. Levar "em conta" o sexo, formular sobre ele um discurso que não seja unicamente o da moral, mas da

racionalidade, eis uma necessidade suficientemente nova para, no início surpreender-se consigo mesma e procurar desculpar-se (FOUCAULT, 1985, p. 26-27).

Assim como a sexualidade tornou-se o campo discursivo e político para que pudéssemos falar de nós a partir da hipótese da repressão, e consequentemente do conflito entre norma e transgressão, introduzimos aqui que a partir da metade do século XX emergiu a hipótese depressiva, como um conjunto de modificações em nossa maneira de ler o sofrimento psíquico, deslocando-o do campo do conflito para o domínio das funções corporais, da intensidade e da produtividade como vetor de verdade do sujeito.

Antes de se consagrar como categoria psicopatológica, a ideia de depressão popularizou-se como um conceito econômico. Depois da quinta feira, 24 de outubro de 1929, quando o valor das ações caiu drasticamente na Bolsa de Nova York, o mundo entrou em depressão e depois em recessão. Isso significou altas taxas de desemprego, quedas dramáticas do Produto Interno Bruto de diversos países, quedas drásticas na produção industrial, nos preços de ações e da atividade econômica, em diversos países no mundo. Em grande medida, as diferenças entre liberalismo e neoliberalismo decorrem da interpretação sobre as causas da depressão e, consequentemente, de seu tratamento, por exemplo, considerando o papel do Estado, do uso de lastro como garantia para o valor, da política de juros e de desenvolvimento.

Não é possível ignorar que o significante "depressão" assumiu gigantescas proporções narrativas e conceituais depois da crise de 1929. Herbert Hoover, presidente dos Estados Unidos, falando na Republican National Convention, em agosto de 1932, representa um acontecimento no discurso sobre a Depressão ao batizar a crise naquele momento em curso:

> Os últimos três anos foram um tempo de calamidade econômica sem precedentes. Foram os anos de sofrimento e dificuldades maiores do que quaisquer outros que vieram para o povo americano desde o rescaldo da Guerra Civil. [...] Antes da tempestade estávamos ganhando na prosperidade [...] do otimismo, alguns de nós entraram em expansão, antecipando o futuro, e da expansão foram para a especulação imprudente. No solo envenenado

> pela especulação cresceram as ervas daninhas do gasto, exploração e abuso de poder financeiro. Nesta superprodução e *mania especulativa* nós marchamos com o resto do mundo. Então, três anos atrás veio a retribuição pela queda inevitável mundial no consumo de bens, nos preços, e no emprego. […] Os países da Europa se mostraram incapazes de suportar o *estresse da depressão* (Hoover, 1932, [s.p.], tradução nossa).

Assim como Pinel, a depressão é apresentada em contraste com a mania. Assim como em Burton, ela preserva a afinidade com a atividade especulativa ou metafísica capaz de antecipar o futuro. De acordo com a narrativa da contaminação, é o mundo que nos leva para a depressão: "Somos parte de um mundo no qual a perturbação das populações mais remotas afeta nosso sistema financeiro, o nosso emprego, nossos mercados e os preços dos nossos produtos agrícolas. Assim começou há 8 meses, a tempestade mundial cresceu rapidamente até atingir a força de um furacão e a maior emergência econômica em toda a história" (Hoover, 1932, [s.p.], tradução nossa).

Estamos aqui no vocabulário das estações e das primaveras, proposto por Aristóteles, reunindo as forças líquidas, aéreas e terrestres na grande alegoria da tempestade e da tormenta:

> Medo e apreensão agarraram o coração de nosso povo em cada aldeia e cidade […] Esta depressão expôs muitas fraquezas em nosso sistema econômico. Houve exploração e abuso do poder financeiro. […] A partir da experiência duramente conquistada nesta depressão vamos construir métodos mais fortes de prevenção e de proteção do nosso povo contra os abusos que se tornaram evidentes. Com esforço conjunto que pode e irá mudar a maré em direção à restauração dos negócios, emprego e agricultura (Hoover, 1932, [s.p.], tradução nossa).

Estamos aqui na retórica do medo e da tristeza, combinada com a narrativa circular da retomada, do ciclo e do rejuvenescimento moral da fraqueza por meio da renovação da fé e da perspectiva otimista do futuro.

De 1897, data de origem da psicanálise, a 1973, conhecido como o ano da grande crise do petróleo, da emergência da questão do Oriente Médio e da primeira experiência neoliberal, ocorrida no Chile de Pinochet, prevaleceu no Ocidente uma perspectiva liberal de entendimento da economia. Com algumas variações, a crise de 1929 ensinou que o Estado não pode se retirar completamente da economia, mas deve agir como um agente compensador e regulador, favorecendo e estimulando a livre-concorrência e coibindo monopólios e zonas de proteção injustificada. O indivíduo liberal é aquele que se entende como dividido e em conflito, entre a esfera pública e a privada, entre a lei da família e do trabalho.

Com a expansão, a sociedade de consumo de massa ganhou impulso com a promessa de generalização do bem-estar social, no pós-guerra. Essa expansão derivou da melhora das condições de trabalho, pela ação direta de sindicatos, mas fundamentalmente da concepção "dinâmica" entre trabalhadores e empresários. Nesse período passamos de uma organização da produção baseada em rígida disciplina e ordem, como prescreviam Taylor e Fayol, para as novas teorias de gerenciamento de pessoas que tentavam levar em conta a cultura corporativa e a teoria das organizações e das instituições.

O liberalismo keynesiano herdava do liberalismo clássico a confiança na razão sistêmica do mercado e a concepção egoísta de indivíduo, mas acrescentava a esta uma perspectiva de integração dos interesses, da ergonomia e da proteção dos trabalhadores como fatores de aumento da produtividade e da busca de resultados por meio de colaboração. Ao princípio geral de ordem o liberalismo acrescentava a perspectiva da negociação como caminho para a liberdade, da dominação mitigada pelo controle. O apogeu do liberalismo talvez tenha confluído para a ideia de uma sociedade integrativa, com ampliação progressiva de direitos e inclusão cada vez maior de minorias e divergentes, com a expansão da participação das pessoas nos processos, bem como nos lucros. Reinava soberana a narrativa de que o sofrimento é uma parte do progresso e da prosperidade. Poupe agora e desfrute amanhã, um sonho acalentado por uma população crescente de pessoas que têm acesso a aposentadoria e universalização da saúde e acesso generalizado a educação. A narrativa do sofrimento como algo a ser combatido, por um lado, e como parte de uma ética do trabalho, por outro, vai tornando o estado do que Frank Furedi (2004) chamou de *cultura terapêutica*, ou seja, aquele que se preocupa com as pessoas e que tenta mitigar seu sofrimento, genericamente associado com a "proteção social", mas também manter o processo de desenvolvimento econômico, impedindo o retorno desse fantasma chamado depressão. Como herdeiras do Maio de 1968 estão em curso teorias sobre a ética nos negócios, democratização das relações de trabalho e teoria da ação comunicativa, como forma de deter o processo de colonização do mundo da vida pelo mundo instrumental. A vida, ela mesma é experimentada como dividida entre uma dimensão de empresariamento (AMBRÓSIO, 2018) progressivo e uma dimensão de prazer, de resistência, de corporalidade ou de desejo. Uma paisagem como essa parecia o cenário perfeito para o casamento entre uma teoria da subjetividade baseada no conflito, como a psicanálise, e uma prática institucional, dotada de força de lei, para internação e medicação, como a psiquiatria. Um mundo dividido pelo conflito posto pela guerra fria, com valores opostos e militarização extensiva de fronteiras, é também um mundo no qual a disputa sobre definição, a posição hierárquica e a legitimidade conflito torna-se essencial.

Mas em meados dos anos 1970 o próprio capitalismo parece ter sofrido uma mutação. Em vez de proteção e narrativização do sofrimento, descobre-se que a administração do sofrimento, em dose correta e de forma adequada, pode ser um forte impulso para o aumento da produtividade. Em 1973, Saleme, Piñera e outros Chicago Boys, ex-alunos de Milton Friedman na universidade americana homônima, assumem a economia chilena. Ganhador do Prêmio Nobel de 1976, autor do livro mais vendido de não ficção em 1980 (*A liberdade de escolha*) e conselheiro pessoal do presidente Ronald Reagan, Friedman defendia a existência de uma taxa "natural de desemprego", portanto, que nem todos terão acesso a empregos e que se o governo tentasse agir contra isso, causaria inflação. Entre suas propostas estavam a abolição da licença médica, cupons escolares, câmbio flutuante e a mais completa desregulação da economia. Acabava-se assim a era da negociação mediada pelo Estado e começava um período no qual deveríamos voltar nossa confiança à mão invisível do mercado, tal como descrevera Adam Smith, nos primórdios do liberalismo. Por isso essa teoria ficou conhecida como neoliberalismo.

O neoliberalismo não é apenas uma teoria econômica que acabou por favorecer a financeirização das empresas, o nascimento do capitalismo imaterial, onde o valor da marca pode superar a importância da produção. Ele também não é apenas o reflexo de uma valorização do consumo, como padrão de formação de identidades e como ponto de definição negocial. Ele representou uma nova moralidade que prescreve como devemos sofrer sobre o neoliberalismo, tendo na sua cúspide preferencial a síndrome depressiva. Agora o sofrimento não é mais um obstáculo para o desenvolvimento da indústria, mas pode ser metodicamente produzido e administrado para aumentar o desempenho e é isso que caracteriza o neoliberalismo no contexto das políticas de sofrimento: individualização, intensificação e instrumentalização.

Aqui é preciso retornar a Foucault (1988) e sua conhecida *hipótese repressiva*. O autor de *A história da sexualidade* argumentava que boa parte das ideias nas quais a psicanálise se apoiou e ajudou a propagar estavam amplamente disponíveis como complexos culturais e discursivos antes de Freud. A era vitoriana havia construído um padrão de naturalização da mulher, de periculosidade da sexualidade na criança, de perversão adolescente que culminou na convicção generalizada de que nós somos o que somos porque reprimimos partes de nós mesmos que não conseguimos aceitar. A sexualidade como lugar de verdade e negação pode não ser uma "descoberta" de Freud. Ele teria apenas sistematizado uma hipótese, disponível e necessária para criar certos "tipos de pessoa" no quadro de certos processos de individualização. Isso permitiria dizer que incitar o discurso sexual, fazer falar e desenvolver uma ciência do erotismo são partes dessa hipótese repressiva. Se isso é correto, poderíamos dizer que a hipótese repressiva foi substituída pela hipótese depressiva, em meado dos anos 1970, em função de transformações discursivas e econômicas. Chegamos assim a entender a emergência e a dominância da hipótese depressiva como uma redescrição de nossas formas de vida de modo a evitar a hermenêutica do conflito e substituí-la por uma retórica da intensificação ou da desintensificação, da potência e da impotência, em torno das funções do eu. Ora, tais funções desde Freud envolvem a motilidade, a linguagem (no sentido expressivo) e as disposições psíquicas como atenção, memória, pensamento, volição, percepção, sono, sexualidade, alimentação.

A hipótese depressiva supõe que a depressão tornou-se tão rapidamente uma forma de sofrimento globalizada porque ela é egossintônica com a maneira como somos induzidos a interpretar nossos conflitos, nos termos e com o vocabulário capaz de produzir uma unidade entre nossa forma de linguagem, desejo e trabalho. Diz-se que um sintoma é egossintônico quando há uma identificação que encobre o conflito entre desejo e narcisismo de tal maneira que o sujeito passa a amar seu sintoma como a si mesmo, a defendê-lo como uma forma de vida, quando não a impô-lo aos outro como uma espécie de generalização de sua identificação. Situemos apenas alguns pontos nessa complexa transição:

a. A gradual *diluição narrativa do conflito no interior da Guerra Fria*, que passa de uma oposição entre valores e formas de entendimento sobre a propriedade dos meios de produção e a distribuição dos resultados para uma avaliação da eficácia comparativa rumo a um valor comum que seria o desenvolvimento.
b. A transposição do conflito entre empregadores e trabalhadores para uma *forma de trabalhar organizada por projetos*, contratos provisórios ou de extensão limitada, com a consequente migração entre empresas e práticas profissionais ao longo da carreira. Inicia-se uma cultura de "mudança permanente", de "atualização permanente" e da "flexibilização normativa" que coloca a adaptabilidade funcional e o trabalho em grupo como habilidades altamente desejáveis. Assim como a grande história de uma vida não pode mais ser contada por meio de uma grande narrativa ascensional (SENETT, 1999), mas de vários encontros, circunstâncias ou viradas, o sofrimento se torna mais individual e não precisa mais de uma grande narrativa organizadora. Com o declínio das antigas pautas surgem formas de crítica ao capitalismo baseadas na defesa do social, na ampliação de direitos humanos, nas defesas da ecologia e das minorias identitárias, com a valorização da democracia como valor arquimediano entre capitalismo e comunismo.
c. A ciência e os estudos culturais se reorganizam em função de *uma nova forma, menos hierárquica, de olhar para os saberes e para as linguagens*. Nas artes é a emergência da pós-modernidade, com sua mistura de estilos, com a valorização do espelhamento e da imponência capaz de integrar várias linguagens, "sem conflito". Surgem as epistemologias alternativas, como os *cultural studies*, renova-se a teoria feminista, surgem os *gays and lesbian studies* e depois os *queer studies*. O multiculturalismo, a teoria pós-colonial, depois de-colonial, denunciam o centralismo da forma de saber ocidental e como ele compõe-se da negação de formas minoritárias

de saber historicamente suprimidas. O estruturalismo deixa de ser uma abordagem ligada à descrição histórica e arqueológica de ordens de saber e passa a se interessar pelas formas de poder que legitimam certos saberes e metassaberes em detrimento de outros. O positivismo lógico incorpora as teorias relativistas e culturalistas, por meio da categoria de narrativa (Lyotard, 1998).

d O desejo passa a se articular com suas realizações práticas, com a mudança concreta em termos de propósito e de consumo na via moral das pessoas. Nada mais de conflitos ou de grande esforço hermenêutico para entender a história ou as oposições de nossos sonhos, eles são dados de forma direta na enunciação de demandas, de propósitos ou de fluxos. A propaganda se orienta cada vez mais para o consumo de experiência e cada vez menos para a identificação com instituições e objetos que seriam seus objetos de satisfação, incorporando assim o ciclo de insatisfação e de obsolescência programada necessário para uma verdadeira orientação para o consumo. Declina a narrativa do adiamento da satisfação, do sacrifício em nome do amanhã e das grandes construções sociais.

e. *A crise de confiabilidade da psiquiatria*: os diagnósticos psiquiátricos à altura do DSM-II, de 1968, encontravam-se abaixo da crítica em termos de confiabilidade e segurança. Línguas psicopatológicas faziam com que o mesmo paciente recebesse diferentes diagnósticos conforme o país ou o sistema teórico preferido pelo clínico. As companhias seguradoras e a pesquisa científica não conseguiam se entender com nomenclaturas tão diversas. Os vizinhos suspeitam que a casa hospitalar da loucura não seja tão séria quanto parece. Seu certificado de ciência pode ter sido forjado, dizem Popper (1988) e Eysenck (Luborsky; Singer; Luborsky, 1975). Seus compromissos com a política repressiva na União Soviética e com a patologização da homossexualidade nos Estados Unidos são completamente injustificáveis. A antipsiquiatria inglesa e o movimento antimanicomial italiano denunciam como não faz sentido enclausurar pessoas e cronificá-las em hospitais psiquiátricos, bem como tratar a doença mental como se ela fosse de fato uma doença.

f. As neurociências como promessa de encontrar os subsídios neuronais para os comportamentos humanos, integrando assim a teoria da evolução e a genética médica, com as novas tecnologias de neuroimagem, os algoritmos de análise discursiva, os testes de microrreação corporal. Em, 1972 os laboratórios Eli Lili sintetizam o cloridrato de fluoxetina. Os inibidores seletivos da recaptação da serotonina (ISRS) são a terceira geração de antidepressivos, depois desdobrada na sertralina e no escitalopram. Eles sucedem os inibidores de monoamino oxidase (imipramina) e os depressivos tricíclicos (amitriptilina, clomipramina). A comercialização do Prozac, como "pílula da felicidade", que rapidamente se expande globalmente, acontece apenas em 1986. Ela seria o protótipo de um negócio milionário. Em 2011 as drogas psiquiátricas tornaram-se a maior fonte de renda das indústrias farmacêuticas, arrecadando 18 bilhões de dólares em antipsicóticos, 11 bilhões em antidepressivos e quase 8 bilhões em remédios para TDAH (Martinhago; Caponi, 2019, p. 15).

O efeito genérico dos novos antidepressivos os torna eficazes não apenas para a depressão, mas também para o transtorno obsessivo-compulsivo, os transtornos alimentares e do sono, assim como para a ansiedade. Com uma medicação que atacava um espectro cada vez mais abrangente de sintomas, inibições e angústias, torna-se cada vez mais tentador inverter o raciocínio clínico clássico, que vai do diagnóstico para o tratamento, e, em vez disso, passar à lógica de que se a medicação funciona, é isso que o paciente tem, ou deve ter.

A crise entre psicanálise e psiquiatria se aprofunda com a redação da terceira versão do *Manual Estatístico e Diagnóstico de Transtornos Mentais* (DSM-III), iniciada em 1973. Sete anos depois, com a publicação final dos resultados, emergia um novo paradigma discursivo para o sofrimento. A aparição dos novos antidepressivos e a emergência das neurociências associadas com a filosofia da mente, como um novo paradigma científico e filosófico, culminam com o anúncio de um novo namorado oficial da psiquiatria: a terapia cognitivo-comportamental (TCC). É importante não confundir as TCCs com a antiga terapia analítico-comportamental, descendente direta de análise experimental do comportamento, derivada dos achados de Skinner. Trata-se mais de um compósito de combinações derivadas das estratégias de indução artificial da depressão e do desamparo, feitas por Martin Seligman (1977), combinada com os achados da teoria do apego, feitos pelo psicanalista e etólogo John Bowlby (1993a;

1993b; 1998) e das técnicas de tratamento desenvolvidas por Aaron Beck (1972), que depois inspiraram a Escala de Depressão de Beck e a Escala de Ansiedade de Beck. Tais escalas empregam a noção de depressão em curso desde os anos 1960, aprimorando a chamada Escala Hamilton de Avaliação da Depressão, que apesar de tudo jamais se apresentou como um procedimento diagnóstico.

A neurose carrega os traços de uma longa narrativa, definida por capítulos esquecidos e traumáticos, formada pela sucessão de conflitos encadeados e juízos de negação contra desejos, contra a sexualidade e contra a agressividade. A neurose, dada sua variedade e extensão, tornou-se perigosamente normalopática em fins dos anos 1960, aproximando-se da forma padrão como deveríamos expressar e viver nossos conflitos, bem como individualizá-los em narrativas. Podemos isolar quatro narrativas fundamentais consolidadas na herança dos achados freudianos:

a. A narrativa do objeto intrusivo-sexual que se infiltra traumaticamente em nós, antes do momento certo. A história de nossa corporeidade, de nossos encontros erógenos e disruptivos com os nossos cuidadores, entra aqui como conjunto de práticas formativas de nossas fantasias e da forma como vivemos afetos, emoções e sentimentos. Essa narrativa, destacada do sistema neurótico de articulação de conflitos, será mobilizada pelo neoliberalismo para justificar o tratamento de estrangeiros, a formação de barreiras migratórias e outras manipulações trabalhistas de forma a produzir novos montantes de mão de obra barata.
b. A narrativa do pacto edipiano mal realizado, que demanda sucessivas reedições, revisões e acertos para que possamos interiorizar simbolicamente a lei, fazendo passar a autoridade familiar e pessoal a autoridade generalizada e impessoal das regras sociais. No neoliberalismo ela assumirá a forma da flexibilização, da reestruturação negocial contínua e da manipulação de regras de empregabilidade e desempenho.
c. A narrativa da alienação do desejo, pela qual nos entendemos como seres desligados, infiéis ou à procura de uma definição mais clara do que queremos e de que forma queremos levar a cabo nossos sonhos. Aqui se incluem as defesas, as negações, as recusas a tudo o que não se coaduna com nosso eu, com os valores e ideais que se acumulam por meio de identificações formativas. No discurso neoliberal essa

narrativa se desdobrará na ênfase em metas, objetivos e resultados metrificáveis, mas também na ideia de que o trabalho é o lugar de realização, prazer e felicidade, capaz de gerar um tipo de engajamento e proatividade permanentes.
d. A narrativa da perda da unidade simbólica do espírito, por meio da qual nos entendemos como desterritorializados, estrangeiros ou errantes em nossos próprios lugares de pertinência, como o corpo, a família, a língua e a cultura. A perda de unidades, inclusive unidades imaginárias, pode se apresentar em temas como a existência dividida entre desejos opostos, fragmentados entre pulsões e cindidos o impulso para formar novas unidades e identidades ou dissolver estas mesmas unidades em experiências parciais. Aqui veremos emergir, no interior do neoliberalismo todas as narrativas de identidade e contraidentidade, que se ressentem da impossibilidade de reformulação permanente e de autoengendramento subjetivo de si. Produção deslocalizada gera subjetividades deslocalizados, sem laço ou fidelidade simbólica coletiva.

Ora, estas grandes narrativas que compunham a neurose com um agregado de sintomas definidos por uma mesma regra de formação ou por lógicas de reconhecimento relativamente estáveis no tempo e articuláveis com o progresso de uma vida se opunham a narrativas diferentes que definiam o campo da perversão e da psicose.

O sofrimento não deve ser remetido à coerência da história ou sua relação com o futuro, mas como retrato do presente. Esse retrato definirá a depressão como uma figura funcionalmente deficitária, teoria que ganha força com a descoberta de que os estados depressivos poderiam ser revertidos por meio da ação de medicação.

Desde a década de 1950 conheciam-se medicações antidepressivas, como os inibidores das monoamina oxidases (fenelzina, isocarboxil e tranilcipromina) e os antidepressivos tricíclicos (amitriptilina, desipramina, clomipramina), mas eles pareciam apenas atenuar os sintomas da depressão maior ou endógena, ligados ao funcionamento motor geral, trazendo resultados incertos para as depressões exógenas, sem falar em seus sintomas colaterais desagradáveis. Sabia-se que os antidepressivos tricíclicos, como o Tofranil, o Pamelor e o Anafranil, atuavam no mecanismo da acetilcolina, mas não se entendia como isso poderia interferir nos processos depressivos. Lembremos que até então a maior parte das medicações psiquiátricas eram produto de investigações sobre outras doenças, no interior das quais se reconheciam efeitos secundários, por exemplo:

1952: Reserpina, anti-hipertensivo que reduz efeitos da mania
1952: Clorpromazina, usada contra choques cirúrgicos, possui propriedades calmantes
1953: Iproniazida, antituberculínico com propriedades antidepressivas
1957: Carbonato de lítio usado na bipolaridade para modulação do humor
1958: Haloperidol, neuroléptico
1962: Quetiapina, neuroléptico, depois usado como antidepressivo
1992: Risperidona, neuroléptico
1997: Olanzapina, neuroléptico

Percebe-se que todas essas medicações têm efeitos diretos ou indiretos sobre a depressão, sem que se saiba exatamente qual o mecanismo exato de ação (Coser, 2010). Esse quadro mudou sensivelmente, em um curto período, com a descoberta dos inibidores de recaptação de serotonina (IRSS). O contrário dos tricíclicos e dos IMAOS, cujo mecanismo de ação permanecia enigmático, os IRSS retomavam a antiga hipótese de que áreas cerebrais se relacionam com funções psicológicas. Aqui surge a hipótese de que um neurotransmissor específico, a serotonina, é responsável pela regulação do humor, do apetite, do sono, da memória, do comportamento social e sexual. No espaço de cinco anos surgiram então as chamadas drogas da felicidade:

1987: Prozac (fluoxetina)
1991: Zoloft (sertralina)
1992: Paxil (paroxetina)

Logo se percebeu que uma série de traços depressivos não eram alcançados por essa hipótese, principalmente aqueles que se situavam na fronteira com a ansiedade. Surge então a ideia de que haveria um segundo neurotransmissor, a norepinefrina, que regularia a atenção e as funções motoras ligadas à resposta ao estresse, à ansiedade e aos mecanismos de ataque e fuga. Por isso logo depois vieram as combinações entre as medicações que prometiam aumentar a disponibilidade da serotonina e da norepinefrina:

1993: Efexor (venlafaxina)
2004: Cymbalta (duloxetina)
2008: Pristiq (desvenlafaxina)

Ainda assim havia aqueles depressivos que recuperavam a sensação de bem-estar, que reduziam a ansiedade, mas se mostravam incapazes de iniciar um determinado ciclo comportamental (como sair da cama), tomar decisões (como mudar de emprego) ou levar a cabo consequências de uma decisão (comunicar isso ao chefe), sintoma conhecido como abulia. Haveria então um terceiro neurotransmissor, a dopamina, que seria responsável pela tomada de decisões, motivação e mecanismos de punição e recompensa, o que nos leva aos antidepressivos "atípicos" que agem sobre serotonina, epinefrina e dopamina:

1985: Wellbutrin (bupropiona)
1996: Remeron (mirtazapina)
2013: Brintellix (vortioxetina)

Mas a hipótese depressiva não confronta a teoria psicanalítica de que esta é, guardadas suas especificidades, um problema relativo à inibição das funções do eu e que, portanto, ela se coadunava com a individualização narrativa do sofrimento. Ela não tem que ver com crise de crescimento ou paradas de desenvolvimento, causadas por conflitos mal tratados, mas com a evidência mais imediata de rebaixamento da disposição ao consumo, diminuição da produtividade laboral, do desempenho escolar, da potência sexual manifesta, da incapacidade para fruir a experiência e extrair dela o máximo de prazer. A depressão herda assim a figura social do fracassado, do inadequado, daquele que não consegue se ajustar a normas e regras, mas com um detalhe: isso não é mais percebido como um princípio de rebelião, greve ou oposição, mas simplesmente como uma determinação relativamente "externa" que o impede e o inibe desde seu próprio cérebro.

Esta nova narrativa de sofrimento individualiza o fracasso, na forma da culpa, sem interiorizá-lo na forma de conflitos. Com isso ela consegue isolar completamente a dimensão política, das determinações objetivas que atacam nossas formas de vida, redimensionando trabalho, linguagem e desejo, do sofrimento psíquico. Isso pode ser ótimo do ponto de vista da explicação social da produção de desviante, fracassados ou excedentes do sistema de produção, no entanto isso só funciona porque tem um enraizamento real na experiência depressiva. Nela a autoavaliação, auto-observação, o juízo comparativo e a apreciação de si mesma ocupa longas extensões de tempo e rapta grande parte da energia psíquica do indivíduo.

Em outras palavras o isolamento social e cognitivo requerido pela separação entre vida e depressão, de tal maneira que os sintomas independem do que o sujeito possa fazer em termos de processos de linguagem, desejo ou trabalho, confirma-se e define o próprio quadro depressivo.

A hipótese depressiva, do ponto de vista da sua etiologia, prescinde de uma teoria do conflito. Dito de outra maneira, do ponto de vista do conflito a depressão seria um sintoma secundário de formações de sintoma ou de angústia baseadas no conflito. Com o dispêndio de trabalho psíquico, assim como o esforço para se adaptar ao sintoma ou para evitar situações indutoras de angústia, a depressão seria um efeito residual das inibições e dos reposicionamentos identificatórios. Ela nos faz pensar que a questão central da existência é saber quem somos, e não o que queremos.

A contraface dessa hipótese requer que também a angústia seja separada da expressão de conflitos. Ela é transformada primeiramente em ansiedade, depois em estresse, para finalmente emergir como mera expressão de uma descompensação cerebral, sem que por outro lado se explique muito bem por que processos ansiosos e processos depressivos costumam andar tão juntos na clínica. Como se a angústia crônica "cansasse" o sujeito e isso o levasse à depressão, assim como se a depressão crônica paralisasse o sujeito e isso o levasse à ansiedade, contudo as duas coisas acontecem sem um nexo lógico ou causal entre elas.

A neuropsiquiatria neoliberal fez desaparecerem inúmeras outras formas de diagnóstico histórico: a paranoia foi gradualmente incluída e subordinada à esquizofrenia, as psicoses da infância foram diluídas no espectro do transtorno autista, a histeria desmembrou-se em transtornos somatoformes, fobia social, anorexias, transtornos de gênero, fibromialgia. Mas não seria possível fazer desaparecerem as antigas neuroses, por isso elas vão aparecer rebaixadas à classe dos transtornos de personalidade. Elas são definidas por uma espécie de entranhamento do sintoma no eu, sem conflito. Dessa forma se poderia dizer que cada uma das antigas categorias definidas pelos sintomas pode agora ser reinterpretada, em formas benignas, ou versões egossintônicas, como espelho dos antigos sintomas: *Personalidades Classe A*: esquizoide, esquizotípica e paranoide, *Personalidades Classe B*: histriônica, narcisista e antissocial, ou *Personalidades Classe C*: dependente, esquiva e obsessivo-compulsiva.

Os transtornos de personalidade descendem da antiga teoria da constituição, teoria galênica e aristotélica da constituição do mundo e do corpo: água, terra, fogo e ar. Ela foi reatualizada na forma dos tipos psicológicos e das concepções de caráter, presentes em psiquiatras como Gall e Kretschmer, mas também em uma versão bastante lateral em Freud, que falava em caráter narcísico, erótico e compulsivo. Reich (1975) desenvolveu a teoria psicanalítica do caráter, mostrando como ela tinha uma estreita ligação com a maneira como integramos conflitos sociais a modos específicos de experiência do corpo. Erik Erikson (1987; 1998) mostrou como o caráter se liga tanto com nossos modos sociais de criação e educação quanto com a forma como resolvemos certos dilemas típicos do desenvolvimento, definidos por oposições entre vergonha ou dúvida, iniciativa ou culpa, iniciativa ou inferioridade, identidade ou confusão, criatividade ou conservação, integridade ou desespero. Mas foi Adorno (2019), com seus estudos sobre a personalidade autoritária, quem mostrou que o conceito de personalidade encontrava-se no lugar de uma contradição, que não era apenas relativa ao conflito intrassubjetivo, mas também ao ponto de cruzamento entre narcisismo, como processo de formação do eu, identificação e interiorização da lei familiar e os processos históricos de individualização, alienação social e fragmentação.

Se o caráter ou personalidade é uma espécie de museu ou acúmulo de identificações pelas quais o eu incorpora conflitos superados, isso funciona para quase todos os tipos de neurose, transformados agora em transtornos de personalidade, menos para uma: o transtorno de personalidade *borderline*. Marcado por sentimentos depressivos e impulsividade, os "estados-limite" ou "personalidades limítrofes" ocuparam longamente a reflexão psicanalítica entre 1989 e os anos 2000. Nesse caso temos uma personalidade cuja característica central e persistente é o próprio conflito, tanto consigo quanto com os outros. Caracterizado pela impulsividade, pelo apego e pela dependência, pela deformação da autoimagem, pelo comportamento de risco, como autolesão e suicídio e pela insubmissão, ele é herdeiro das antigas loucuras histéricas do século XIX e se torna o caso-modelo para acumulação do funcionamento psíquico em estrutura de conflito. Como *enfant terrible* da neuropsiquiatria neoliberal, resistente à medicação ou à aderência a tratamentos em geral, a personalidade *borderline* foi descrita na década de 1940 pelo psicanalista Adolf Stern (1999), entre adolescentes norte-americanos em conflito com a lei. Ela foi introduzida no DSM em 1973, graças aos esforços do psicanalista Otto Kernberg (1967), que investigou principalmente as relações entre narcisismo e agressividade.

Todo sintoma é um desejo que se realiza de forma deformada, assim também cada narrativa de sofrimento é uma forma de endereçar uma demanda de reconhecimento. Sintomas não são apenas uma avaria que se pode excluir das pessoas impunemente, um a-mais composto de falta de sentido e ausência de verdade. Sintomas são também formas de resistência, por isso a pesquisa sobre a gênese e a emergência de novas formas de sofrimento é uma investigação que localiza modalidades de crítica e de resistência social. Sintomas são uma forma de responder ao Outro assim, como uma maneira de extrair um fragmento adicional de gozo.

Vimos que o ano 1973 acusa simbolicamente a aparição do neoliberalismo, mas também o início da revisão diagnóstica que fez declinarem noções psicanalíticas como as de neurose, histeria e finalmente paranoia. Vimos também que a depressão e a mania são os sintomas estruturalmente necessários ao discurso neoliberal.

Curiosamente, nesse mesmo período que vai de 1970 aos anos 2000, emergiu um novo quadro psicopatológico desafiador e dramaticamente capaz de se opor à lógica neoliberal: as personalidades limítrofes ou *borderlines*. Descritas no fim dos anos 1930, contemporâneas da invenção teórica do neoliberalismo, tais personalidades estão marcadas por uma espécie de contradição fundamental entre mecanismos esquizoides e funcionamentos narcísicos, de tal forma que elas obedecem à lei desobedecendo-a. Assim como a depressão e a mania são sintomas egossintônicos do neoliberalismo, a personalidade *borderline* seria sua contraface egodistônica. Ela não reage bem aos antidepressivos, ela se insurge contra o contrato terapêutico, ela não se assujeita aos limites e fronteiras das categorias psicopatológicas.

Lembremos que a histeria, inicialmente associada com mulheres desafiadoras, simuladoras e refratárias aos tratamentos convencionais, emerge como primeiro paradigma diagnóstico da psicanálise, por volta de 1893, em uma condição de resistência social. Nos anos 1950 outro modelo de resistência fundado na transgressão, na oposição à lei constituída, são as patologias narcísicas. Seus sentimentos de inautenticidade, falta de sentido e dependência foram descritos por Christopher Lasch em seu clássico *A cultura do narcisismo* (1975). Seu estudo enfoca as personalidades narcísicas caracterizadas pela "sensibilidade terapêutica", baseada na confissão, no sentimento de irrelevância e vazio interior, na evasão do espaço público, na espetacularização da vida, no ponto de vista resignado sobre o mundo, na renúncia à realização da vida e seu recuo para o ideal de sobrevivência social. Contra essa vida menor se ergue a figura do herói e seu sistema de idealizações, a experiência da vida como um teatro ou como um jogo e o valor onipresente e indiscutível da segurança. Apesar de criticado, o ideal de vida burocrático e a cultura do entretenimento preenchem quase todos os quesitos da personalidade narcísica.

Fazia parte do sofrimento pós-revolucionário de 1968 uma onda de intenso desejo de adaptação, conformidade e ajustamento, como no chamado paradigma das donas de casas ansiosas, dependentes e infantilizadas, consumidoras contumazes e crônicas de Valium, sofrendo dentro da *border-line* da adequação feminina. É porque tornamo-nos "todos-neuróticos" que o sofrimento histérico adquiriu certa invisibilidade ou teve de ser atomizado em pequenos sintomas sem nexo narrativo entre si, de modo a recuperar sua visibilidade e seu potencial de reconhecimento. Lembremos que a histeria se caracterizava, em sua descrição moderna, feita por Charcot e Freud, pela presença de ausências de consciência, por espasmos que denunciam a autonomia do corpo sobre a mente, pela desrazão melancólica ou hipocondríaca e pela fraqueza da experiência de si. É também porque tornamo-nos "todos-narcísicos" que o sofrimento com a imagem de si e sua infinita inadequação tornou-se imperceptível. A partir de então a normalopatia exige a recusa da dignidade do sofrimento daqueles que não são suficientemente ou são exageradamente neuróticos ou narcísicos.

É possível que o transtorno de personalidade *borderline* seja um terceiro caso de resistência, dessa vez ao discurso neoliberal da virada do século XX, dessa vez operando pela superidentificação com seus ideais. Se assim for, para cada crise do capitalismo encontraríamos uma mutação das narrativas hegemônicas de sofrimento e uma transformação da racionalidade diagnóstica. Esse não é um processo novo, mas uma espécie de sincronia repetitiva entre teorias econômicas e sociais e modalidades preferenciais de sofrimento. As neuroses e sua problemática com a lei e com a paternidade foram um paradigma clínico até os anos 1950, com sua clara e definida linha que separava a desobediência e obediência à *border-line* paterna.

A dificuldade de traduzir o conceito de borderline talvez emane da conjunção entre a ideia mesma de fronteira (*border*) com sua representação ao modo de uma linha (*linha*). Uma fronteira define um Estado-Nação, como lar, morada ou domicílio, mas cria ao mesmo tempo um estrangeiro. Mas como Freud observou, o estrangeiro é uma categoria dissimétrica pois ela é formada por oposições múltiplas entre o familiar e o infamiliar, o próximo e o distante, o oculto entre nós e o revelado para todos. O conceito de fronteira é um caso particular da ideia de limite que por sua vez remete à noção de lei. Se pensarmos na relação entre o caso e a regra, o caso limite é aquele que cria uma regra. Mas há outra possibilidade, ou seja, de que nem todas nossas formas de desejo, gozo ou angústia possam se enquadrar no esquema contratualista regulado pela relação entre casos e regras.

O neoliberalismo é obcecado pela ideia de fronteira como barreira ao estrangeiro e como filtro regular contra a mistura. Lembremos que para Freud (1919) uma das distinções categoriais mais difíceis de realizar se dá entre o familiar e o estrangeiro, que chegam a combinar-se na expressão alemã (*Unheimliche*), ou seja, aquilo que deveria ficar oculto e subitamente é revelado, aquilo que é íntimo, mas que aparece como estranho, o que aparece como coisa ou corpo morto e advém como ser vivo e animado.

Neste sentido a noção de personalidade *borderline* é ao mesmo tempo uma crítica tanto à ideia de personalidade (como regularidade de reações e modelos de relação) quanto à noção de fronteira (como limite e lei). Daí que sua apresentação clínica seja quase sempre a descrição de uma contradição, como por exemplo: angústia de separação e demanda de dependência, ruptura sistemática de laços e solidão, demanda de atenção e evasão da relação com o outro. Talvez isso ocorra em função de um sancionamento da lei que ao mesmo tempo a derroga, como se no funcionamento *borderline* houvesse, ao mesmo tempo, revolta e aceitação exagerada.

Para a forma de vida liberal, todos nós podemos trabalhar muito esperando grandes momentos de férias e prazer. Para o *borderline* neoliberal, essa alternância intermitente é um problema. Por que não trabalhar divertindo-se, e divertir-se trabalhando? Por que manter essa linha demarcatória tão rígida? Isso confere com sua imagem diagnóstica de um sujeito frequentemente envolvido em conflito com a lei, seja pelo abuso de drogas, seja por sexo ou consumo errático que o levam a dívidas. Segundo a última versão do *Manual Estatístico e Diagnóstico de Transtornos Mentais*, de 2015, o transtorno de personalidade *borderline* envolve um padrão de instabilidade interpessoal e relacional que afeta a imagem de si, os afetos e a impulsividade, começando na adolescência e sendo marcado por cinco ou mais dos seguintes traços:

(1) Esforços frenéticos para evitar o abandono real ou imaginário.
(2) Relações instáveis marcadas pela alternância entre idealização e decepção.
(3) Preocupações com identidade, imagem e senso de si.
(4) Impulsividade autodestrutiva em duas dessas áreas: consumo, sexo, drogas, bebida ou alimentação.
(5) Pensamentos, atos suicidas ou de automutilação.
(6) Reatividade e labilidade de afetos, alternância entre excitação e irritabilidade, ansiedade e agressividade.
(7) Sentimento crônico de esvaziamento.
(8) Raiva intensa e incontrolável
(9) Sentimentos de perseguição e sintomas dissociativos.

Borderline é uma nomeação clinicamente precária, mas narrativamente muito eficaz. A palavra "*borderline*" aparece pela primeira vez em inglês por volta de 1884, primeiro como adjetivo para designar algo que estaria no limiar ou na fronteira com alguma outra coisa. Ela exprime incerteza, indeterminação e contém a ideia de algo que pode ser discutível, por exemplo: "ele não é um alcóolatra, mas quase" (*not an alcoholic, but a borderline*). Algo que está *borderline* é algo que não está perfeitamente aceito, que não corresponde ao esperado ou aos padrões requeridos. Pode ser usado, aproximativamente, como se avizinhando do mau gosto ou da obscenidade, como em "Ele fez alguns apontamentos *borderlines* que ofendem eles" (*He made several borderline remarks that offended them*). Apenas a partir de Adolf Stern, em 1938, que a expressão passou a ser empregada como um substantivo: a pessoa que sofre de personalidade *borderline* (*a person suffering from borderline personality*). Se as formas hegemônicas de sofrimento, como a depressão e a mania, denunciam respectivamente o excesso de experiências improdutivas e produtivas de determinação, o funcionamento *borderline* parece ser o caso-modelo para um tipo de sofrimento marcado pelo déficit de experiências produtivas de indeterminação. Ou seja, a conduta errática, os vínculos precários, o funcionamento instável, incluindo a experimentação com sensações corporais e a angústia pervasiva, compõem uma constelação de experiências de indeterminação, mas que não se mostram produtivas para o sujeito ou para os que os cercam.

Não se trata, como alguns advogaram, de uma estrutura híbrida, entre a neurose e a psicose, em uma espécie de situação intermediária ou de "*no-man's land*". Contudo, *borderline* é um significante perfeito para designar o sofrimento padrão do neoliberalismo como expressão de um laço social que não se sustenta e, portanto, de alguém que vive na fronteira. Alguém que desafia limites, mas também, como um estrangeiro, não se prende a territórios fixos, compromissos identitários e funções definidas. Essa flutuação não seria exatamente o protótipo de uma figura da liberdade que recusa toda forma de coerção?

No final dos anos 2000, aparentemente quando o *borderline* começou a rimar demais com os que cruzam fronteiras, por exemplo, terroristas, imigrantes, refugiados e demais subjetividades indeterminadas, o quadro declinou seu interesse teórico. Mas aqui está o ponto crucial. Teria ele declinado porque de certa maneira todos nós nos tornamos *borderlines*, tal como antes havíamos sido histéricos, neuróticos e narcísicos? Se a conjectura de que essa modalidade de sofrimento se integrou ao comum da vida como um novo paradigma de normalopatia, ela funcionaria como uma espécie de contraespelho ideológico para fazer a crítica do neoliberalismo. A normalopatia *borderline* emerge no quadro de substituição da cultura do narcisismo pela cultura da indiferença em alternância com irrupções de ódio.

Em seu artigo de 1938, Adolph Stern descreve as patologias do que ele chamou de "*border line group*" como um tipo de narcisismo, que funcionaria como uma espécie de "base sobre a qual todo o quadro clínico está construído". Ele notou que esses indivíduos recorrentemente haviam passado por experiências precoces e contínuas de abandono, negligência, brutalidade e até mesmo crueldade por parte dos pais. Tais experiências conduziriam a uma profunda lesão do narcisismo, naquilo que este implica de amor próprio, segurança e autoconfiança. A consequência, segundo Stern, é que esses sujeitos sofreriam uma "má-nutrição" afetiva, comportando-se como seres "famintos de afeto" (*affect hunger*). Surge aqui a ideia de que a impulsividade e reatividade borderline seria uma espécie de reação incorporada e permanente à depressão. Uma depressão crônica e profunda, que tende a aparecer toda vez que o paciente borderline tende a normalizar-se.

A ideia de insaciedade afetiva ressoa com a expressão empregada por Freud, em *Luto e melancolia* (1917), para descrever o melancólico como alguém que sofre de uma hemorragia libidinal. Esse estado basal explicaria o porquê de a apresentação clínica tão frequentemente apresentar-se como um colapso das capacidades reacionais do indivíduo, combinando, por exemplo, de modo imprevisível e alternado, hipersensibilidade desordenada com rigidez psíquica e indiferença.

Contudo, o que teria chamado a atenção dos psicanalistas e o que, para muitos, caracterizaria fundamentalmente seu diagnóstico é o tipo de transferência, tipicamente marcada por um começo rápido e grande exposição de intimidade, seguida pela tendência a reações terapêuticas negativas. O sentimento de inferioridade e a identificação com a figura de miseráveis, mendigos e errantes podem adquirir um colorido delirante, tamanha é a convicção do sujeito de ser uma "pessoa inferior". O masoquismo se expressaria em claras tendências à autopiedade, autocomiseração, alternadas com apresentação de estados de desespero agudo e sofrimento crônico. Stern fala ainda em uma insegurança "somática" ou ansiedade que seria mitigada pelo sujeito através da projeção e do medo difuso diante de determinados ambientes. O sinal clínico mais consistente e mais desafiador decorreria dessa combinação de masoquismo e reatividade, narcisismo precário e angústia mal nomeada: a agressividade. Ela aparecerá diante de todos os contratos que podem ser mobilizados para tentar coagir a ação *borderline*.

Fairbain (1980), em 1940, observou que os traços de onipotência, isolamento e preocupação com a realidade interior apontavam para uma patologia esquizoide. Robert Knight (1953), seguindo a mesma pista, acentuou que os estados *borderline* não percebem eventos de forma "realística", não integram pensamentos e sentimentos e não desenvolvem responsabilidades para com a vida, apesar de isso não se apresentar por meio de alucinações ou delírios. Helene Deutsch (1965), em 1942, redescreveu o quadro com uma forma de personalidade *como se*, tipicamente predominante em mulheres, com habilidade extrema para se para se identificar aos outros e ao sofrimento dos outros em particular. Personalidades esquizoides "parecem ser normais demais", porque obtêm sucesso em substituir relações reais por "pseudocontato", comportam-se "como se estivessem tendo sentimentos e relações com outras pessoas". Personalidades *borderlines*, ao contrário, possuem a mesma disposição ao pseudocontato, mas isso lhes provoca reações agressivas e sentimentos de angústia. Se as personalidades esquizoides apresentam emoções não genuínas, frigidez generalizada da personalidade e a experiência de amor é vivida como traição, as personalidades *borderline* são excessivamente genuínas.

Oto Kernberg, na década de 1960, propõe que os *borderlines* seriam uma terceira categoria além da neurose e da psicose. Curiosamente, em 1980, quando se inicia o expurgo psicanalítico da neurose, as personalidades *borderline* são incluídas no DSM-III, e o transtorno de personalidade emocionalmente instável: tipo *borderline* é incluído no CID-10.

O problema do diagnóstico diferencial *borderline* é que sua história aponta para a própria crise dos diagnósticos, que atravessou a psicanálise até os anos 2010. A psicanálise de orientação lacaniana não admitia a existência do quadro. Os franceses preferiam pensá-lo como um estado, entre os estados-limite (*états limites*). Do ponto de vista psiquiátrico o enigma não era menor, uma vez que não há uma medicação eficaz ou específica para o quadro. Segundo Kernberg (1967, 1975), 50% dos pacientes que entram em unidades hospitalares com diagnóstico de transtorno bipolar ou de depressão maior são na verdade transtornos de personalidade *borderline*, em algum nível. O erro mais comum envolve confundir a confusão crônica e a instabilidade emocional *borderline* com uma verdadeira hipomania. Apesar disso, em 19% dos pacientes *borderline* existe uma comorbidade com a bipolaridade (Gunderson *et al.*, 2006). A combinação da ausência de estabilidade emocional, de relações "significativamente maduras com outros" leva à instabilidade no trabalho, no amor e na relação consigo; fora da crise, é o traço que permite distinguir a personalidade *borderline* da mania.

Quando comparamos a personalidade *borderline* com a depressão, observamos que na segunda há uma tristeza e ausência de sentimentos até o congelamento emocional da experiência, mas tipicamente a agressividade volta-se contra si, ao passo que no *borderline* aparecerá a acusação e a agressividade dirigidas ao outro.

Se a personalidade *borderline* é um sintoma normalopático do neoliberalismo, porque explora a indeterminação de fronteiras e limites, ela é também a exageração de seu funcionamento duplo e sincronizado: esquizoide (com alterações normativas e rupturas que não incorporam sua própria história) e narcísica (com seu individualismo avaliacionista e meritocrático). A solda que une esses dois estados de mundo copresentes mas não mutuamente afetáveis é a altíssima idealização cínica, que adia para o futuro e nega a realidade presente em nome de um futuro redentor.

Trata-se de um tipo de individualização que contraria os princípios do utilitarismo, exagerando-os. Seu complexo de inautenticidade infinita, sua hipersensibilidade não ordenada, seu sentimento de ser um "personagem" recusam a política de moldura, a prótese funcional como uma espécie de semblante perpetuamente insustentável.

Sentimentos de menos-valia, de substitutividade, de mesmidade, de falta de amor revelam uma afetação demasiada pelo Outro, sem a conhecida eficácia cínica ou indiferente. Em seu lugar aparece a oscilação entre a idealização maníaca e a reposição depressiva. Em vez de uma maximização, há também uma minimização das fronteiras.

Em vez de uma administração do gozo pelo saber do mercado, a problemática esquizoide exagera a fragmentação do regime jurídico da lei, excessiva, em uma espécie de "flexibilização" ou de ambiguação não calculada da lei. Há uma recusa a fazer a gestão de riscos ou uma não aderência à lógica securitária da evitação de riscos.

Finalmente, a reatividade e a raiva como afeto antídoto contra o medo parecem formar um tipo específico de satisfação, que age na falta de regulação do medo, contra a falta de ordenação da raiva.

Percebe-se assim como a personalidade Borderline é o correlato em termos de personalidade, da hipótese depressiva. Ela é a única forma de Transtorno de Personalidade realmente nova, originada na psicanálise e incorporada à descrição psiquiátrica a partir de 1973. Ela não deriva da "personalização" de sintomas, como o Transtorno de Personalidade Esquiva, Histérica, Paranoide e assim por diante. Por outro lado, ela é o lugar de retorno e preservação do conflito e contradição como razão de uma forma de personalidade. Se nas depressões parece haver um déficit de ação e um excesso de pensamentos as personalidades Borderline são atuativas e não conseguem conter seus impulsos por meio de juízos reflexivos. Se nas depressões os pensamentos são circulares e as crenças limitantes, na situação borderline os pensamentos são abertos demais e as crenças padecem de limitação. Se nas depressões a regulação dos afetos está perturbada pelo rebaixamento da economia do prazer nos estados limites há um uso frequente de substâncias que modulam a paisagem mental ou do sexo como apaziguador da angústia.

Portanto, é nesse cenário de inversão entre figura e fundo com as neuroses e de substituição da narrativa de sofrimento baseada na gramática do conflito pela gramática da esquiva, da adaptação e da inibição que a depressão é elevada à condição de nova normalopatia e a Personalidade *Borderline* seu contraponto transgressivo. Isso significa que a partir de então todos nos reconheceremos em momentos, fases, propensões mais ou menos depressivas. Ela nos visitará, de forma mais grave ou aguda, em algum momento da vida. Eventualmente ela já está presente, na forma de uma depressão mascarada, aqui e agora.

Para conseguir formar uma unidade genérica entre identificação inclusiva em signos depressivos, representação de prazeres suprimidos e articulação de demandas de reconhecimento, necessária para se incluir em um discurso terapêutico, separando-se de um discurso moral, foi necessário redefinir clínica e conceitualmente a depressão. Foi preciso fazer acreditar que a depressão não tinha passado conhecido nem família anterior muito definida. Foi preciso inventar um novo figurino. Durante os próximos 40 anos a depressão foi desmembrada, dividida e redividida em 11 tipos. Uma vez desligada de seus nobres antepassados, renomeada e rebatizada, ela tornou-se uma selva de quadros, muitos deles definidos recursivamente pela negação de outros, ao modo de uma carta de vinhos:

1. *distimia (transtorno depressivo persistente)*: um modelo leve e crônico, com alterações cotidianas básicas para uso durante o dia, todos os dias, no mínimo por dois anos. Ingredientes leves de oscilação, queixas de cansaço e notas de desânimo, alterações de apetite, libido e psicomotoras. É um transtorno leve colhido geralmente na adolescência ou no princípio da idade adulta;
2. *transtorno disruptivo da desregulação de humor*: quase igual à distimia, mas acrescenta tons de rompantes, reações abruptas verbais e comportamentais de raiva ou irritação;
3. *transtorno disfórico menstrual*: especialmente feito para o gosto feminino, com oscilações de humor abruptas, sentimento de rejeição, irritabilidade e raiva, humor depressivo e falta de esperança, sentimento de perda de controle, letargia ou fadiga, mudança no apetite;
4. *transtorno depressivo induzido por substância ou medicação*: um varietal indicado para aqueles que gostam de harmonizar sua depressão com álcool, inalantes, opioides, sedativos, anfetaminas, cocaína, anfetamina, alucinógenos e fenciclidina;
5. *depressão sazonal*: é uma variedade de depressão colhida no outono ou inverno e pela remissão na primavera, sendo incomum no verão. Indicada para jovens que vivem em maiores latitudes com toques de apatia, diminuição da atividade, isolamento social, diminuição da libido, sonolência, aumento do apetite, "fissura" por carboidratos e ganho de peso;
6. *depressão secundária*: é uma depressão mediana que combina as síndromes depressivas causadas por doenças médico-sistêmicas e por medicamentos, mas tende a desaparecer com o fim do quadro orgânico e do tratamento;
7. *depressão endógena*: é uma depressão mais encorpada, com predominância de sintomas como perda de interesse ou prazer em atividades

normalmente agradáveis. Piora pela manhã, com reatividade de humor, lentidão psicomotora, queixas de esquecimento, perda de apetite, importante perda de peso, muito desânimo e tristeza;
8. *depressão atípica*: é uma depressão caracterizada pela inversão dos sintomas: aumento de apetite e ganho de peso, dificuldade para conciliar o sono ou sonolência, deixa uma sensação de opressão e peso. Cria uma sensibilidade exagerada à rejeição, respondendo de forma negativa a estímulos ambientais;
9. *transtorno depressivo maior (transtorno bipolar tipo I)*: um clássico da depressão. Forte, encorpado e inesquecível. Adere seu sabor inconfundível por parte do dia ou longos períodos, deixando um sentimento de tristeza, vazio e falta de esperança. Notas marcantes de perda ou diminuição do interesse por atividades prazerosas, perda de peso, insônia ou hiperinsônia. As boas safras se fazem acompanhar por fadiga, agitação psicomotora, sentimento inapropriado de culpa, perda de concentração e indecisão e os típicos pensamentos de morte;
10. *depressão bipolar (transtorno bipolar tipos II e III, transtorno ciclotímico)*: é o rei das depressões, conhecido por pacientes bipolares que iniciam a doença com um episódio depressivo. Tipicamente quanto mais precoce o início, maior a chance de uma verdadeira bipolaridade. Outras formas de reconhecer uma safra verdadeira é atentando para a história familiar de bipolaridade, de depressão maior, de abuso de substâncias, transtorno de ansiedade;
11. *depressão psicótica*: É um quadro grave, mas no qual a depressão é uma nota adjuvante. Temos delírios e alucinações em primeiro plano. Os delírios são representados por ideias de pecado, doença incurável, pobreza e desastres iminentes, conforme as típicas ideações autorrecriminativas melancólicas.

Há ainda condições "curingas" que podem ser especialmente adequadas para seu caso, como o *transtorno depressivo ligado a outra condição médica* (CID IX 293.83), ou o incrível *outro transtorno depressivo* (311 – F32.8) e o ainda mais abrangente *transtorno depressivo não especificado* (311 – F32.9). Se ainda assim você está em dúvida se é um depressivo ou não, perceba que você pode estar em um dos sete subtipos disponíveis: *leve, moderado, severo, com aspecto psicótico, com remissão parcial, com remissão completa* ou ainda e depois de tudo... *inespecífico*. O sistema diagnóstico da neuropsiquiatria neoliberal é marcado pelo mais alto grau de comorbidade de toda a medicina, ou seja, a maior probabilidade de conjunção de mais de uma doença em um mesmo paciente. Isso significa que você pode estar no *Transtorno de Espectro Autista* e ter uma *Depressão*, sofrer como um *transtorno de impulso* ou de *ansiedade* e ao mesmo tempo, por completo azar, estar sofrendo com *depressão*.

É esse estado de rigor científico e descritivo que se obteve após 40 anos de centralidade da pesquisa psicopatológica sobre a depressão. Espero que o leitor não conclua disso que a depressão não existe, que ela é uma invenção da indústria farmacêutica ou que os pacientes que sofrem com todo esse vasto repertório de sintomas estão simplesmente desviantes morais, preguiçosos, de pouca fé ou baixa propensão ao pensamento positivo. Essa sensação só acontece porque quando nos descobrimos enganados, tendemos a nos voltar ao sistema de crenças anteriores, conferindo a ele maior confiabilidade.

Como os antidepressivos são efetivamente a única grande descoberta desse período, e a nova era de achados psiquiátricos não aconteceu, a solução foi aplicar a hipótese depressiva a um número cada vez maior de quadros. O processo parece ter sofrido um considerável refluxo na quinta edição, que causou protestos em todo o mundo, até mesmo dos psiquiatras e das agências financiadoras de pesquisa e de financiamento em saúde mental, pela ausência de marcadores biológicos e pela operacionalidade convencional dos tipos clínicos desprovidos de conceitos ou subsídios mais fundamentados para os tratamentos. O esclarecimento da hipótese aminominérgica não veio, a explicação para a eficácia dos antidepressivos de terceira geração veio a se somar ao desconhecimento anterior sobre as outras medicações psiquiátricas. A grande metáfora da depressão como déficit de serotonina ou de dopamina, que é ativada por "gatilhos" experienciais, começa a se apresentar perigosamente parecida como um daqueles antigos e alegóricos conceitos psicanalíticos. A expectativa de que os avanços das neurociências e da genética nos fariam entender a gênese das doenças mentais mostrou-se improcedente. Surgem denúncias de que mais de 70% dos formuladores dos critérios diagnósticos estariam sendo remunerados direta ou indiretamente pela indústria farmacêutica. O inventor da noção de *déficit de atenção com hiperatividade* dá uma entrevista dizendo que a categoria fora inventada em laboratório (Caliman, 2010).

Além da queda gradual de eficiência dos antidepressivos (Fornaro *et al.* 2019), que hoje apresentam menor eficácia do que na época em que foram descobertos, e das pesquisas comparativas que mostram perda de efetividade (Pigott *et al.*, 2010) em relação ao placebo (Schalkwijk *et al.*, 2014) e as psicoterapias, há uma ausência de renovação do próprio conceito de antidepressivo (Fava, 2002). As novas gerações apresentam menos efeitos colaterais, menos interações problemáticas, podem ser usadas com potencializadores (como os moduladores de humor e os antipsicóticos), mas no fundo parece haver um esgotamento do conceito farmacológico dos antidepressivos. Os custos para o desenvolvimento de novas estratégias, bem como para sua implantação mercadológica, não conseguem competir com a disponibilidade e o barateamento das fórmulas mais antigas.

Vários dos antidepressivos tinham sido aprovados para consumo público por meio de práticas discutíveis em ciência, como financiar inúmeros experimentos, do tipo duplo cego ou *trials*, e depois publicar apenas os que apresentarem resultados favoráveis. Começam os processos sobre potenciais danos cerebrais induzidos pelo uso contínuo e prolongado de antidepressivos.

O trabalho de Ehrenberg (1998) nos anos 2000 mostrou a ligação da depressão com a performance corporal. Ele é um bom representante desse terceiro momento da hipótese depressiva. Bauman (1999) e sua metáfora da liquidez, nos anos 1990, está para a versão narcísica da depressão assim como Lasch (1970) para a versão infantilizante dos anos 1970. Entre 2000 e 2008 a hipótese depressiva começa a ser pensada cada vez mais como uma síndrome com sintomas corporais: dores que andam pelo corpo, como na fibromialgia, corpo em cansaço permanente, como na fadiga crônica, fadiga que explode na queima de toda energia, como no *burn-out*, ou que se mostra resistente aos manipuladores químicos da libido ou do sono. A novidade dos antidepressivos cessa de funcionar, curiosamente quando as patentes vão sendo liberadas e os preços caem. Os novos antidepressivos não prometem mais a cura, mas o alívio das versões "corporais" da depressão, bem como a redução desses indesejáveis, mas por muito tempo pouco tematizados efeitos colaterais.

Na medida em que a depressão passa a ser pensada como um quadro dotado de uma etiologia indiferente ao conflito psíquico, ela foi reforçando o conflito com a realidade. As terapias cognitivas interpretavam a depressão como uma deformação do pensamento e propunham um roteiro bem estruturado fundado em princípios e evidências. Um dos manuais mais populares dessa abordagem apregoa que a terapia se baseia (Beck, 1997, p. 21-24):

a. no "contínuo desenvolvimento do paciente e de seus problemas cognitivos";
b. realizado por meio de uma "aliança segura" e a "colaboração e participação ativa" do paciente;
c. orientada para "metas e soluções de problemas" enfatizando o "presente";
d. visando "ensinar o paciente a evitar recaídas" durante um "tempo limitado";
e. as sessões são estruturadas de modo "a ensinar o paciente a avaliar e responder a pensamentos e crenças disfuncionais" usando uma variedade de técnicas para mudar o "pensamento, humor e comportamento".

Essa abordagem, que durante anos foi elevada à condição de protocolo no tratamento das depressões, associada permanentemente com a administração de medicação antidepressiva, tornou-se dominante e globalmente exportada para os países da África, da Ásia e da América Latina, criando diferentes cenários de recepção, conforme o choque se desse com relação a crenças animistas e formas religiosas, tipos de individualização não ocidentais ou culturas previamente informadas por narrativas de interiorização do conflito. Críticos literários como Marco Roth (2009) e Paulo Werneck (2016) apontam como nossa forma de produzir romances teria se desligado das antigas narrativas psicanalíticas repletas de interioridade, conflitos de desenvolvimento, tramas familiares e divisões da consciência, seja no sonho, seja nos sintomas. A neuroliteratura, como *Amor sem fim* (1997), de Ian McEwan, destacou síndromes neurológicas, como a síndrome de Huntington e Tourette, ou de linhagem psicótica, como a síndrome de Clérambault e o autismo. Esse movimento de reapropriação literária de novas formas de sofrer, em oposição aos romances modernos, como os de Balzac, Flaubert, Joyce ou Proust, tem um impacto direto na depressão. Enquanto verdadeiros quadros neurológicos são indiferentes às formas como são descritos, a depressão depende de como se fala dela. Isso envolve tanto como o sujeito "se fala" quanto a forma como ele "é falado" de tal forma a ter seu sofrimento incluído em discursos, ganhando legitimidade e reconhecimento. Isso significa uma nova posição diante do sofrimento. Ele tem uma origem que transcende minhas decisões: ele emana de uma avaria no cérebro ou em cadeias desenvolvimentais que afetaram a evolução da espécie ou a genética com a qual cada um foi determinado. Confirma-se aqui a ideia de que na depressão a causa do problema vem de fora. Ela não emana da alçada moral ou de nosso campo de escolhas ou decisões. Isso não significa que não exista nada a falar, mas se trata de recriar a experiência a partir dessa posição de aceitação e conformidade. Não devemos desvalorizar essa narrativa, porque ela sempre esteve presente nos modos de subjetivação e de narrativização dos sintomas. Aliás, essa tendência remete a narrativas transcendentais ou teológicas, nas quais as razões de nosso destino pertencem a "outros mundos". A aceitação ou o autorreconhecimento de que sintomas não são apenas decorrentes de falta de fé ou de força de vontade, mas que eles nos impõem um limite à nossa própria liberdade, deveria inspirar uma discussão sobre os paradoxos de nosso desejo, mas ele parece ter sido capturado por uma dicotomia mais simples que divide as coisas entre a esfera na qual "podemos" agir e aquelas nas quais é "impossível" atuar.

O segundo tópico interessante na relação entre depressão e seus discursos diz respeito a sua assimilação autobiográfica. Particularmente a partir dos anos 2000 surge um conjunto bastante expressivo de relatos de pessoas que atravessaram processos depressivos. Alguns narram sua experiência em uma espécie de chave filosófica, recuperando grandes tópicos do pensamento ocidental; outros integram as próprias pesquisas neurocientíficas e psiquiátricas, entremeando-as com as auto-observações. Esse parece ter sido o movimento complementar a uma subjetividade descrita em estrutura de lista e inclusão, e que recupera sua potência transformativa falando em primeira pessoa. Trabalhos como *O Sol do meio-dia*, de Andrew Salomon (2014), *Travessia noturna*, de Clément Rosset (2007) e *Depois a louca sou eu*, de Tati Bernardi (2016) operam de forma completamente distinta dos neuromances. Eles introduzem a narração em substituição ao discurso descritivo que formou e no qual a depressão se propagou. Eles narram as tentativas de cura como processos transformativos, cheios de idas e vindas, tratamentos bem ou malsucedidos, entremeando as consequências da depressão na vida familiar, no amor e no trabalho. Ao introduzir essa variedade de perspectivas, muitas vezes mostrando como as explicações sobre a depressão não são suficientes para enfrentá-la, eles restituem o conflito e a hermenêutica de si ali mesmo onde ela teria sido abolida. Em outras palavras, esses romances falam da depressão como uma viagem, uma travessia, uma jornada, um reinício, onde não se sabe bem, ao final, o que contou mais e o que contou menos para a cura. Por isso também remanesce certo sentimento de que o retorno pode acontecer e que "isso" se tornou uma espécie de companheiro na vida. Ora, é exatamente assim que funcionavam os relatos clínicos freudianos. Eles não inspiravam a cura sensacional e permanente, pela descoberta de elementos traumáticos que, uma vez lembrados, imunizariam permanentemente a pessoa contra a formação de novos sintomas. Pelo contrário, eles sempre mostram um processo de transformação geral na vida do sujeito, que de repetente percebe que os sintomas não ocupam mais o lugar dominante em sua vida, que eles se tornam prescindíveis ou integrados à própria história que se conta de si mesmo.

O terceiro aspecto importante da emergência desse discurso literário-científico para a depressão é que ela passa a abranger formas tradicionalmente incorporadas ao registro da psicose. Isso aconteceu pela progressão da categoria de transtorno bipolar, dividido em três subtipos. Ou seja, a gravidade das depressões começa a ser reconhecida tanto porque ela responde cada vez menos aos tratamentos quanto pelo fato de que ela admite formas muito graves, com relação às quais não sabemos muito bem quais são os critérios de diferenciação.

Mas vejamos agora como as quatro figuras da depressão, a infantil, a narcísica, a corporal e a do luto, parecem traduzir passo a passo a narrativa do neoliberalismo, como discurso econômico. Isso compreende a retomada de certos aspectos da teoria moral dos pais do liberalismo, como Stuart Mill e Adam Smith. Eles criticavam a infantilidade daqueles que não conseguiam se inibir, ou seja, conter o impulso para gastar e transformar isso em um adiamento temporal da satisfação, conhecido como poupança. A grande metáfora do neoliberalismo vai apregoar metáforas como a da necessidade de austeridade ao mesmo tempo que advogará o caráter essencialmente egoísta e competitivo do ser humano.

Ludwig Von Mises, patriarca do neoliberalismo, inventou o "complexo de Fourier", que consistiria em negar a finitude dos recursos naturais e o papel incontornável do trabalho como um sacrifício. Ou seja, a dúvida ou crítica quanto à realidade da escassez de recursos, da lógica do sacrifício, do medo natural da violência alheia seriam uma traição da forma correta de percepção da realidade. Lembremos que o fulcro da abordagem clínica de Seligman (1992) e Beck (1964) é a correção do pensamento:

a. que assume uma forma circular em torno de crenças negativas;
b. que antecipa fatos e cenários, criando ilusões de falsa controlabilidade sobre o meio e sobre si mesmo;
c. que gera estresse, que por sua vez lentifica, paralisa ou ataca somaticamente o corpo;
d. que ignora as impossibilidades da vida real, que deveriam ser aceitas.

Essa estratégia ilustra bem como para esse discurso não estamos diante de um conflito de interpretações sobre a realidade, com a correlativa concorrência entre interesses, mas da patologização daqueles que duvidam de como as coisas realmente são. Aqui o discurso na ciência não está tão longe da tradição psicopatológica que considerava o deprimido alguém imbuído de má-fé e algo desonesto, pois diverge da realidade e não de como nós percebemos ou construímos a realidade.

Junto com o neoliberalismo, o vocabulário econômico sofre uma mutação que enfatizará o medo e a inveja, o otimismo ou o pessimismo dos mercados, operando uma despolitização da política e deslocando a contenda moral para o terreno dos comportamentos de gosto. Ora, essa dissociação entre a produção econômica, identificada com a realidade, e o pensamento ou nossa forma de lê-la e interpretá-la vai operar no fulcro psicológico da depressão, explicando por que ela é o correlato necessário desse tipo de forma econômica.

A individualização do conflito, sua transformação em forma de culpa em associação com o fracasso e a potência produtiva, faz com que a agressividade contra o outro, que motivaria um desejo de transformação da realidade, seja introvertido em uma agressividade orientada para próprio eu. Isso se mostra, como vimos, no raciocínio de auto-observação, de crítica de si mesmo com a inversão em ilações idealizadas. O depressivo é aquele que fracassa e por outro lado tem um sucesso demasiado em se tornar um empreendedor de si mesmo. Ele não consegue usufruir da gramática da competição de todos contra todos, que tornaria a vida uma espécie de esporte permanente, de viagem contínua ou de teatro de estrelas no qual há um prazer em representar.

A anedonia, esse sintoma central da depressão, a incapacidade de experimental prazer com o outro, consigo e no mundo, torna-o uma espécie de ditador de si mesmo, em um impasse com suas próprias ordens, incapaz de entender o porquê de sua greve para iniciar, ou fazer algo que por outro lado lhe parece óbvio, prático e indiscutivelmente desejável. De certa maneira a depressão só descreve, ela não narra, ela luta contra a perda de memória e de concentração, o que a torna um ser de cansaço, ela é a greve e ao mesmo tempo a lei opressiva que a torna possível. Nesse sentido, o reinado da depressão é também um reinado crítico contra a era do "capital humano", do prazer dócil e flexível no trabalho e da narrativa do talento, do propósito e da autorrealização que sobrecarrega a produção com métricas de desempenho e resultado. Daí que o depressivo não esteja exatamente trazendo um recado da realidade como ela é, mas um fragmento de verdade sobre por que não conseguimos perceber as coisas. Em certa medida ele responde demasiadamente bem à demanda de renunciar a si mesmo, ao se tematizar apenas como um personagem pouco convincente e um ator cansado de seu papel. Sua resposta insiste na coerência, na unidade e na síntese em um universo no qual a produção se torna deslocalizada, em que os manuais de gerenciamento nos ensinam como criar mais sofrimento para incitar mais produção, assim como fragmentam a narrativa do trabalho e do estudo em blocos de potencialidades e listas de traços desejáveis e funcionalmente adequados. Assim como para o neoliberalismo o mercado é um Outro compacto e fechado, idêntico a si mesmo em suas regras imutáveis, o Outro da depressão é composto por uma lei consistente e soberana em relação à qual só podemos nos apresentar como corpos-mercadorias, crianças amparáveis ou narcisos impotentes.

Coincidentemente, 2008 é o ano no qual a aplicação irrestrita dos princípios neoliberais na economia começa a ser mais seriamente questionada. A crise norte-americana no mercado imobiliário não é deixada à sua própria sorte, desencadeando uma série de falências, mas sobre ela o Banco Central age no melhor e mais antigo modo keynesiano, amparando e protegendo a economia. As crises da Europa periférica, envolvendo Islândia, Portugal e Grécia, começam a colocar em xeque o sistema de contenção por austeridade. A insatisfação com a progressiva financeirização da economia e com a ausência de resposta ao problema do desemprego e da emergência de monopólios dará origem a um período de turbulência que envolverá primaveras e ocupações, assim como a regressão conservadora na América de Trump, na Inglaterra do Brexit ou no Brasil de Bolsonaro.

Referências

ADORNO, T. *Estudos sobre a personalidade autoritária*. São Paulo: Unesp, 2019.

AMBRÓSIO, A. *Empresariamento da vida*. Curitiba: Appris, 2018.

ASSOCIAÇÃO AMERICANA DE PSIQUIATRIA. *Manual diagnóstico e estatístico de transtornos mentais - DSM 5*. Porto Alegre: Artmed, 2015.

BAUMAN, Z. *Modernidade e ambivalência*. Rio de Janeiro: Jorge Zahar, 1999.

BECK, A. T. *Depression: Causes and Treatment*. Philadelphia: University of Pennsylvania Press, 1972.

BECK, A. Thinking and Depression: II Theory and Therapy. *Archives of General Psychiatry*, Belmont: JAMA & Archives, v. 10, n. 6, p. 561-571, 1964.

BECK, J. *Terapia cognitiva: teoria e prática*. Porto Alegre: Artes Médicas, 1997.

BERNARDES, T. *Depois a louca sou eu*. São Paulo: Companhia das Letras, 2016.

BOWLBY, J. *Apego*. São Paulo: Martins Fontes, 1993a.

BOWLBY, J. *Perda, tristeza e depressão*. São Paulo: Martins Fontes, 1998.

BOWLBY, J. *Separação, angústia e raiva*. São Paulo: Martins Fontes, 1993b.

CALIMAN, L. V. Notas sobre a história oficial do transtorno do déficit de atenção/hiperatividade TDAH. *Psicologia: Ciência e Profissão*, v. 30, n. 1, 2010.

COSER, O. *As metáforas farmacoquímicas com que vivemos*. Rio de Janeiro: Garamond, 2010.

DEUTSCH, H. (1942). *Neuroses and Character Types*. International Universities Press, 1965.

EHRENBERG, A. *La fatigue dêtre soi: depression et societé*. Paris: Odile Jacob, 1998.

ERICKSON, E. H. *Infância e sociedade*. 2. ed. Rio de Janeiro: Zahar, 1987.

ERICKSON, E. H.; ERIKSON, J. *O ciclo da vida completo*. Porto Alegre: Artes

Médicas, 1998.

FAIRBAIN, W. R. D. (1952). Estudos Psicanalíticos da Personalidade. Tradução de E. Nick. Rio de Janeiro: Interamericana, 1980.

FAVA, G., A. Long-Term Treatment with Antidepressant Drugs: The Spectacular Achievements of Propaganda. *Psychother Psychosom*, v. 71, 2002, p. 127-132.

FORNARO, M. *et al*. The emergence of loss of efficacy during antidepressant drug treatment for major depressive disorder: An integrative review of evidence, mechanisms, and clinical implications. *Pharmacological Research*, v. 139, Jan 2019, p. 494-502.

FOUCAULT, M. *A história da sexualidade 1: A vontade de saber*. Rio de Janeiro: Graal, 1988.

FREUD, S. (1917). *Luto e Melancolia*. São Paulo: Cosac Naify, 1985.

FUREDI, F. *Therapy Culture*. London: Routledge, 2004.

GUNDERSON J. G. Borderline personality disorder: ontogeny of a diagnosis. *Am J Psychiatry*, v. 166, n. 5, 2009, p. 530-539.

HOOVER, H. H. Presidential Nomination Adress. Aug. 11, 1932. Disponível em: <https://bit.ly/3qlG0JK>. Acesso em: 30 set. 2020.

KERNBERG, O. *Borderline conditions and pathological narcissism*. New York: Aronson, 1975.

KERNBERG, O. Borderline Personality Organization. *Journal of the American Psychoanalytic Association*, v. 15, p. 641-685, 1967.

KNIGHT, R. Borderline states in psychoanalitic psychiatry and psychology. *Bulletin of the Menninger Clinic*, v. 17, 1953, p. 1-12.

LASCH, C. *Cultura do narcisismo*. São Paulo: Brasiliense, 1970.

LUBORSKY, L.; SINGER, B.; LUBORSKY, L. Comparative Studies in Psychotherapy: A Review of Quantitative Research. *Archives of General Psychiatry*, v. 32, p. 995-1008, 1975.

LYOTARD, J. F. *A condição pós-moderna*. Rio de Janeiro: José Olympio, 1998.

MARTINHAGO, F.; CAPONI, S. Controvérsias sobre o uso do DSM para diagnósticos de transtornos mentais. *Physis*, v. 29, n. 2, 2019.

MISES, L. *Liberalism: The Classical Tradition: Foundation for Economic Education*. Irvington-on-Hudson, NY: Foundation for Economic Education, 1996.

PIGOTT, H. E. *et al*. Efficacy and Effectiveness of Antidepressants: Current Status of Research. *Psychother Psychosom*, v. 79, 2010, p. 267-279.

POPPER, K. *Conjecturas e refutações*. Rio de Janeiro: Forense, 1988.

REICH, W. *Análise do caráter*. São Paulo: Martins Fontes, 1975.

ROSSET, C. *Travessia nocturna*. Buenos Aires: Elipsis, 2007.

ROTH, M. The Rise of the Neuronovel. *N+1*, n. 8, 19 Oct. 2009. Disponível em: www.nplusonemag.com/rise-neuronovel. Acesso em: 1º out. 2020.

SAFATLE, V.; SILVA JUNIOR, N.; DUNKER, C. (Org.). *Patologias do social: arqueologias do sofrimento psíquico*. Belo Horizonte: Autêntica, 2018.

SALOMON, A. *O Sol do meio-dia*. São Paulo: Companhia das Letras, 2014.

SCHALKWIJK, S. *et al*. Declining efficacy in controlled trials of antidepressants: effects of placebo dropout. *International Journal of Neuropsychopharmacology*, v. 17, n. 8, ago. 2014, p. 1343-1352.

SELIGMAN, M. *Desamparo: sobre depressão, desenvolvimento e morte*. São Paulo: Hucitec, 1977.

SELIGMAN, M. E. P. *On Development, Depression and Death*. New York: Freeman, 1992. (Original publicado em 1975).

SENETT, R. *A corrosão do caráter*. São Paulo: Record, 1999.

STERN, A. Investigação psicanalítica e terapia do grupo de neuroses limítrofes. *Revista Latino-Americana de Psicopatologia Fundamental*, v. 2, n. 2, 1999.

WERNECK, P. Neuroliteratura, com Paulo Werneck. 3 maio 2016. Disponível em: <https://bit.ly/3lp2EwZ>. Acesso em: 1º out. 2020.

**NEOLIBERALISMO
À BRASILEIRA**

Para uma arqueologia da psicologia neoliberal brasileira

Christian Dunker, Clarice Paulon, Daniele Sanches, Hugo Lana, Rafael Alves Lima, Renata Bazzo

Um caso-modelo

Nos capítulos anteriores, procuramos mostrar como o neoliberalismo pressupõe uma psicologia implícita, herdada do liberalismo, na qual valores simbólicos e morais trafegam entre uma determinada gramática econômica e os modos de subjetivação que lhe são correlatos. Neste capítulo esboçamos como, desde o fim dos anos 1960, construiu-se no Brasil certa razão psicológica, ou seja, um conjunto autoexplicativo e autojustificado de ideias e práticas, que condicionam e coordenam a formação do neoliberalismo como um discurso transversal de gestão do sofrimento. Esse discurso, ainda que limitado quando tomado em suas narrativas individuais, consegue operar, de modo eficaz, homologias entre economia e teoria da mente, psicoterapia e disciplina organizacional, política e religião.

Um caso-modelo desse processo pode se ser encontrado em José Osvaldo de Meira Penna, escritor que fez carreira como diplomata e embaixador do Brasil, egresso da Escola Superior de Guerra e formado pelo Instituto C. G. Jung em Zurique, quando atuava na Suíça. Entre os anos 1960 e 1980 ele escreveu três livros que exprimem bem suas ideias sobre o período ditatorial: *Psicologia do subdesenvolvimento*, de 1967, *Em berço esplêndido*, de 1969, e O *Brasil na idade da razão*, de 1980.

No primeiro livro, Meira Penna caracteriza o Brasil como uma "sociedade erótica" (*homo ludens*), em oposição à "sociedade lógica" europeia (*homo sapiens*). O erotismo como *modus operandi* das relações sociais caracteriza uma série de mazelas do Brasil. Nisso ele retoma a antiga tradição de Gilberto Freyre e dos intérpretes do Brasil que foram sensíveis à teoria psicanalítica da sexualidade em confronto com a civilização, como matriz de compreensão do conflito social (Dunker, 2015). O chamado "dinossauro", codinome que ele confere à burocracia patrimonialista, resulta de certo tipo de laço afetivo entre funcionários públicos que impede o desenvolvimento de uma mentalidade propriamente concorrencial e individualizada em nosso país.

Tais teses estendem-se e desdobram-se, mas não se modificam substancialmente nos livros seguintes. Sua diagnóstica de Brasil recai sobre nossa tendência à procrastinação, a primazia do estético sobre o técnico e o funcional. Nosso sebastianismo nos mantém reféns de lideranças políticas carismáticas. Os arranjos familiares e o "jeitinho brasileiro" são todos sintomas compreendidos como efeito direto do excesso de erotismo. Como se a sobrecarga da autoridade paterna, com sua forma de poder familiar e pessoal, impedisse a conquista de uma Lei geral e abstrata à qual todo cidadão brasileiro estaria referido em condição de igualdade. Nossa compulsão a repetir o ato de burlar a Lei, como forma de extração de vantagens individuais, seria efeito de um liberalismo mal implantado. Suas análises são herdeiras da discussão sobre o caráter nacional brasileiro, que exprimiria uma forma típica de organizar relações entre espaço público e privado (Leite, [1954] 2017), confirmando mitos fundadores da república (Chaui, 1996).

Meira Penna era membro da Sociedade Mont Pèlerin, tendo influenciado a política brasileira durante o período militar, no qual atuou no Ministério das Relações Exteriores. Junto com Roberto Campos, notabilizou-se pela divulgação das ideias liberais. Logo ao fim do regime militar, em 1986, ele funda com Ricardo Vélez Rodrigues[1] a Sociedade Tocqueville, embrião e origem do hoje conhecido Instituto Mises Brasil. A mudança de nome dos patronos intelectuais serve para marcar a passagem do liberalismo ao neoliberalismo. Falecido em 2017, aos 100

---

[1] Futuro ministro da Educação de Jair Bolsonaro.

anos de idade, com mais de 20 obras publicadas, Meira Penna recebeu homenagens póstumas de Rodrigo Constantino e Olavo de Carvalho, tendo assim se tornado um autor celebrado tanto entre liberais quanto entre neoliberais brasileiros.

O primeiro autor a ser debatido em *Psicologia do subdesenvolvimento* é Freud. A partir de uma leitura oblíqua de *Psicologia das massas e análise do eu*, Meira Penna extrai consequências improváveis, por exemplo, que a doutrina psicanalítica é insuficiente para dar conta de explicar os laços horizontais que se estabelecem entre os cidadãos no Brasil. Opondo-se à leitura freudiana de que o exército se organiza enquanto massa artificial em torno de um líder, ele busca no exemplo do tráfego nas grandes metrópoles brasileiras, em especial o Rio de Janeiro, um modelo alternativo de explicação para a "ausência de Lei". Como exceção à matriz edipiana, consagrada em *Totem e tabu*, o autor critica o "pansexualismo"[2] da psicanálise justamente por chancelar o laço pré-lógico ou pré-racional que nos paralisa enquanto sociedade aquém do desenvolvimento. Nosso atraso em relação às nações primeiro-mundistas é econômico, social e psicológico.

A "filosofia freudiana" é um mal a ser extirpado e substituído pela nova chave junguiana: "O arquétipo da Grande Mãe prolífica mais ativo no Inconsciente coletivo fez, entre nós, pender a balança para o lado do Eros em detrimento do poder material e do progresso tecnológico" (MEIRA PENNA, 1972, p. 149).

O repertório conceitual da psicologia analítica junguiana permite delegar a uma instância arquetípica, portanto a uma ancestralidade originária e pré-conflitual, relativa ao consciente e ao inconsciente, uma libido dessexualizada. A responsabilidade pela paralisia do progresso da institucionalidade nacional remeteria a nossa imaturidade psíquica, nosso subdesenvolvimento moral e nosso fracasso de individualização. Sobressai dessa análise a verticalidade da leitura baseada, de cima para baixo, na subjetividade das elites, sem consideração pelas *vidas secas*, pelos que não articulavam seu sofrimento nessa nova chave psicológica do desenvolvimento e do progresso. Negava-se para as chamadas

---

[2] Estigma que marca a recepção do freudismo no Brasil desde os seus primórdios. Ver Oliveira, 2002.

vidas secas a importância de uma vida íntima. Seu excesso de erotismo demandava educação e disciplina, assim como suas preocupações com a materialidade da subsistência demandavam mais empregos e mais mercado. O problema se concentra na elite dirigente:

> O de que se necessita, em conclusão, é de educação superior adequada de uma nova elite política. Uma profissão que incluiria as pessoas eleitas para o legislativo, nomeadas pelo executivo ou promovidas em suas carreiras estatutárias, independentemente das vicissitudes da vida partidária. Pessoas todas selecionadas na base de sua capacidade analítica, de seus conhecimentos teóricos, de sua sensibilidade aos imperativos da justiça, sua responsabilidade moral, sua competência administrativa prática e o seu sentido de fidelidade institucional (PENNA, 1988, p. 267).

É preciso lembrar que até a virada social dos anos 1990 a própria psicanálise brasileira permanecia refratária à escuta do sofrimento dessas *vidas secas*. Os anos JK são a chave para compreender o fortalecimento institucional da psicanálise, como formação de uma nova elite, que Meira Penna acompanhou de dentro. Médico de formação pela Universidade Federal de Minas Gerais (UFMG) e colega de classe de Pedro Nava, Juscelino Kubitscheck foi peça-chave para o fortalecimento das Sociedades Brasileiras de Psicanálise,[3] em processo de institucionalização no Brasil. Sua política dos "50 anos em 5" incluía a distribuição de bolsas para que candidatos em formação realizassem suas análises didáticas na Europa. O então ministro da Saúde, o entusiasta do movimento psicanalítico Maurício de Medeiros, dava respaldo estatal à psicanálise institucionalizada como nunca antes. A psicanálise como signo de modernização cresceu ao longo da ditadura civil-militar. O fenômeno do "*boom*" da psicanálise, popularizada nas camadas médias altas e altas dos grandes centros urbanos (VELHO, 1986) criou uma distância segura para o afastamento da ideia de que o tratamento psicanalítico era "coisa de gente louca". Distante de sua associação inicial

---

[3] Ao fim dos anos 1960, quatro sociedades de psicanálise filiadas à IPA (International Psychoanalytic Association) já se encontram plenamente estabelecidas. São elas: duas no RJ, a SBPRJ (Sociedade Brasileira de Psicanálise do Rio de Janeiro) e a SPRJ (Sociedade Psicanalítica do Rio de Janeiro); em SP, a SBPSP (Sociedade Brasileira de Psicanálise de São Paulo) e, no RS, a SPPA (Sociedade Psicanalítica de Porto Alegre).

com o higienismo psiquiátrico, o canibalismo cultural, o pansexualismo nos costumes e o pedagogismo das crianças, comum nas primeiras décadas de implantação, a psicanálise começava a se separar do complexo teórico que até então incluía Jung, Reich, Adler, assim como tendências psicodinâmicas e psicoterapias de base analítica. Ela podia agora tomar parte na formação da "personalidade sensível" como marcador de classe, definida não apenas como acumulação econômica, mas também como *habitus* cultural e social (Souza, 2010; 2015).

As críticas de Meira Penna ajudam a entender a emergência de uma "verdadeira psicanálise", nos anos 1970 e 1980, nascente em forma de oficialismo institucional e que viria a compor fileiras ao lado dos "guardiães da ordem" (Coimbra, 1995) nos anos seguintes. Uma nova psicanálise emergia baseada na pureza asséptica do método clínico, na posição do analista "sem memória e sem desejo". A chegada do lacanismo, as visitas de Bion ao Brasil e a circulação de Virgínia Bicudo, figura institucional de peso entre as IPAs (International Psychoanalitical Association) brasileiras, entre os analistas londrinos mais consagrados de sua época, depois sua importante presença entre os meios políticos de Brasília, onde veio a clinicar, realinharam a psicanálise na posição do que Antonio Candido (1990) chamou de compromisso entre radicais e conservadores, próprio da brasilidade.

Por isso, já em seu último livro, *O Brasil na idade da razão*, de 1980, os adversários de Meira Penna tornam-se o reichismo e as correntes libertinas de Maio de 1968:

> O de que precisamos, sem prejuízo da contribuição que sempre nos darão os que sentem, é uma revolução do *Lógos* (do bom senso, do equilíbrio, da inteligência), coisas que são necessárias, embora difíceis de obter, pois sem elas o monstro burocrático obsoleto estará sempre crescendo desmesuradamente. É nesse ponto que se coloca uma das mais cruéis opções com que nos deparamos em nosso esforço de renovação e modernização, pois se não eliminarmos a mamãezada e substituirmos o paquiderme terciário por um organismo mais evoluído, serão vãs as nossas esperanças de desenvolvimento. A opção é essa. Só essa (Penna, 1988, p. 259).

Meira Penna é um dos autores que mais se dedicou a entender a matriz psicológica do brasileiro no interior da intelectualidade conservadora de direita do período ditatorial. Ele retorna aos clássicos, como

Joaquim Nabuco, Sílvio Romero, Oliveira Viana, bem como ao seu contemporâneo Roberto Campos,[4] procurando uma aliança entre nacionalismo e desenvolvimentismo que nos afastasse do patrimonialismo. Para isso mobiliza a psicologia social, percebida como mais moderna em sua época, como Aroldo Rodrigues,[5] bem como a filosofia, como Antonio Paim.[6] Trata-se de reorientar nossas ideias psicológicas de forma a sair da tradição europeia, que impregna nossas universidades, e migrar para a nascente ciência cognitiva de extração norte-americana. O projeto foi parcialmente bem-sucedido, principalmente em universidades particulares cariocas, como PUC-Rio, Gama Filho e Santa Úrsula, formando a base para futuros núcleos do pensamento neoliberal em educação, como o IBMEC e o Insper, assim como preparou a vindoura monopolização do ensino universitário de massa, nos anos 2000-2010.

Ao longo da ditadura, o pensamento de Meira Penna agrega egressos da Escola Superior de Guerra, como Donald Stewart Jr.,[7] Ubiratan Borges de Macedo[8] e Miguel Reale,[9] ilustrando a partilha ideológica, com roupagem científica. Essa aliança entre civis e mili-

---

[4] Que assina o prefácio do livro. Vale apontar que o selo "Prefácio de Roberto Campos", estampado em um vasto conjunto de livros que incluía desde autores brasileiros até *O ópio dos intelectuais*, de Raymond Aron, operava como uma garantia de qualidade da leitura para o leitor a que o livro se destinava. A respeito da complexa trajetória de Roberto Campos, que foi ministro do Planejamento no governo militar de Castelo Branco, embaixador e, na reabertura, senador, deputado federal e já no fim da vida "imortal" da Academia Brasileira de Letras, ver os dois volumes de suas memórias: *A Lanterna na popa*, de 1994.

[5] Psicólogo social e professor universitário. De reconhecida postura reacionária durante a ditadura militar, foi um dos principais responsáveis pela introdução no Brasil da psicologia social norte-americana, dita "neutra" e "científica". Ver *Psicologia social*, de 1972.

[6] Professor de Filosofia em diversas universidades, como Universidade Federal do Rio de Janeiro (UFRJ), Pontifícia Universidade Católica do Rio de Janeiro (PUC-Rio) e Universidade Gama Filho. Ver, desse autor, *História do liberalismo brasileiro*.

[7] Engenheiro, empresário e escritor. Foi um dos fundadores do Instituto Liberal e um dos principais tradutores da obra de Mises no Brasil. Ver *O que é o liberalismo*.

[8] Professor universitário de Filosofia. Assim como Antonio Paim, também tentou "historicizar" e sistematizar as ideias liberais e neoliberais no Brasil. Ver *Liberalismo e justiça social*.

[9] Ideólogo do integralismo paulista dos anos 1930 junto a Plínio Salgado, Reale foi um típico "intelectual orgânico". Professor de Filosofia do Direito da Universidade de São Paulo (USP), chegou ao posto de reitor durante o regime militar. Colaborou com a revisão da constituição

tares será decisiva para a realização de um neoliberalismo à brasileira. Integrar planejamento econômico e social, acadêmico e político serviu também para tutelar a chamada "abertura democrática". A propósito, a ideia mesma de "abertura" será diretamente introduzida nos círculos liberais e neoliberais brasileiros a partir de Karl Popper, esse conhecido crítico da psicanálise, a partir do ensaio *A sociedade aberta e seus inimigos*.

Não por acaso, Ubiratan Borges de Macedo, em *Liberalismo e justiça social*, coloca Freud ao lado de Marx e Nietzsche, como um "mestre da suspeita", capaz de encarnar "a crise da consciência moral, da razão comum" do entreguerras europeu. A psicologia liberal de Penna deveria fazer frente contra "a apologia da ação direta da violência na obra de Georges Sorel e nos teóricos pré-fascistas" (MACEDO, 1995, p. 30). Lembremos que é próprio do programa da Escola Austríaca, concentrado na sociedade de Mont Pelèrin, a interpretação de que os totalitarismos, de esquerda e direita, unem-se na defesa da violência de Estado, cujo único antídoto é a liberdade do mercado. Para o contexto brasileiro, isso significava pular do nosso liberalismo mal implantado, com seu crônico déficit de individualização, para uma espécie de pós-liberalismo avançado, superando a ambivalência e a intromissão de valores morais e religiosos no espaço público, com a promessa de permanência de uma identidade originária, em meio a uma improvável democracia racial e ao sincretismo cultural.

É certo que essa inserção neoliberal na academia não se dá sem perturbações. Um exemplo é o livro *Liberdade acadêmica e opção totalitária*, de 1979, um conjunto de artigos de jornais compilados por Antonio Paim que retratam um intenso debate em torno de um convite a Miguel Reale para dar um curso na PUC-Rio, o que foi rejeitado por diversos atores da vida intelectual nacional, entre eles Luiz Alfredo Garcia-Roza, conhecido filósofo e epistemólogo da psicanálise. Observe-se que a "hegemonia marxista" nas universidades brasileiras já era tema da crítica neoliberal fluente nos anos 1980. Isso nunca os impediu de frequentar o universo acadêmico consagrado, tampouco de "inventar" suas próprias agremiações de autoconsagração. Intelectuais do neoliberalismo se dizem "vítimas de censura", responsabilizando textos não publicados e cursos

---

nos primeiros anos do regime, ajudando a consolidar a ditadura no Brasil. Trabalhou como jornalista e escritor, tendo sido também "imortal" da Academia Brasileira de Letras.

vetados no renovado "caráter nacional atrasado". O argumento, como se pode constatar, insiste obcecadamente em afirmar sua validade até hoje e, não por acaso, ocupa mentes, corações e cadeiras nas mais altas cúpulas governamentais do campo educacional em nossos dias.

O percurso da obra de Meira Penna permite apresentar a psicologia do neoliberalismo brasileiro como uma tradição dividida e herdeira tanto do pensamento conservador, comprometido com alianças militares autocráticas, quanto de um neoliberalismo "liberal", que defende a renovação racional dos costumes, a internacionalização e abertura da economia. Na primeira chave encontra-se o projeto de renovação moral do país, na segunda, o projeto de um Estado que atua como desenvolvedor de mercados e um protetor contra monopólios. É esse segundo neoliberalismo que chega ao poder, gradualmente, no período que vai de José Sarney (1985-1990) a Fernando Collor de Mello (1990-1992), e deste a Fernando Henrique Cardoso (1995-2003).

> A base social do neoliberalismo pode ser assim descrita como manifestação do compromisso entre classes capitalista e gerencial, sob liderança dos capitalistas, ou seja, de direita. O compromisso social que prevaleceu durante as primeiras décadas do pós-guerra é interpretado como o que se estabeleceu entre as classes gerenciais e populares, sob a liderança das classes gerenciais. É chamado de centro-direita. [A configuração sem precedentes] é a liderança das classes gerenciais, em vez das capitalistas (Duménil; Lévy, 2014, p. 344).

Os neoliberais conservadores brasileiros buscaram se ancorar no prestígio de figuras como José Guilherme Merquior e Roque Spencer Maciel de Barros para pensar a emergência dessa nova classe gerencial. Os neoliberais estritamente econômicos, que pensavam a partir da oposição simples interna e externa ao capitalismo, como os economistas Eugênio Gudin (1886-1986) e Roberto Simonsen (1889-1948), são gradualmente aposentados. Em seu lugar emergem nomes como Og Francisco Leme,[10] Alberto Oliva,[11] Francisco de Araújo Santos[12]

---

[10] Ver, desse autor, *Entre os cupins e os homens*, de 1988.

[11] Ver *Conhecimento e liberdade*, de 1994.

[12] Ver *O liberalismo*.

e Ubiratan Jorge Iorio.[13] Rapidamente eles serão pareados com o discurso direto de engenheiros e empresários como Henry Maksoud[14] e alguns "jovens aprendizes", como Eduardo Gianetti da Fonseca, Vicente de Paulo Barreto e o já mencionado Ricardo Velez Rodriguez. Um personagem como Olavo de Carvalho encontraria aqui o campo fértil para disseminar seu ideário capaz de combinar neoliberalismo com conservadorismo católico, astrologia com colunismo midiático, assessoria política com crítica cultural conservadora. Sua obsessão com a formação de uma elite intelectual bélica encontrou na linguagem digital uma forma de retornar ao americanismo regressivo de Meira Penna.

Nessa árvore genealógica, liberalismo e neoliberalismo propositalmente se confundem, a despeito das divergências aparentes de ideias, com subcategorias propostas por eles mesmos, como "liberalismo social", "liberalismo conservador" ou "neoliberalismo" e mais recentemente "ultraliberalismo". Gradualmente a cultura dos gerentes criou seus próprios casos de sucesso, com suas biografias, rituais e personalidades colhidos entre donos de agências de publicidade, personalidades públicas e analistas simbólicos de mercado.

Tal estado intelectualmente cru e confuso facilita a circulação de ideias e consensos entre elites políticas de influência direta no circuito intelectual universitário. Remanesce o objetivo de formar uma elite orgânica e influente tanto no ensino superior quanto nas camadas dirigentes da vida social brasileira. A psicologia neoliberal, entendida como forma de vida, redunda assim no casamento entre a personalidade sensível das antigas elites econômicas e mentalidade gerencial das elites emergentes. Entidades paragovernamentais, associações profissionais, editoras específicas, jornais e revistas, sob o patrocínio dos setores bancários, industriais e comerciais. Até a Nova República essa influência se dava prioritariamente nas áreas da economia, do direito e da filosofia, incluindo-se aqui o complexo sistema de seminários e formações religiosas, mas a partir dos governos Lula e Dilma ela se estendeu para a defesa mais genérica do *social*, da *cidadania* e dos *direitos humanos*,

---

[13] Ver *Economia e liberdade*, de 1997.

[14] Responsável, afinal, pelo convite e pela recepção de Friedrich Hayek no Brasil, entre 1977 e 1981. Ver a coletânea *Hayek no Brasil*, organizada por Mendes Prunes.

infiltrando-se na cultura do terceiro setor e nos processos de inclusão educacional e cultural.

A divisão do campo psicológico

Mas o verdadeiro marco liberal, divisor de águas dentro do neoliberalismo à brasileira, é a Constituição de 1988. Ela carrega uma orientação para a proteção, o cuidado e a atenção às pessoas. Prevendo uma inédita cobertura universal de saúde (SUS), apoiando direitos de crianças e adolescentes (ECA), renovando o cuidado com a saúde mental (Lei Paulo Delgado), estipulando um programa de inclusão educacional e de assistência social (SUAS), a Constituição de 1988 incorporava parâmetros liberais, necessários para o Estado de bem-estar social, em um momento no qual tais parâmetros já eram, por outro lado, objeto da crítica neoliberal.

O ideário neoliberal se instala no Brasil extraindo proveito, ainda que adiado, do legado do liberalismo, como um conjunto de argumentos que sempre se afirmavam nominalmente convenientes à elite nacional, mesmo que usados para impedir sua aplicação real. Por isso, podemos dizer que nosso neoliberalismo chega antes e depois da hora. *Antes da hora* porque é uma reação a um Estado que jamais alcançou o conjunto da sua população, mas ainda assim é interpretado como excessivo. *Depois da hora*, envelhecido e "fora de lugar", porque presume uma realidade nacional significativamente distinta daquela para a qual o neoliberalismo seria o antídoto. Ou seja, nossa economia já se encontrava financeirizada (pela inflação), a distribuição de renda e o acesso ao crédito e ao consumo já eram plataforma da esquerda. Nós já nos deparávamos com sintomas neoliberais, quando este se anunciava como a mais nova medicação econômica: desequilíbrio entre produção e exportação, descompasso entre juros e câmbio, assim como concentração de renda no topo da pirâmide social (Carvalho, 2018).

Não será por outro motivo que os institutos liberais produziriam um arsenal amplo de críticas à Constituição de 1988, uma vez que, segundo eles, ela impedia o progresso e o desenvolvimento na "abertura" por carregar práticas e concepções do direito do trabalho do varguismo dos anos 1930. Impondo "o utópico sobre o possível", restringindo a livre negociação entre empregador e empregado e dificultando a privatização da educação e a chamada "revolução tecnológica" em âmbito nacional, a Constituição restringia o contratualismo livre em que o neoliberalismo traduziu-se. Por meio disso, eles buscam instaurar a flexibilização da legislação trabalhista e consolidar, de modo amplo, políticas públicas de vocação corrosiva à ação do Estado.

O campo psicológico ou complexo discursivo psi (Parker, 2009) envolve tanto as disciplinas autônomas, como psiquiatria, psicologia, psicanálise, quanto as institucionalidades nas quais se localizam demandas e problemáticas psicológicas, como hospitais, escolas, empresas e igrejas. Suas fronteiras se definem tanto por práticas de legitimação na sociedade civil, por meio de associações e institutos de formação específicos, quanto pela receptividade e propagação de suas práticas no mercado dos discursos. O campo psicológico organizado pelo neoliberalismo envolve discursos que veiculam valores, técnicas e procedimentos para o enfrentamento do sofrimento psíquico, como as narrativas morais (como testemunhos, relatos e declarações autobiográficas), experiências fílmicas, teatrais e musicais (que funcionam como paradigmas estéticos), discursos de ordem pública (políticos, disciplinares, sanitários) e de ordem privada (conversas de intimidade, diários, meditações), bem como práticas de ajuda (grupos de encontro, apoio, comunidades digitais).

Os articuladores do neoliberalismo no Brasil não deixariam de instrumentalizar seus discursos e práticas como modalidade de embasamento para uma concepção de subjetividade nacional que deveria ser combinada com flutuações políticas que vão desde uma democracia restrita em nome do nacionalismo, tutelada em face da segurança nacional ou expandida em nome do mercado. Para o estabelecimento de um novo ideário socioeconômico, impunha-se um necessário acerto de contas com o discurso militar, patriótico, de defesa do patrimônio e do complexo industrial nacional. Era preciso esvaziar o keynesianismo intervencionista da ideia de desenvolvimentismo, mas ao mesmo tempo fortalecer a imagem de um Brasil cujo potencial máximo ainda não havia sido alcançado.

Isso significava, para o campo psicológico, que a antiga atitude vocacional, baseada na moral da assistência, deveria dar lugar ao entendimento de que as práticas psicológicas são parte do mercado e que suas ideias e seus procedimentos fazem parte da circulação entre ofertas e demandas.

O fechamento em grupos e instituições apartadas do espaço público não denota mais a perseveração na forma familiar e artesanal de reproduzir saberes e fazeres. Não se trata mais de recusa a se justificar diante da ciência ou do tribunal universitário, mas de opacidade a se inscrever nas regras abertas do mercado ou então se perfilar do lado da defesa do "social".

Na pesquisa denominada "Quem está pirando no Rio de Janeiro: as transformações da demanda de psicoterapia", apresentada na 34ª Reunião Anual da Sociedade Brasileira para o Progresso da Ciência, em 1982, e publicada na revista dessa mesma instituição, encontramos o testemunho de um psicanalista que parece captar a mudança na representação social de sua própria prática: "Ainda chegam pessoas querendo fazer análise como se vissem o tratamento como o último grito em cosméticos, uma espécie de mercadoria e que supõe o analista como vendedor de pacotes de felicidade, devidamente embrulhados e entregues, desde que o cliente-consumidor possa pagá-los" (Silva; Przemyslaw; Monteiro; Silva, 1983, p. 1088).

Trata-se de uma pesquisa que buscou coletar dados e colher subsídios para a compreensão da configuração da demanda por psicoterapia no Rio de Janeiro dos anos 1960 até aquele momento. Vinte e duas entrevistas com "terapeutas psicanalistas, das mais variadas procedências e formações, selecionados por sua representatividade científica ou política na classe" (p. 1079), levaram à regularidade de algumas categorias.

Na categoria "Posições ideológicas sobre questões sociais e o adoecer individual", por exemplo, a pesquisa considera o amplo espectro compreendido entre aqueles que trazem posições como "o social não importa para o adoecer" e aqueles que responsabilizam as estruturas sociais pelas "personalidades violadas" (p. 1098). Não obstante, mesmo nessa gama de posições, quando o social e o histórico são mencionados, eles estão dissociados do objeto da terapêutica, valorizando assim a "significação estritamente interna" como "ponto referencial de maior peso". Na categoria "Critérios de aceitação de pacientes e critérios específicos em relação a crianças", enquanto três entrevistados valorizam critérios nosológicos em um polo do espectro, no outro polo um psicanalista chega a afirmar: "*é, neste sentido, que gosto de trabalhar com professores, médicos, psicólogos etc.*", de tal modo que "valoriza a relevância da contribuição social que o paciente exerça ou venha a desenvolver" (p. 1089). Na categoria "Produção teórica da psicanálise", por sua vez, é quase unânime o diagnóstico de que "o enclausuramento da psicanálise em sociedades fechadas, o estabelecimento de um 'baronato' de didatas onipotentes, fora terem gerado as crises políticas de que temos farta notícia, são responsabilizados por quase todos os psicanalistas pela baixa produção de trabalhos científicos" (p. 1099).

Esse estudo chama a atenção por representar um momento de renovação da orientação liberal da psicanálise no Brasil. Parece haver um eixo transversal que liga a indecisão quanto ao atravessamento do social na clínica, o destaque à posição social dos pacientes pela profissão que têm e o diagnóstico unânime de improdutividade teórica da psicanálise institucionalizada e ao modo de um baronato. O indivíduo como sede última do sofrimento – em oposição rasa à sociedade – se alinha à perspectiva de confiabilidade no prestígio institucional, em teorias consagradas e em profissões notáveis. O campo da clínica se organiza segundo bases e pilares liberais, enquanto no quadro do ultraindividualismo neoliberal ganha terreno a indiferença ao sofrimento do outro, a equação entre liberdade negativa e positiva, bem como a competitividade como cálculo de utilidade. Como observou David Harvey, a redução da liberdade a liberdade de empreendimento desencadeia a visibilidade da liberdade negativa (impedida pelo Estado, restringida pela existência do outro): "A reação inevitável é reconstruir solidariedades sociais, embora seguindo linhas distintas – o que explica o renascimento do interesse por religião e pela moralidade, por novas formas de associacionismo (em torno da questão de direitos e cidadania, por exemplo) e mesmo o retorno de antigas formas de política (fascismo, nacionalismo e coisas do tipo)" (HARVEY, 2014, p. 91).

É preciso compreender o papel que a categoria de indivíduo ocupa no mapeamento da clínica e da diagnóstica na passagem do liberalismo para o neoliberalismo. As balizas que orientam a dicotomia público-privado na defesa da propriedade privada e da liberdade individual deflacionam justamente a categoria de indivíduo enquanto operador de leitura no neoliberalismo. Equacionar liberdade individual com liberdade econômica permite interpelar, de um lado, certa concepção datável de liberdade e, de outro, permite reconduzir *a função do indivíduo enquanto primazia da ação em direção à primazia da plasticidade de si*. A compreensão das estratégias de subjetivação no neoliberalismo que configuram o indivíduo como sendo por si só um sistema, desde uma premissa da continuidade e de permeabilidade das lógicas de conflito entre indivíduo e sociedade, aqui serve para matizar diferenças entre modos liberais de sofrer e modos neoliberais de sofrer. Há nesse sentido um fenômeno interessante a respeito da nomeação do sofrimento que o estudo destaca: "Suas experiências não foram lá grande coisa, aprendeu a não dizer o que sentia. As retraduções, que fazia concretas, do tipo 'tenho bolo no estômago', 'espinhela caída', 'sofro dos nervos' eram olhadas pelo médico acusadora ou complacentemente, mas, geralmente vistas como burrice" (Silva; Przemyslaw; Monteiro; Silva, 1982, p. 1090).

O desencontro entre a utilidade do trabalho e a tradução da experiência sensível em palavras ditas "de bom gosto", com tudo o que há nessa expressão de recorte de classe, inscreve a nomeação do sofrimento e seu consequente reconhecimento em diagonais específicas. Isso interfere também na profissionalização do psicoterapeuta, crescentemente associada com a impessoalização: "Meu critério de aceitação é o da empatia – nunca trato ninguém de que não goste. Entretanto, para ser honesto, quando estava sem dinheiro e sem paciente, gostava de muito mais gente, com muito mais facilidade" (p. 1088).

Ou seja, aquilo que configura certos sofrimentos mais reconhecíveis do que outros e, por conseguinte, mais tratáveis do que outros, posto que mais adequados à razão diagnóstica e ao entendimento de cura em voga, não será organizado por outra lógica senão aquela vigente no "período de gestação" do neoliberalismo em vias de implantação no Brasil. Os processos de normatização das formas de sofrer e de nomear o sofrimento passariam por uma transformação intensa no processo de modernização dos costumes das classes médias no Brasil do milagre. Não por acaso, tal processo de diluição do indivíduo, enquanto categoria liberal, na promoção do horizonte infinito da "plasticidade eterna do si-mesmo", com suas identidades flexíveis, será acompanhado da configuração do campo heterogêneo das psicoterapias em nosso país.

Uma alteração substancial pode ser verificada se comparamos esse diagnóstico dos 1980 com o retrato da saúde mental e das formas de enfrentamento do sofrimento psíquico entre os anos 2008 e 2020. Para muitos psicanalistas, o próprio *neoliberalismo* teria colocado em xeque a "subjetividade do recalque" para dar lugar à "subjetividade do gozo".

Com isso teriam emergido novas formas de sofrimento e adoecimento psíquico (Melman, 2008; Lebrun, 2008; Dufour, 2005; Julien, 1999; Rassial, 2000; Miller, 2006). Para nos atermos apenas aos autores mais populares no lacanismo, corrente que marcara sua aparição em terras brasileiras de modo contemporâneo ao fim do regime militar, o próprio ensino de Jacques Lacan teria sofrido uma "renovação", que deixava para trás a diagnóstica liberal do conflito e do recalque para originar uma nova clínica do Real em que o gozo, e não mais o desejo, torna-se categoria central. Um novo sujeito e um novo supereu, orientado para o consumo e para a prescrição de gozo, teria ocupado o lugar do antigo supereu freudiano, baseado na produção e na interdição da satisfação. Se nos anos 1960 Lacan revolucionara o conceito de formação do psicanalista ao declarar que ele "não se autorizava senão de si mesmo", desafiando os poderes institucionais dos psicanalistas didatas, 50 anos depois, esse mesmo dito poderia ser usado como epígrafe do psicanalista neoliberal, autoempreendedor de si mesmo e de sua própria formação.

Como vimos em capítulos anteriores, a depressão, a personalidade *borderline*, o transtorno bipolar, assim como os transtornos funcionais (do sono, da alimentação, da sexualidade) e o pânico tomaram o lugar das neuroses como normalopatia compulsória. Novas narrativas de sofrimento emergem com visibilidade social, mas sobretudo individualizando ao extremo o sofrimento psicológico, bem como psicologizando o fracasso laboral, afetivo e discursivo como um problema de moralidade individualizada. É nessa capacidade de se retroalimentar e gerenciar os efeitos de seus próprios fracassos que se localiza a maior força do neoliberalismo:

> A explicação marxista clássica esquece que a crise de acumulação a que o neoliberalismo supostamente responde, longe de ser uma crise de um capitalismo, sempre igual a si mesmo, tem a particularidade de estar ligada às regras institucionais que até então enquadravam certo modo de produção. Consequentemente a originalidade do neoliberalismo em criar um novo conjunto de regras que definem não apenas outro regime de acumulação, mais amplamente, *outra sociedade* (Dardot; Laval, 2016, p. 24).

Já se assinou que uma das características culturais do neoliberalismo é sua capacidade de fagocitar discursos de aspiração transformativa em uma espécie de mimese revolucionária. Daí que seu discurso envolva a valorização do futurismo, da renovação e da criação de um novo mundo, geralmente de corte tecnológico. O que não foge à regra quando analisamos o impacto da contracultura, dos movimentos antipsiquiátricos e da renovação da paisagem de práticas psicológicas nos anos 1990.

O cenário inigualável de multiplicidades de práticas clínicas psicológicas quando comparado a períodos históricos anteriores das disciplinas psis no Brasil são reduzidas a duas macrotendências: as psicanálises e as abordagens cognitivo-comportamentais. As ideologias libertárias, que visavam à desconstrução das formas de opressão do indivíduo no que diz respeito à vida sexual, bem como a dos engendramentos do poder em sua dimensão interseccional de classe, gênero e raça, presentes desde os anos 1970 e 1980, são assimiladas às reflexões críticas das psicoterapias em voga na ocasião. Isso não significa, necessariamente, que a psicanálise esteja do lado do liberalismo e que as práticas cognitivo-comportamentais se reduzam a um capítulo do neoliberalismo, pelo contrário, a emergência do neoliberalismo distribui e reconhece em ambas as tendências o conflito entre liberalismo e neoliberalismo.

Isso significa que as modalidades psicoterápicas alternativas, como as terapias corporais, de inspiração reichiana, ou as terapias de grupo, devem se compor, resistir e/ou absorver no interior desse novo mapa. Os núcleos reichianos passam a se formar na segunda metade dos anos 1970 em São Paulo e no Rio de Janeiro. Esses primeiros núcleos caracterizariam nesse primeiro período de implantação, segundo Jane Russo (1993), um "ecletismo inclusivo", no qual a tolerância com as diferenças era o resultado de poucos acordos quanto ao que haveria de comum na prática dos pioneiros. As diferenças de início erráticas e a precariedade da detecção do que havia de comum nessas primeiras práticas terapêuticas corporais vão se esvaindo até a chegada dos anos 1990, quando o pós-reichismo passa a ser mais claramente dividido em abordagens distintas, como bioenergética, biossíntese, vegetoterapia e outros. Identifica-se o sucesso das terapias corporais a uma suposta divisão entre o corpo e a palavra, considerando a postura anti-intelectualista uma espécie de posição crítica às psicoterapias restritas à experiência da fala, procurando no corpo o argumento central para a compreensão das formas de sofrimento.

Ora, é certo que um terapeuta corporal não concordaria com a percepção de que sua prática clínica exclui a palavra, provavelmente advogando em favor de um integralismo mente-corpo. O que parece interessante de se pensar a esse respeito é aquilo que tange à experiência do corpo enquanto crítica à perspectiva disciplinar: colocar-se fora da instrumentalização do corpo para o trabalho, valorizando-o naquilo que ele comporta de experiências de prazer. Há um largo discurso reichiano e pós-reichiano das finalidades clínicas do desbloqueio das vias do prazer corporal por meio de técnicas específicas que dá ensejo a isso. Não por acaso, o integralismo defendido por uma parte substancial dos terapeutas corporais se viu diante de um impasse que a psicoterapia recém-"profissionalizada", por conta da regulamentação da profissão do psicólogo em 1962, em outros campos talvez não enfrentaria: a assimilação das culturas terapêuticas neorreligiosas nas grandes cidades brasileiras. Com a sedimentação do integralismo, como distinguir modalidades terapêuticas e espirituais, do tipo holístico, científico mimético ou pararreligioso, dos métodos capazes de repetição controlada, impessoal e anônima? A profissionalização das clínicas psicológicas deveria pender para o lado do científico, em vez de se deixar seduzir pelo campo do religioso?

Provavelmente, aquilo que haveria de mais contestador e contundentemente crítico no marxismo reichiano, que certamente compareceu na percepção das mazelas sociais com as quais se defrontaram os pioneiros das terapias corporais no Brasil – por exemplo, as experiências em torno da revista *Rádice*, no Rio de Janeiro nos anos 1970[15] –, foi de algum modo tomado por um holismo irrestrito. A aversão pela diagnóstica e a ausência de uma psicopatologia definida, aliadas à miríade de possibilidades de intervenções clínicas possíveis, fez do já presente "ecletismo inclusivo" a principal razão de sua ascensão e de sua queda ao fim dos anos 1990.

Outra abordagem que merece destaque no período é o psicodrama, que se apresenta nesse contexto como uma crítica à privatização

---

[15] Ver LIMA, R. A. A experiência *Rádice*: uma entrevista com Ralph Viana. *Lacuna: Uma Revista de Psicanálise*, São Paulo, n. 0, p. 9, 2015. Disponível em: <https://revistalacuna.com/2015/09/29/a-experiencia-radice/>. Acesso em: 22 set. 2020.

do sofrimento e à individualização dos tratamentos, sublinhando o caráter público de suas intervenções. A abordagem encontra recepções inéditas em espaços como ambulatórios e centros de saúde, hospitais psiquiátricos, centros culturais, ambientes educacionais e pedagógicos, entre outros. A relação entre público e privado marca a recepção dessa abordagem no Brasil, que se viu ao longo das décadas seguintes pulverizada em diversas iniciativas, com histórias de rachas e criações de instituições por partenogênese (Navarro, 1989). Ora, deve-se levar em conta que a aposta institucional não deixa de ser uma aposta liberal, na medida em que a razão liberal é crivada pela instituição para a determinação da dicotomia público-privado.

O chamado grupalismo-institucionalismo compõe outro grupo híbrido que acabou se havendo com questões similares, caracterizado pela mistura entre as experiências da socioanálise francesa e a linhagem dos grupos operativos. Georges Lapassade e René Lourau foram os mais influentes pensadores da análise institucional da primeira geração; da geração seguinte, destaca-se o psicanalista argentino Gregório Baremblitt, que se autocaracterizava como "uma espécie de combinatória entre Jacques Alain Miller e Che Guevara". O grupalismo-institucionalista foi lido por autores da ortodoxia ipeísta como "uma ruidosa legião de psicopatas" que "tomou de assalto a psicanálise" (Rodrigues, 2001, p. 166). São estas as palavras de Leão Cabernite, presidente da IPA carioca, diante da denúncia da participação do psicanalista Amílcar Lobo, seu paciente, em sessões de tortura durante do período militar.

As Gestalt-terapias também começam a se estabelecer no Brasil a partir de 1972 por meio de *workshops*, especialmente realizados em São Paulo. Com uma proposta eminentemente vivencial, "favorecer o autoconhecimento através de uma perspectiva de valorização do mundo sensível em detrimento do racional, do intelectual, mostra-se extremamente sedutora" (Prestrelo, 2012, p. 95). A rejeição às formas tradicionais e hegemônicas da racionalidade científica inspiraria uma perspectiva clínica baseada na tomada de consciência (*awareness*), cujo processo de apreensão ou percepção se dá não em uma perspectiva interpretativa, mas sobretudo dialógica. O *insight*, assim, é valorizado e encorajado nessa modalidade terapêutica, não em chave intelectualista, mas na intenção do esclarecimento da experiência. Nota-se aqui uma leitura que nos interessa do ponto de vista da mística da liberdade individual e da autorrealização (FIGUEIREDO, 1995) que envolve a construção de uma "estilística", por vezes baseada no "excêntrico existencial".

Em uma das obras mais lidas sobre epistemologia das psicologias no Brasil (FIGUEIREDO, 1992), o liberalismo aparece como uma matriz de compreensão para as psicologias herdeiras do iluminismo e da racionalidade dividida, seja entre o público e o privado, seja entre a mente e o corpo, seja ainda entre o indivíduo e a sociedade.

> Ao polo do liberalismo pertencem os valores e práticas do individualismo ilustrado. Temos, então, como ideal, o reinado do "eu" soberano com identidades nitidamente delimitadas, autocontidas, autodenominadas e autoconhecidas, capazes de se contrastarem umas em relação às outras, capazes de permanência e invariância ao longo do tempo. Temos aqui ainda uma clara separação entre esferas da privacidade e da publicidade: nesta dominam as leis. As convenções, o decoro, o princípio da racionalidade e funcionalidade: à outra caberia o exercício da liberdade individual concebida como território livre de interferência alheia (FIGUEIREDO, 1992, p. 150).

As psicologias liberais, como as psicologias cognitivo-comportamentais e as psicanálises, opõem-se tanto àquelas de extração romântica (as fenomenológicas, a abordagem centrada na pessoa de Carl Rogers, as existencialistas, o psicodrama, as Gestalt-terapias, as holísticas e pararreligiosas) quanto às abordagens disciplinares (técnicas corporais, pós-reichianismo, técnicas de meditação e controle, métodos de vigilância e *coachings*).

> Há psicologias claramente próximas da superfície Bentham [disciplinar] como os comportamentalismos disciplinadores. Há outras mais próximas da superfície Stuart Mill, penso aqui, por exemplo, em algumas leituras americanas da psicanálise, como a psicologia do *self* de Kohut. Há finalmente, as que se aproximam da superfície Wagner [romântica], libertárias, expressivistas, profundamente domesticadoras; aqui se encaixam todos os "gurus", "bruxos" e "fazedores de cabeça", quase sempre independentemente de suas ideias, se é que as têm (FIGUEIREDO, 1992, p. 152)

Considerando essa divisão, a paisagem psicológica se altera drasticamente da pulverização dos anos 1970-1990 até a concentração entre psicanálise e terapias cognitivo-comportamentais nos anos 1990-2010. Tudo se passa como se o confronto entre liberalismo e suas correntes historicamente antagônicas, ligadas ao romantismo da teologia da alma e a disciplina da docilização dos corpos, tivesse dado à luz o confronto entre liberalismo e neoliberalismo. O neoliberalismo traz aqui uma dupla mensagem para a prática psicológica: de um lado a regulação difusa do mercado deveria bastar para deixar sobreviver apenas as tendências mais fortes e eficazes, por outro lado esse mercado precisa ser organizado por alguma regra de composição, por meio da qual o trabalho poderia ser posto em rota com a reprodução social do valor.

Talvez essa mensagem bífida possa nos ajudar a entender por que no momento crítico da primeira fase do neoliberalismo, marcado pela crise financeira de 2008, o Brasil dividia-se, majoritariamente, em duas grandes tendências psicoterápicas: as terapias cognitivo-comportamentais (terapia funcional analítica, terapia comportamental, terapia do esquema, terapia da aceitação e do compromisso) e a psicanálise (Freud, Bion, Winnicott, Lacan, terapia psicodinâmica, terapia de base analítica). O primeiro grupo aborda o sofrimento psíquico a partir da apresentação delimitada do problema (com uma diagnóstica forte e compatível com a psiquiatria), em seguida decompõe o problema em partes componentes (pensamentos circulares, emoções desreguladas, motivações e sistemas de controle e percepção), gerando um modelo etiológico individual. Depois disso se estabelece um plano de ação com objetivos e meios através de regras de verificação e controle, baseadas na modificação de comportamentos. O resultado deve ser mensurável, assim como o ponto de partida, a partir de critérios objetivos e consensuais, o que pode envolver escalas diagnósticas, mas também pesquisas de eficiência e eficácia comparativa. Dessa maneira o trabalho psicoterapêutico pode ser comparado e medido como qualquer outra atividade humana, tendo em vista a relação custo e benefício segundo métricas aceitáveis e evidências disponíveis.

O campo definido pela psicanálise parece muito mais refratário a definições desse tipo. Ele envolve filiações e instituições formativas, derivações de autores e grande flexibilidade na execução do método de tratamento. A psicanálise pode ser compreendida como uma prática originada nos impasses dos processos liberais individualização, nas crises de separação entre o público e o privado, nas fixações, regressões e imaturações no desenvolvimento do eu, no domínio das pulsões ou na constituição do sujeito. Ocupa um lugar central no método psicanalítico a abordagem dos sintomas entendidos como conflitos, que requerem lembrança de sua história formativa e atualização na relação de transferência entre psicanalista e analisante. Por outro lado a presença pujante da psicanálise no Brasil não deixa de ser um enigma para os epistemólogos, pois ela parece ter crescido e se infiltrado em instituições, na cultura psicoterápica e institucional, localmente, justamente no período de retração em outros lugares do mundo, onde a expansão das terapias cognitivo-comportamentais, em associação com a medicação psicotrópica, tornou-se uma fórmula-chave e indiscutível. Tudo se passa como se o ramo disciplinar, renovado pelas neurociências e pelas medicações moduladoras da paisagem metal, tivesse incorporado a matriz disciplinar, assim como se a psicanálise tivesse absorvido a tradição romântica da psicologia.

Ao longo dos anos 1990, diversos autores de diferentes extrações teóricas, como Luís Cláudio Figueiredo, Octavio Souza, Contardo Calligaris, bem como dois dos percursores do lacanismo no Brasil, MD Magno e Betty Milan, engajaram-se, cada qual à sua maneira, em um projeto de compreensão dos aspectos subjetivos que formariam uma identidade brasileira específica. Se quisermos colocar um texto hoje considerado clássico como o estopim dessa discussão – a saber, "Pacto edípico, pacto Social", de Hélio Pellegrino, que será discutido em detalhes no próximo capítulo –, encontraremos aquilo que orienta as teses do período, salvaguardadas algumas diferenças de ângulo de análise entre elas: a verdadeira psicopatologia da qual o brasileiro padeceria seria "a impossibilidade de levar a sério as instâncias simbólicas" (BACKES, 2000, p. 47). Em suma, trata-se de uma espécie de relação frouxa com a Lei, que justificaria em chave moral o "jeitinho brasileiro" como um estado semicivilizado, cujas raízes remontam ao início do século sob a alcunha do primitivismo, seguindo presentes em nossas categorias clínicas e diagnósticas. Logo, estreitado entre o conservadorismo de direita e a social-democracia de esquerda, o pensamento psicanalítico brasileiro da primeira década da transição democrática que se dedica a entender o que é o Brasil e a brasilidade não deixa de sofrer os efeitos colaterais da implantação das ideias neoliberais no país.

O nosso percurso aqui se faz necessário para organizar a rede discursiva que torna possível a instalação da psicanálise no Brasil. Sob o risco de termos passado rápido demais e ao largo de desdobramentos importantes que provavelmente nos levariam a outros desenvolvimentos, cabe aqui a esta altura de nossas pesquisas identificar o espectro ideológico que ronda a "psicanálise à brasileira",[16] que abarca desde a estratégia biopolítica de controle sobre os corpos até uma política neoliberal aparentemente crua em suas pressuposições, mas profundamente normativa na determinação de categorias clínicas e psicodiagnósticas. Para delinear tal espectro que origina a figura antropológica do brasileiro cordial eternamente no *quase-lá* da civilização ideal – ou seja, o brasileiro suposto e necessário em um horizonte normativo comum –, faz-se necessário historicizar não apenas os momentos e as condições de recepção do freudismo no Brasil, mas também inferir a serviço de que tais cruzamentos discursivos estão em cada um desses momentos. De qualquer modo, o sincretismo (DUNKER, 2015) que configura a ideia de que a psicanálise representaria um tipo de progresso civilizatório em relação a um alusivo estado de barbárie pulsional a que todo brasileiro está submetido (pela raça e pelo clima na meta inicial, pela relação frouxa com a Lei na meta final) pode parecer de imediato uma ideia ultrapassada; no entanto, vale recuperar a história para compreender que tipo de segregacionismo a instalação da psicanálise no Brasil veiculou, deliberadamente ou não.

Do bárbaro[17] ao ilustrado, do bestial ao esclarecido, do silvestre ao cosmopolita, temos aqui um primeiro trastejado diagonal que nos permite pensar historicamente no que chamamos até aqui de "matriz fundamental da psicologia implícita do sujeito neoliberal". Não estariam assim o individualismo, a disciplina, o cálculo orientado pelo princípio da utilidade e outros valores ou princípios gerais do neoliberalismo orientando esse projeto de Brasil e de brasileiro pactuado pelos "psis" em seus modelos de gerência das subjetividades ditas nacionais? Em que medida não teriam sido esses mesmos valores que aprovaram o "*boom*"

---

[16] Expressão de RUSSO, J. *O mundo psi no Brasil*. Rio de Janeiro: Zahar, 2002.

[17] Vale lembrar que é no fim dos anos 1930, durante a ditadura Vargas, que a campanha de nacionalização proíbe que imigrantes falem em sua língua nativa em público; tal política antiestrangeirista só será dissolvida no fim dos anos 1980.

da psicanálise durante a ditadura civil-militar, reunindo analistas, candidatos e pacientes das mesmas camadas sociais em busca desse "objeto a versão tupiniquim" que é a civilidade perdida desde sempre?

Cabe ainda ao menos lembrar as pesquisas da Associação Brasileira de Psicanálise (hoje Federação Brasileira de Psicanálise – FEBRAPSI) de 1996, que mostravam que 42% dos analistas dos círculos ipeístas tiveram sua renda diminuída (VALLADARES, 2006, p. 277). Por um lado, não parece mero acaso que tal diminuição de renda se mostre verificável há 20 anos em um momento em que o lacanismo se encontra já bem instalado no Brasil, impregnando uma modalidade do fazer clínico em que o preço se flexibiliza contiguamente com o tempo de duração das sessões em um curto-circuito autojustificativo. Por outro lado, não parece também mero acaso que tal diminuição de renda seja o resultado inevitável da diminuição da procura, efeito colateral de certo discurso da neutralidade e da abstinência pautado por um certo recuo despolitizante dos psicanalistas diante da violência de Estado no Brasil desde a ditadura até a presente transição.

Vimos que as psicoterapias alternativas dos anos 1980 e 1990 operavam segundo uma lógica que buscava conciliar o prestígio da confiança liberal nas instituições com justificativas holistas e ecléticas "pré-modernas" em sua porosidade a orientalismos e religiosidades múltiplas. Se por um lado, no campo religioso, o neopentecostalismo permanece sendo uma questão a ser seriamente estudada, uma vez que ele almeja uma "competição direta" com as psicoterapias no campo da cura, por outro lado o cenário neoliberal que configura hoje o campo das psicoterapias é imediatamente traduzido pela polarização psicanálise *versus* TCCs. Tal polarização pode denotar duas políticas distintas diante da gestão neoliberal do sofrimento.

Podemos pensar os destinos das práticas psicoterápicas, disciplinares e românticas dentro do consenso liberal psicológico polarizado. De algum modo, elas se unem em uma perspectiva geral de crítica ao individualismo liberal, mas ainda insuficientemente crítica ao discurso neoliberal da plasticidade ilimitada de si. A fragilidade *clínica* de seus pressupostos elementares, principalmente a recusa da diagnóstica e a aversão a se integrar no sistema universitário de pesquisa, expele para o grande mercado das crenças e práticas de cuidado da alma as tradições relegadas na aurora do neoliberalismo.

O espontaneísmo implacável no destino das psicoterapias ditas "alternativas" de certa forma as expôs a formas de religiosidade emergente, mas afeitas a reinterpretar a nova gramática e a nova posição do sofrimento na subjetividade neoliberal. Tais experiências, prolíferas nos anos 1980 e 1990, desenvolveram-se em uma espécie de semiprofissionalização. à brasileira. Com um nível mais elementar de institucionalização, baixa internacionalização e alta dependência de figuras carismáticas, tais modalidades psicoterapêuticas não conseguiram se adaptar muito bem aos novos tempos de regulação, circulação e concorrência discursiva.

Alguns desses grupos se juntaram, como o que se reuniu sob o nome de "Gestalt-Reich", em 1976, para a realização de um curso de especialização, mas seus projetos comuns mostraram-se frágeis do ponto de vista institucional e de percepção de como a lógica da marca estava se impondo ao processo de produção do serviço. Os profundos paradoxos, resistências e compromissos contrários a uma institucionalização mais forte desses grupos os levou a um estado de dispersão, incapaz de gerar confiabilidade suficiente para que permanecessem enquanto práticas clínicas destacáveis e reprodutíveis. Isso se mostrou uma desvantagem diante da implantação mais acabada do neoliberalismo no Brasil nos anos vindouros. Podemos lembrar David Harvey, quando ele afirma que "[s] urge uma contradição entre um individualismo possessivo sedutor, mas alienante e o desejo de uma vida coletiva dotada de sentido. Embora se suponha que os indivíduos sejam livres para escolher, não se supõe que eles escolham construir instituições coletivas fortes (como sindicatos) em vez de associações voluntárias fracas (como instituições de caridade)" (HARVEY, 2008, p. 40). Ou ainda, quando ele afirma: "Tem constituído um talento especial da teoria neoliberal a capacidade de oferecer uma máscara benevolente, plena de palavras que soam prodigiosas, como liberdade de ação, liberdade de pensamento, escolha e direitos, para ocultar as realidades extremamente desagradáveis da restauração ou reconstituição do poder de classe nu e cru" (p. 64).

O compromisso entre força institucional, máscaras benevolentes e palavras prodigiosas encontra outro destino na gestão neoliberal do sofrimento, porém fora do escopo das práticas psicoterápicas.

O sentimento de nostalgia que infiltraria valores conservadores pré-liberais e liberais em imagens de formas avançadas de subjetivação neoliberais encontrará terreno fértil no neopentecostalismo – que não por acaso também, com maior frequência que desejaríamos, reivindica para si práticas de cura em posição de competição com as psicoterapias.

O neopentecostalismo de resultados

Durante os anos 1980 e 1990, a política de tolerância da igreja católica com relação a seus pensadores críticos latino-americanos, como a teologia da liberdade, de Leonardo Boff, e a psicologia da libertação, de Martín-Baró, diminuiu. O potencial de transformação contido na experiência de sofrimento social deixa de ser um signo de identificação e adesão à fé. As comunidades eclesiais de base, os grupos de Emaús, assim como a resistência protestante, que atuou no período da ditadura militar, sofrem uma premeditada despolitização da ação episcopal. Isso cria uma espécie de vácuo hermenêutico em torno da experiência de sofrimento. Se ele perde sua dimensão expiatória, sem o modelo do amor baseado nos procedimentos de renúncia e sofrimento oferecido por Jesus aos homens, seria preciso criar uma nova sintaxe que conectasse o sofrimento cotidiano com outra gramática de transformação.

Essa gramática não aposta mais na salvação coletiva, pelo poder transcendente de proteção gerado pela fé, mas na individualização da salvação, na qual a religiosidade é mero meio e suporte. É a chamada terceira onda neopentecostal, que começa em 1977[18] e se concentra no Rio de Janeiro, com a fundação da Igreja Universal do Reino de Deus, por Edir Macedo. Ela se caracteriza pela teologia dispensacionalista da prosperidade e pelo neopentecostalismo de resultados. Se a primeira e segunda ondas, de 1911 e 1950, tinham uma retórica da proteção de valores, compreendendo um extenso domínio dos estudos bíblicos e da hermenêutica sobre o sentido do sofrimento, a terceira onda elege pastores em função do resultado alcançado na arrecadação e nas doações e dízimos (NASCIMENTO, 2019). Se o evangelismo histórico e o pente-

---

[18] Igreja Universal do Reino de Deus (IURD; Universal Church of the Kingdom of God), Igreja Sara Nossa Terra (Heal Our Land Church), Igreja Internacional da Graça de Deus (International Church of the Grace of God), Igreja Internacional do Poder de Deus (International Church of the Power of God), Igreja Renascer em Cristo (Rebirth in Christ Church).

costalismo das primeiras gerações adotavam a paixão de Cristo como uma narrativa-mestre, a terceira onda reverte a função política e moral do sofrimento. De agora em diante o sofrimento liga-se com fracasso, com a falta de fé e com a incerteza na enunciação do próprio desejo no quadro da confissão positiva. "Pare de Sofrer", procure o "Pronto-Socorro Espiritual 24 horas", os programas de rádio ou televisivos disponíveis.

A recusa do sofrimento e sua abordagem realista e pragmática operacionalizada em forma de empresa caracterizará o neopentecostalismo de resultados, em contraste comparativo com a igreja católica. Agora é preciso transformar o sofrimento em demanda e em seguida operacionalizar essa demanda em uma forma de sutura. Isso, além de colocar o devoto para pensar em soluções, acalenta o processo de gestão do sofrimento como signo de uma fé imperfeita, ou de uma fé insuficientemente aperfeiçoada. O ponto central aqui é a doação daquilo a que estamos apegados, para receber em dobro o que objetivamos das preces.

A narrativa mágica, como resposta efetiva às mazelas sociais provocadas pelas contradições estruturais da sociedade capitalista, apoia-se na eficácia desta forma de vida onde há uma comunidade protetora, com obreiros dividindo seu capital social e cultural e funcionando como rede econômica de prosperidade. Em outras palavras: o milagre acontece porque ele é real, aqui e agora, e não apenas uma promessa ou um evento raro e ocasional, que toca os escolhidos em uma vida *pós-mortem*. Neopentecostalismo e neoliberalismo conectam-se em uma mesma gramática na qual nenhum sacrifício deve ser feito sem uma perspectiva tangível de retorno.

O encapsulamento do objeto mágico, seu aperfeiçoamento enquanto produto a ser consumido pelos fiéis, dá-se pela promessa ostensiva do enriquecimento e da ascensão social, alinhando-se fundamentalmente à teologia da prosperidade (COLEMAN, 2000, p. 28). A reversão da reverência moral à pobreza coletiva é uma das características mais salientes e distintivas do neopentecostalismo de resultados. Isso ajuda a entender também por que seus adversários, no mercado da fé, serão as religiões de matrizes africanas, menos individualistas, mais coletivas e tradicionalistas.

> Esses aspectos da formação da sociedade brasileira, ou seja, a presença de uma massa de indivíduos excluídos em busca de inclusão social e uma forte tradição de religiosidade mágica na cultura popular, estabeleceram um terreno sólido e fértil para a expansão de uma religiosidade neopentecostal, que trouxe respostas modernas às

expectativas modernas. Portanto, o pentecostalismo e sua variedade mais dinâmica, o neopentecostalismo, é uma religiosidade que foi adaptada e produzida dentro dessas expectativas novas e puramente modernas. Em outras palavras, prometeu uma inclusão e ascensão há muito desejadas, de acordo com uma promessa terrena, não sobrenatural em um paraíso post-mortem e resultante de toda uma vida de sacrifícios. Para promover e "confirmar" essa promessa em um idioma apreciado por seu público-alvo, ele usa o idioma da religiosidade mágica (Arenari, 2013, p. 168, tradução do autor).

A religiosidade neopentecostal em sua narrativa mágica dissemina e propaga ideologicamente que a única solução possível é pela via da inserção exasperada ao capitalismo. A única modalidade possível de resposta está na submissão profunda ao algoz econômico e em nome de sua propagação travestida de "prosperidade". Com isso suspende-se a divisão católica entre o sagrado e o mundano. O divino está em toda parte e em qualquer hora e lugar, sem intermediários privilegiados. Isso cria um empuxo brutal de individualização, como processo de leitura do cotidiano, associado com a direção comunitária, com baixa institucionalidade, apontando regras gerais. O pastor neopentecostal é gestor de testemunhos, mais do que um intérprete de um texto sagrado. Por isso ele não precisa de formação qualificada, seminários ou disputas teológicas. Enquanto o catolicismo parecia se especializar na fé universitária qualificada, com a reapropriação das Pontifícias Universidades Católicas pelo país afora, o neopentecostalismo apostava no livre empreendimento do saber teológico. Isso fermentava o espírito do criacionismo e o confronto de autoridades como mera questão de opinião e de potência ou extensão de membresias.

A onda de neopentecostalização absorveu a retórica do sucesso numérico, como prova da força da fé. Em acordo com o chamado para a evangelização, a conversão torna-se a prova de seu próprio sucesso, assim como um produto muito vendido adquire propriedades que ele não tinha antes. Um detalhe crucial aqui é a baixa institucionalidade requerida para abrir uma igreja neopentecostal. Não são necessários anos de seminário e autorizações complexas, votos ou designações. Cada qual pode ofertar sua palavra, livremente, conforme sua vocação e *kerigma*, abrindo sua própria igreja ou associando-se às já existentes em um sistema similar ao *franchising*.

Muitas igrejas começaram a adotar os métodos neopentecostais de administração para se relacionar com seu público de crentes (ARENARI, 2013, p. 90-91). A religião assume-se como um pacote de serviços e compromissos em torno de uma forma de vida. Uma forma de vida que alternativamente distingue o sujeito da sua diluição na massa, ao lhe apontar um caminho de crescimento e um plano de carreira e lhe oferecer um suporte de identificação em uma comunidade. No caso do Brasil, essa forma de vida conseguiu reformular a unidade perdida entre linguagem, desejo e trabalho, colocando em seu centro um mandamento e uma promessa: "Pare de sofrer!". Esse sintagma declara indiretamente que o sofrimento é optativo e depende de uma escolha subjetiva, mas ele é posto em contraste direto com uma narrativa católica, até então dominante, segundo a qual "o amor em Cristo mostra-se pela imitação da sua capacidade de sofrer, por nós".

O re-encantamento vulgar da realidade, com restauração metafísica ajustada aos modos de vida, escutou a nova demanda que pressionava pela ascensão social, que passou décadas sem conseguir ser ouvida, nem mesmo por uma esquerda percebida como uma seita estranha que odiava o dinheiro. O horror a grupos religiosos que passam a operar empreendedoramente como empresas e a ser geridas por administradores dentro de uma rede em cadeia, demonstrando toda a aptidão e o tino comercial que retroalimenta o projeto capitalista em sua busca típica pelo lucro, torna-se assim um critério de confirmação da fé. Pastores milionários, que se apresentam na retórica de CEOs ou patrões, ocupando um lugar "ambicionado", só são uma heresia para a antiga religiosidade que ainda está presa ao fetiche do sofrimento. A crítica da riqueza, da ganância e do lucro torna-se a confirmação do "ponto de vista do inimigo", que parece "querer" a miséria, a pobreza e a vulnerabilidade.

Qual seria exatamente a diferença entre o batismo no Espírito Santo e as narrativas gerenciais em torno de monges executivos, leis espirituais de sucesso e testemunhos miraculosos de vidas notáveis? A mesma incompreensão sobre o que faz alguém ascender em uma trajetória de ganhos inesperados, ou enriquecer na bolsa, ou apostar na *start-up* correta aplica-se aos que serão salvos pela fé por meio de conversões erráticas e trajetórias improváveis. É preciso reter aqui os critérios de verdade dessa gramática, basicamente concernidos a casos de sucesso e a testemunhos em primeira pessoa. No limite isso nos levará à incompreensão sobre quem são os donos do dinheiro e do poder no Brasil, ou seja, a dificuldade que esse dinheiro tem de contar sua própria história. História, em geral, repleta de momentos "miraculosos" de favorecimento estatal, patrimonialismo, nepotismo, corrupção, clientelismo e transformação de vícios públicos em virtudes privadas. Temos aqui um confronto entre duas narrativas inconfessáveis movidas a testemunhos abertos. Uma disputa franca entre a "magia popular" e a "magia concentracionária", na qual ambos os lados reconhecem a mesma gramática de reconhecimento, na qual compareçam traços como o exibicionismo, a autoverdade e a ausência de terceiros capazes de exercer autoridade institucional, vale dizer, impessoal, como a determinação jurídica ou o saber universitário.

Os "pastores-patrões", como R. R. Soares ou Edir Macedo, não vivem apenas do dízimo, considerado com um "investimento na causa", mas principalmente da autoconfirmação pragmática da manifestação "divina" de sua riqueza (ALMEIDA, 2009). Ela não gera vergonha ou constrangimento, senão para os que trabalham em uma gramática de sofrimento ultrapassada. Daí também que essa denúncia ou crítica seja relativamente inútil. O investimento na causa efetivamente gera retorno em termos de segurança, proteção e obras de "infraestrutura moral" da comunidade neopentecostal. As práticas disciplinares realizadas e empreendidas pelas comunidades religiosas possuem e geram efeitos organizadores na vida dos seus envolvidos (CAMPOS, 1995). Logo, a preocupação e a atenção às formações morais e de costumes, nas práticas e nos hábitos dos fiéis configura agrupamentos de reciprocidade (KARATANI, 2014) em suas trocas e não apenas, sob uma postura estritamente mercadológica.

Nesse ponto, legitimidade moral, reciprocidade comunitária e a defesa do empreendedorismo nos termos do capitalismo global financeirizado turvam-se como a única possibilidade (ARENARI, 2013) no interior dessa gramática de sofrimento. Isso leva a uma fragmentação crescente do neopentecostalismo, até as atuais igrejas da "quebrada", mas também ao fenômeno de que sua unidade passa a depender cada vez mais do inimigo externo. Aqui se entende seu papel nas eleições de 2018 e sua força em aliança espontânea contra o petismo. É o Estado, com sua ineficiência, com seu institucionalismo opaco e seus políticos inautênticos, com suas mulheres "sujas" e seus meandros demoníacos, que impede a generalização do milagre.

É o Estado, com sua ingerência sobre as famílias, sobre as crianças, sobre as mulheres, sobre os corpos (e seus gêneros) e sobre as escolas (com seus supostos partidos), que é, em última instância, o responsável pela falsa promessa de transformação. Escrevendo certo por linhas tortas, essa interpretação confirma os limites da transformação operada pelo consumo e os perigos de mostrar a uma polução faminta onde está e do que é feito o celeiro de provisões econômicas e culturais. Assim como os balanços maquiados, os títulos "podres" e as hipotecas imobiliárias, a religiosidade neopentecostal depende de uma teoria da prova dotada de alto poder de autoconfirmação pragmática.

Como já se disse, a expansão da terceira onda é concomitante com a incorporação de um modelo neoliberal da fé: foco nos resultados, autoadministração dos processos, valorização das métricas de sucesso e principalmente financeirização da produção. Graças a essa combinação de elementos, a experiência da crença orienta-se para a explicitação de sua função autojustificadora. O fiel é estimulado a "provar" sua fé pelos "milagres" e pelas "bênçãos alcançadas". Isso faz parte da aprendizagem da retórica do testemunho, que por sua vez é parte de uma estratégia mais participativa junto aos fiéis. Estes cantam, dançam, narram dificuldades e conversões, tornando a fala em primeira pessoa uma dominante discursiva. Isso concorre para reproduzir, senão criar, uma experiência discursiva nova e profundamente atraente para as classes pobres em ascensão, particularmente nos governos Lula e Dilma, a experiência do sucesso biográfico.

Por exemplo, em um interessante estudo que recebeu o nome de *Diabo e fluoxetina*, a socióloga Mariana Côrtes (2017) analisa os casos de "ex-tudo" (ex-traficante, ex-ladrão, ex-usuário), barganhados enquanto mercadoria neopentecostal, cuja posição de enunciação não pode ser outra senão a de, justamente, "ex-tudo": retirá-lo de sua condição primária de reconhecimento e igualá-lo a outros sofredores certamente não é bom para os negócios. É interessante notar como se dá esse processo de conferir legitimidade a essa posição de enunciação, retirando-o da posição de "pária no mundo" para reinscrevê-lo eternamente como alguém que faz da posição de "pária no mundo" uma empresa identitária de si mesmo.

Não por acaso, a terceira onda do neopentecostalismo, datada de 1977, será compreendida, ainda na leitura de Côrtes, como a ambiência predileta para a recepção do que ela denomina "pregadores-mendicantes" e "caipiras deprimidos". É notável esse traço de distinção que fazia operar a indisponibilidade liberal das clínicas psis a "escutar vidas secas", como diria Miriam Debieux Rosa (2016). Narrativas populares, que posicionavam o sofrimento psíquico como uma "espinguela caída" e o "sofrer dos nervos", remanesciam nas camadas mais populares, e talvez isso tenha gerado um verdadeiro abismo de reconhecimento que as clínicas psis acabaram por excluir, como sinal de excesso romântico ou falta disciplinar.

Dessa forma uma torção interior ao pentecostalismo criou uma versão brazilianizada (Pierre, 1994), pós-moderna, nacionalista e ostentatória da fé, em contraste com os valores iniciais da evangelização, de corte universalista e capaz de superar a territorialização particularista da crença. A carnavalização da fé não se fez, entretanto, sem a preservação do esqueleto funcional e protetivo da narrativa de expansão. Uso de contraceptivos, obrigação de fidelidade com os membros (por exemplo, em presídios), proibição de álcool e drogas, administração do sistema de casamentos e aconselhamentos de casais mostram como a expansão da teologia da prosperidade se enquadra como um capítulo bem-sucedido do que se chamou, no Brasil, de modernização regressiva. A carreira como pastor, escolhido por vocação e eficácia discursiva na arrecadação do dízimo, é o que organiza de fato a vida de milhares de pessoas que viram na Igreja do Reino de Deus uma ocupação possível no cenário de desemprego endêmico. Sem ensino pastoral, sem seminário ou qualquer preparação ou apoio psicológico, eles submetem-se a jornadas muito extensas e insalubres, com metas opressivas e demandas intermináveis, como se estivessem em uma grande empresa, ou melhor, em uma empresa que precariza seus empregados, sem proteção trabalhista, impostos ou compromisso social.

A mutação do sofrimento no trabalho

Um último ponto de comparação e contraste entre o neoliberalismo dos anos 1980 e sua face ultraliberal, emergente até os anos 2008, diz respeito à mutação do lugar do sofrimento no mundo do trabalho. Se o liberalismo expresso pela Constituição de 1988 representava a proteção ou limitação do sofrimento do trabalhador, o neoliberalismo pode ser definido como uma gestão do sofrimento, porque ele se baseia na sua administração calculada, elevada à dignidade de método.

Christopher Dejours e a psicodinâmica do trabalho representam uma forte tendência na psicologia brasileira a partir dos anos 1980. Seu estudo sobre *A loucura do trabalho* (Dejours, 1980) foi amplamente adotado não apenas nos cursos de Psicologia, mas em toda cultura emergente na administração de empresas, dos recursos humanos ao marketing. Para ele, o sofrimento é entendido como tradução psíquica do sentimento social de indignidade, desrespeito e humilhação do operário ou do trabalhador intelectual. O reconhecimento é uma experiência que unifica uma série de sentimentos ligados à experiência social de menos-valia e inadaptação. Nos anos 1980, a vergonha era um sentimento que atacava os trabalhadores que se viam reduzidos a uma forma mecânica, robotizada ou despersonalizada de labor. Sentir-se inútil e substituível expressaria um novo tipo de alienação ao trabalho, não como perda da relação entre meios e fins nem como estranhamento, mas como uma vida insuficientemente realizada. "O sofrimento começa quando a evolução dessa relação [de autoaperfeiçoamento ou qualificação com o objeto] é bloqueada. [...] A certeza de que o nível atingido de insatisfação não pode diminuir marca o começo do sofrimento" (Dejours, 1980, p. 51).

Dejours descreveu com precisão paradigmática como a inoculação de mais sofrimento poderia aumentar a produtividade e o desempenho, quando incitado como agressividade contra a própria impotência. É o caso das telefonistas produtivas (precursoras dos nossos atuais *call centers*), às quais se encaminhava uma quantidade de trabalho muito superior à sua capacidade de entrega. O déficit de resposta diante da demanda crescente gerava agressividade. A agressividade que não poderia se voltar diretamente contra o seu próprio causador era transformada então em impulsão para o trabalho:

> Proibição de responder agressivamente, proibição de desligar, proibição de irritar o outro fazendo-o esperar indefinidamente, a única solução autorizada é reduzir o tempo de comunicação e empurrar o interlocutor para desligar mais depressa. De maneira que a única saída para a agressividade, é trabalhar mais depressa. Eis aí um fato extraordinário, que conduz a fazer aumentar a produtividade, exasperando as telefonistas (Dejours, 1980, p. 53).

Dejours pontua uma diferença importante para nosso argumento: "O que é explorado pela organização do trabalho não é o sofrimento, em si mesmo, mas principalmente os mecanismos de defesa utilizados contra esse sofrimento" (Dejours, 1980, p. 134).

O sofrimento expresso pela repetição, pela perda de sentido e pela perda de satisfação no trabalho, bem como os sentimentos de frustração e ansiedade, não são o objetivo do gerenciamento. A defesa contra a angústia, ou seja, a preservação do eu, sob forma de negação, racionalização, projeção ou sublimação do conflito, é que é visada pela gestão liberal do sofrimento. Essa acomodação narcísica do Eu é chamada de "ideologia defensiva da profissão", dela emergem dualismos improdutivos como repetição ou criatividade, prazer ou insatisfação, desejo e contrariedade, homem ou coisa, com o qual o trabalhador interpreta e narrativiza seu próprio sofrimento. Essa divisão do sujeito, quando acumulada e intensificada, cria uma espécie de síntese entre o mental e o corporal que são os sintomas. Daí que os sintomas principalmente elencados por Dejours sejam sintomas psicossomáticos, fadiga crônica (neurastenia), alexitimia, anestesia, anedonia, empobrecimento psíquico.

Comparemos esse quadro com a situação neoliberal expressa pelas narrativas de gestão dos anos 2010-2020. Dar mais serviço do que alguém pode realizar, atribuir mais controles e responsabilidades do que alguém é capaz de cumprir no horário regular de trabalho, criar metas inexequíveis para "puxar ao máximo" os esforços do trabalhador, criar políticas de competição entre departamentos e sistemas predatórios de bônus são exemplos de como o aumento de sofrimento, segundo a racionalidade da gestão e principalmente da microgestão, extrai valor de condições precárias de trabalho, o que acaba reunindo o mundo corporativo com aqueles que já têm um relação precarizada com o labor, seja por contratos intermitentes (zero hora), seja por terceirização ou exclusão de benefícios protetivos. O apagamento do termo "trabalhador" e sua substituição por "colaborador", "empreendedor" ou "associado", por exemplo, nas empresas e organizações, são um indício da forma como o neoliberalismo oculta as relações de trabalho em seus esforços de renomeação da categoria.

A psicologia da gestão neoliberal do sofrimento envolve cultivar a sobriedade de um *monge executivo*, capaz de distanciamento e desafetação calculada, mas também a disciplina das *sete leis espirituais do sucesso*. Enquanto a depressão emergia como narrativa hegemônica de sofrimento, a mania confundia-se com o perfil desejável para a liderança e o autoempreendimento de si. Ela não enfrenta conflitos, mas resolve problemas, ela não se orienta por princípios ou conceitos, mas se orienta retrospectivamente desde os resultados, efetivando uma verdadeira hibridização de discursos e imunização da subjetividade a tudo que ressoe de acordo com a negatividade (HAN, 2015).

Um paciente, empresário em hipomania, é internado por sua família no serviço de emergência psiquiátrica e avisa à equipe: "eu não vou tomar muito estabilizador de humor porque meus clientes não gostam quando eu saio da mania". O que pode ser mais autoconfiante que alguém que diz: "no surto fiquei mais poderosa que deus"; ou "eu me sentia o mar inteiro, não apenas uma gota no oceano", ou ainda "Eu sou a escolhida. Sou universal"? Disposição incansável para o trabalho, sentimento contagiante de disposição e euforia, criatividade e capacidade de pensar grande, tudo isso são ao mesmo tempo talentos do empreendedor e signos clássicos da mania.

Por outro lado, o fim do emprego, a suspensão das proteções trabalhistas e o trabalho por projeto e avaliação tornaram a vida laboral cada vez mais sentida como irracional. Discursos que agregam narrativas místicas, religiosas e testemunhos experienciais tornam-se assim necessários para produzir alguma unidade onde só há segmentação e fragmentação de experiências. A capacidade de leitura e interpretação da cultura das empresas, mais do que a presença de grandes lideranças, passou a ser um fato decisivo para sua sobrevivência.

O planejamento estratégico não é mais uma questão decidida de modo anual ou semestral, mas está em constante e permanente reconsideração. Custo, diferenciação e foco tornam-se parâmetros de ação interiorizados, moldando a capacidade deliberativa do indivíduo sempre a partir do seu parâmetro final de avaliação retrospectivamente para suas escolhas cotidianas. Desenvolver talentos e potenciais, possuir *soft skills*, inteligência emocional e visão de futuro não são apenas sinais da renovação dos parâmetros de demanda ou de concorrência, mas uma forma de vida na qual a gestão governa todas as pequenas decisões e hábitos de alguém, da sua forma de vestir ao modo como se alimenta. O tipo de diversão e o uso específico da linguagem, bem como a visão de mundo em estrutura de gestão, serão objeto de contínuas palestras motivacionais e, no final de 2017, impulsionarão o fenômeno das mentorias e *coachings*. A chamada revolução cognitiva e a abertura trazida pelas plataformas digitais acabou por estabilizar os códigos de pertencimento e a gramática da distinção (BOURDIEU, 2007), tornando-se cada vez mais difícil a sustentação de uma narrativa unitária e coerente acerca da lógica das decisões e escolhas envolvidas em uma carreira ou na sustentação da empregabilidade.

Assim como Meira Penna está nos primórdios da psicologia neoliberal no Brasil, Augusto Cury parece ser o melhor representante de seu apogeu. Depois de 25 milhões de livros vendidos, o fenômeno representado por sua vasta obra deve ser entendido exatamente como esse tipo de transversalidade e capilarização da prática de gestão do sofrimento. Com ampla repercussão no universo corporativo gerencial e educativo, apesar da indiferença universitária, suas ideias mostram um poder de conveniência que exemplifica paradigmaticamente a popularidade da psicologia neoliberal.

Em seu livro *Inteligência multifocal: análise da construção dos pensamentos e da formação de pensadores* (1999) se encontrarão declarações como "Escrevi este livro não apenas como um escritor, mas como um engenheiro de ideias" (CURY, 1999, p. 11). Sua motivação para a escrita também é parte testemunhal da autoridade da obra: "em síntese, a dor da depressão, que considero o último estágio da dor humana, me conduziu a ser um pensador da Psicologia e da Filosofia" (p. 15). Como não poderia faltar, temos uma justificativa para a ausência de bibliografia ou de debate com as ideias antecedentes quanto ao assunto: "a cultura acadêmica não os libertará do cárcere intelectual" (p. 17). A carência de legitimidade acadêmica é transformada em ponto de novidade e transgressão, como aliás no caso citado nominalmente de Freud e Einstein,

De sua própria lavra são dois novos diagnósticos, jamais verificados por qualquer pesquisa psicológica séria: a *síndrome da exteriorização existencial*, definida pela dificuldade de falar de si mesmo, necessidade de que o mundo gravite ao redor de si, e a *síndrome do pensamento acelerado*, definida como tendência a distração, falta de disciplina e atenção flutuante. Alguém tomado pela síndrome não aproveita sua própria trajetória, vive em insatisfação crônica e está engessado. Há tendência ao culto do tédio, redução da paciência e aceleração do pensamento. Se não tratada, surge a obsessão com férias, "o apogeu do lazer e ao mesmo tempo depressão" (p. 57), e finalmente o autossabotador, cujo foco na vida é a aposentadoria.

Augusto Cury se apresenta como um *neologista*, um criador de palavras novas, tais como: psicoadaptação, *homo interpres* e fenômeno do "autofluxo", um reciclador de palavras antigas com um sentido novo, tais como "autochecagem da memória" e "âncora da memória", pois as linguagens científica e coloquial se mostraram insuficientes para definir, conceituar e discursar teoricamente sobre a construção dos fundamentos da inteligência. O indivíduo está dividido entre um *homo interpres* (inconsciente), voltado para a psicoadaptação, a autochecagem, a âncora de memória e o autofluxo, e um *Homo Intelegins* (consciente), representado pelo eu e pela inteligência pela qual ele é capaz de sair das grandes síndromes de sofrimento a partir do "gerenciamento de si".

O eu vive um paradoxo intelectual, pois organiza inconscientemente a construção do pensamento, mas a dimensão das ideias é maior que a das palavras. Por isso precisamos dos mordomos da mente e da educação do eu, capaz de cultivar em nós a autochecagem da memória e dominar a ansiedade vital e a ansiedade patológica, que frequentemente é acompanhada de sintomas psicossomáticos.

É possível tornar o eu "protagonista" pelo gerenciamento de si por meio de métodos para "escapar de pensamentos negativos" e "higienizar a mente". Um bom exemplo dessa prática é o método DCD (duvidar, criticar, decidir). Por meio dele é possível desfazer-se de crenças que não acreditamos mais verdadeiras e deixar de ser "uma máquina de trabalhar" ou uma "uma máquina de informação". O gerenciamento pode ser feito também por meio do manejo dos *gatilhos de memória*. As lembranças negativas são as *janelas killer*, elas geram um estado angustiante, fóbico, tenso, depressivo, compulsivo, e podem ser fechadas. As *janelas light*, que estimulam raciocínio complexo, empatia, criatividade e resiliência, podem ser abertas em seu lugar. Quando isso acontece, entramos em uma conexão de memória que aumenta a previsão do que vai acontecer e ativa funções como autoconhecer, mapear mazelas psíquicas, ter consciência crítica e ser autônomo.

Em um de seus últimos livros, *Gestão da emoção: técnicas de coaching emocional para gerir a ansiedade, melhorar o desempenho pessoal e profissional e conquistas uma mente criativa*, de 2015, reencontramos as mesmas ideias de sua obra seminal, mas agora é preciso "educar o Eu para exercer os seus papéis vitais como líder da psique", incluindo a gestão da emoção mediante a "abertura ou encerramento das janelas de memória" (p. 11) para "treinar e proteger a emoção primordial" (p. 12) ou "Irrigar a emoção" ou "falência emocional" (p. 13), pois a psicoterapia e o *coaching* unem-se no *Programa de Gestão da Emoção* (p. 16).

A questão aqui não seria explicar a fragilidade dos pressupostos, a ingenuidade do diagnóstico ou a trivialidade do método, mas entender as razões de sua persuasividade. Apesar de destinado ao público genérico, a obra de Cury funciona como uma verdadeira introdução rápida ao discurso da gestão para uma população que se entende crescentemente como de empreendedores. Ela cria o efeito de que é possível começar do zero, com um novo vocabulário, cuja graça é a combinação entre significantes intrincados e noções intuitivamente simples. Cria-se assim um efeito de inteligência e inclusão no leitor. Sua mensagem vai ao essencial para integrar alguém ao universo de produção e consumo neoliberal: module as intensidades de emoção, feche as janelas para o que é desprazeroso e abra as que geram satisfação. Torne-se um líder de si mesmo, alguém que é o verdadeiro senhor e soberano de sua vida. As síndromes propostas, do pensamento acelerado e da existência exteriorizada, simplesmente descrevem as duas gramáticas básicas do sofrimento neoliberal, combinando o empuxo ao aumento de desempenho com hipersocialização.

A existência de fenômenos locais como Meira Penna, Olavo de Carvalho, Augusto Cury e Edir Macedo confirma a avaliação de Streeck sobre o erro fundamental da psicologia neoliberal:

> Hayek não podia contar com a eventualidade de essas sociedades [periféricas] defenderem suas formas de vida e de economia, baseando-se em suas particularidades culturais e utilizando as instituições políticas que lhes restam – talvez porque, para ele, elas não passassem de tatuagens na pele de um *hommo œconomicus* universal ou porque, em seu mundo, não estava prevista a possibilidade de uma ação coletiva contra a justiça de mercado (Streeck, 2018, p. 215).

Referências

ALMEIDA, R. *A Igreja Universal e seus demônios: um estudo etnográfico*. São Paulo: Terceiro Nome, 2009.

ARENARI, B. *Pentecostalism as Religion of Periphery: An Analysis of Brazilian Case*.

2013. Dissertation zur Erlangung des akademischen Grades – Philosophischen Fakultät III, Humboldt Universität zu Berlin, Berlin, 2013. Disponível em: <https://bit.ly/33CuorY>. Acesso em: 18 set. 2020.

BACKES, C. *O que é ser brasileiro?* São Paulo: Escuta, 2000.

BOURDIEU, P. *A Distinção: crítica social do julgamento*. São Paulo: Edusp; Porto Alegre: Zouk, 2007.

CAMPOS, R. B. C. *Emoção, magia, ética e racionalização: as múltiplas faces da Igreja Universal do Reino de Deus*. 1995. Dissertação (Mestrado em Antropologia) – Programa de Pós-Graduação em Antropologia, Universidade Federal de Pernambuco, Recife, 1995.

CANDIDO, A. Radicalismos. *Estudos Avançados*, São Paulo, v. 4, n. 8, jan.-abr. 1990.

CANGUILHEM, G. *O normal e o patológico*. Rio de Janeiro: Forense Universitária, 2002.

CARVALHO, L. *Valsa brasileira: do boom ao caos econômico*. São Paulo: Todavia, 2018.

CHAUI, M. *História do povo brasileiro: mitos fundadores e sociedade autoritária*. São Paulo: Perseu Abramo, 1996.

COIMBRA, C. *Guardiães da ordem: uma viagem pelas práticas psi no Brasil do "Milagre"*. Rio de Janeiro: Oficina do Autor, 1995.

COLEMAN, S. *The Globalization of Charismatic Christianity. Spreading the Gospel of Prosperity*. Cambridge: Cambridge University Press, 2000.

CÔRTES, M. *Diabo e fluoxetina: pentecostalismo e psiquiatria na gestão da diferença*. Curitiba: Appris, 2017.

CURY, A. *Gestão da emoção: técnicas de coaching emocional para gerir a ansiedade, melhorar o desempenho pessoal e profissional e conquistas uma mente criativa*. São Paulo: Pergaminho, 2015.

CURY, A. *Inteligência multifocal: análise da construção dos pensamentos e da formação de pensadores*. São Paulo: Cultrix, 1999.

DARDOT, P.; LAVAL, C. *A nova razão do mundo*. São Paulo: Boitempo, 2016.

DEJOURS, C. *A loucura no trabalho*. São Paulo: Cortez, 1992.

DEJOURS, C. Por um novo conceito de saúde. *Revista Brasileira de Saúde Ocupacional*, v. 14, n. 54, 1986.

DUFOUR, D.-R. *A arte de reduzir as cabeças: sobre a nova servidão na sociedade neoliberal*. Trad. Sandra Regina Felgueiras. Rio de Janeiro: Companhia de Freud, 2005.

DUFOUR, D.-R. *A cidade perversa: liberalismo e pornografia*. Trad. Clovis Marques. Rio de Janeiro: Civilização Brasileira, 2013.

DUMÉNIL, G.; LÉVY, D. *A crise do neoliberalismo*. São Paulo: Boitempo, 2014.

DUNKER, C. I. L. *Mal-estar, sofrimento e sintoma: uma psicopatologia do Brasil entre muros*. São Paulo: Boitempo, 2015.

FIGUEIREDO, L. C. *A invenção do psicológico*. São Paulo: Escuta-Educ, 1992.

FIGUEIREDO, L. C. *Matrizes do pensamento psicológico*. Rio de Janeiro: Vozes, 1995.

FLEXNER A. Medical education in the United States and Canada. From the Carnegie Foundation for the Advancement of Teaching, Bulletin Number Four, 1910. *Bull World Health Organ*, v 50, n. 7, p. 594-602, 2002.

FREUD, S. Além do princípio do prazer. *In*: *História de uma neurose infantil ("O homem dos lobos"), Além do princípio do prazer e outros textos (1917-1920)*. São Paulo: Companhia das Letras, 2010. p. 13-138 (Obras Completas, v. 14).

HAN, B.-C. *Psicopolítica*. Lisboa: Relógio d'Água, 2015.

HARVEY, D. *O neoliberalismo: história e implicações*. São Paulo: Loyola, 2008.

INFORME DAWSON SOBRE EL FUTURO DE LOS SERVICIOS MEDICOS Y AFINES, 1962 Organización Panamericana de la Salud. Washington, D.C; Organización Panamericana de la Salud; 1962. 38 p.

JULIEN, P. *As psicoses: um estudo sobre a paranoia comum*. São Paulo: Companhia de Freud, 1999.

KARATANI, K. *The Structure of the World History: From Modes of Production to Modes of Exchange*. Durham; London: Duke University Press, 2014.

LEBRUN, J.-P. *A perversão comum: viver juntos sem o outro*. Trad. Procopio Abreu. Rio de Janeiro: Companhia de Freud, 2008.

LEITE, D. M. (1954). *O caráter nacional brasileiro: História de uma ideologia*. 8. ed. São Paulo: Unesp, 2017.

LEITE, M. P. A foraclusão generalizada. Disponível em: <https://bit.ly/3qmWr8j>. Acesso em: 12 nov. 2020.

LEITE, M. P. S. *Deus é a mulher*. Organização de Maria Cecilia de Souza Leite. São Paulo: IMF, 2013.

MACEDO, U. B. *Liberalismo e Justiça Social*. São Paulo: IBRASA, 1995.

MARX, K. *O capital. Livro III: Crítica da economia política: o processo global da produção capitalista*. São Paulo: Boitempo, 2017.

MASCARO, A. *Estado e forma política*. São Paulo: Boitempo, 2013.

MEIRA PENNA, J. O. *Psicologia do Subdesenvolvimento*. Rio de Janeiro: APEC, 1972.

MELMAN, C. *O homem sem gravidade: gozar a qualquer preço. Entrevistas por Jean-Pierre Lebrun*. Trad. Sandra Regina Felgueiras. Rio de Janeiro: Companhia de Freud, 2008.

MILLER, J. A. [*et al.*]. *La psicosis ordinária: la convención de Antibes*. Buenos Aires: Paidós, 2006.

NASCIMENTO, G. *O Reino: a história de Edir Macedo e uma radiografia da Igreja Universal*. São Paulo: Companhia das Letras, 2019.

NAVARRO, M. P. Caminhos e descaminhos do poder no psicodrama no Brasil. *Temas*, São Paulo, v. 19, n. 36, p. 90-103, 1989.

OLIVEIRA, C. L. N. V. Os primeiros tempos da psicanálise no Brasil e as teses pansexualistas na educação. Ágora, v. 5, n. 1, p. 133-154, 2002.

OREGA, F. et al. A ritalina no Brasil: produções, discursos e práticas. *Interface*, Botucatu, v. 14, n. 34, p. 499-512, jul.-set. 2010.

ORGANIZAÇÃO MUNDIAL DA SAÚDE (OMS). *Relatório mundial da saúde 2008: cuidados de saúde primários – agora, mais que nunca*. Lisboa: Alto Comissariado de Saúde, Ministério da Saúde, 2008.

PARKER, I. *Cultura psicanalítica*. Aparecida: Ideias e Letras, 2009.

PENNA, J. O. M. *O dinossauro*. São Paulo: T. A. Queiroz, 1988.

PIERRE, S. O repto pentecostal à "cultura católico-brasileira". *Revista de Antropologia*, v. 37, 1994, p. 145-181.

PRESTRELO, E. T. A história da Gestalt-terapia no Brasil: "peles vermelhas" ou "caras-pálidas"? *In*: JACÓ-VILELA, A. M.; CEREZZO, A. C.; RODRIGUES, H. B. C. (Org.). *Clio-psyché: fazeres e dizeres psi na história do Brasil*. Rio de Janeiro: Centro Edelstein de Pesquisas Sociais, 2012. p. 88-96. Disponível em: http://books.scielo.org/id/hkyyb. Acesso em: 18 set. 2020.

RASSIAL, J.-J. *O sujeito em estado limite*. Trad. Sandra Regina Felgueiras. Rio de Janeiro: Companhia de Freud, 2000.

RODRIGUES, H. B. C. Um Robespierre rio-platense e um Danton Tupiniquim? Episódios da análise institucional no Rio de Janeiro. In: JACÓ-VILELLA, A. M.; CEREZZO, A. C.; RODRIGUES, H. B. C. (Orgs.). *Clio-Psyché: fazeres e dizeres psi na história do Brasil*. Rio de Janeiro: Relume-Dumará/FAPERJ, 2001.

ROSA, M. D. *A clínica psicanalítica em face da dimensão sociopolítica do sofrimento*. São Paulo: Escuta/FAPESP, 2016.

RUSSO, J. *O corpo contra a palavra: as terapias corporais o campo psicológico dos anos 80*. Rio de Janeiro: Editora UFRJ, 1993.

SAFATLE, V. Uma certa latitude: Georges Canguilhem – vida e política. *Revista Latino-Americana de Filosofia e História da Ciência*, v. 13, n. 2, abr.-jun. 2015.

SANCHIS, P. As religiões dos brasileiros. *Horizonte*, Belo Horizonte, v. 1, n. 2, p. 28-43, 1997.

SILVA, P. S. L.; LIMA SILVA, M. A.; PRZEMYSLAW, R.; MONTEIRO, M. E. D.. Quem está pirando no Rio de Janeiro: as transformações da demanda de psicoterapia. *Ciência e Cultura*, v. 35, n. 8, p. 1078-1100, 1983.

SOUZA, J. *A tolice da inteligência brasileira*. São Paulo: Leya, 2015.

SOUZA, J. *Os batalhadores brasileiros*. Belo Horizonte: Editora UFMG, 2010.

STREECK, W. *Tempo comprado do capitalismo democrático*. São Paulo: Boitempo, 2018.

VALLADARES, C. L. M. *História da Psicanálise: São Paulo (1920-1969)*. São Paulo: Escuta, 2006.

VELHO, G. *Subjetividade e sociedade: uma experiência de geração*. Rio de Janeiro: Jorge Zahar, 1986.

O Brasil da barbárie à desumanização neoliberal: do "Pacto edípico e pacto social", de Hélio Pellegrino, ao "E daí?", de Jair Bolsonaro[1]

Nelson da Silva Junior

No Diálogo de Platão que leva o seu nome, Protágoras conta uma das versões do mito de origem da civilização. É uma narrativa em dois tempos, cujas diferenças marcam bem a periculosidade do neoliberalismo em sua relação com a violência humana por assim dizer natural. No primeiro tempo, o titã Epimeteu distribuiu apressadamente todas as virtudes aos animais. Quando chegou a vez dos homens, não havia mais nada a dar e assim garantir sua sobrevivência: nem garras, nem dentes afiados, nem peles de couro. Para não deixar os homens perecerem, seu irmão, Prometeu, rouba o fogo de Hefesto e o saber técnico de Atena, certo de que isso bastaria para salvar a raça humana. Ainda assim, essa frágil espécie continuava ameaçada pela natureza e pelos animais selvagens. É que as tentativas que os homens faziam para se reunirem acabavam em agressões e ferimentos mútuos, e eles se dispersavam, perecendo sozinhos novamente. Temos então o segundo tempo do mito: Zeus, diante do risco de extinção da raça humana, abre mão de um saber que lhe é exclusivo no Olimpo: a política. Convoca Hermes e o instrui a distribuir o pudor e justiça entre os homens. Mas Zeus adverte que essas habilidades deveriam ser distribuídas por igual a todos. Pois, diferentemente das outras habilidades, só seria possível a criação dos laços de amizade e a obediência

---

[1] A primeira versão deste texto foi apresentada sob o título "O neoliberalismo e seu pacto social: a crueldade sem álibi no sujeito livre", na Jornada do Círculo Psicanalítico de Pernambuco em Recife, dias 18 e 19 de outubro de 2019, sobre o tema "Édipo e liberdade: a psicanálise entre a clínica e o pacto social".

às leis se todos recebessem essas virtudes em igual proporção. Modo de dizer que a vida política no sentido grego, depende não apenas da razão, mas também da qualidade dos afetos, do respeito pela opinião dos outros e da obediência às leis. Sinal de que as modalidades de afeto em jogo são inseparáveis da política de uma sociedade (Safatle, 2015).

Atenas se reconhecia como superior às outras cidades gregas e aos bárbaros precisamente por isso. Sem o respeito pela opinião dos outros e a obediência às leis, a pólis, a vida em comum estava em constante ameaça de dissolução. Em outros termos, é possível perder o pudor e a justiça, perder a existência política e conservar o saber técnico, o domínio do fogo e o saber técnico. Não se retorna à barbárie das origens, mas a um momento evidentemente mais perigoso, aquele da racionalidade instrumental pura, do poder técnico. Um bom nome para esse estágio intermediário entre a barbárie e a vida em sociedade é aquele de desumanização, que, em sua conotação cotidiana, é sinônimo de "crueldade", "frieza" e "impiedade". Cabe examinar a diferença entre expressões da violência nos momentos que podemos chamar de barbárie e de desumanização para compreender a história política nacional recente. Diferença imprescindível, pois ela ilumina a diferença entre a estrutura social subjacente ao primeiro diagnóstico psicanalítico da cultura brasileira, feito por Hélio Pellegrino, e aquele que podemos fazer hoje. Diferença promovida por um novo discurso sobre a política e, portanto, sobre a vida em comum. Esse discurso, aquele do neoliberalismo, vale como um mito da civilização simetricamente inverso ao relatado por Protágoras: propõe que a vida social deva ser tecnicamente administrada, suprime a dimensão afetiva de pudor e ressignifica a noção de justiça das instituições que regulam as relações sociais. Resulta desse regresso ao fogo e ao saber técnico o surgimento de formas de violência distintas daquelas que foram diagnosticadas por Hélio Pellegrino como formas de barbárie no Brasil do início dos anos 1980. Formas que podem ser mais bem descritas pelo nome de desumanas, pois nelas o respeito pela alteridade está ausente.

Há quase 40 anos, quando publicou "Pacto edípico, pacto social", Hélio Pellegrino (1983) foi um dos primeiros a propor um diagnóstico psicanalítico da sociedade brasileira afinado com seu tempo e sua situação política. Esse diagnóstico, contudo, não é mais válido hoje, e cabe discutir qual seria atualmente um diagnóstico adequado ao caso brasileiro. A questão é pertinente por três motivos. Em primeiro lugar, houve uma alteração em escala global do espectro sintomático que chega à clínica psicanalítica, que tem se confrontado mais insistentemente com formas de sofrimento estruturadas em torno do eixo do narcisismo e dos ideais do que com aquelas das neuroses clássicas.[2] Em segundo lugar, a paisagem política e social brasileira se alterou de modo radical. A sede por liberdade após quase 20 anos de ditadura militar, que era o contexto da publicação do texto de Hélio Pellegrino, diante da crescente desigualdade na sociedade, deu lugar ao ressentimento contra a política tradicional e a uma clara tendência ao conservadorismo na população, tendência que lembra inquietantemente o período anterior ao golpe militar. Tal conservadorismo tem sido a arma populista mais importante da economia neoliberal, cada vez mais hegemônica no mundo.

Finalmente, o surgimento da internet trouxe consigo novas formas de sociabilidade e alterações na lógica da dominação introduzidas pela tecnologia algorítmica e sua relação com o neoliberalismo. A revolução de tais tecnologias na mídia e, particularmente, seu uso na política é um fato irreversível. Tais tecnologias podem ser descritas com o conceito foucaultiano de *poder pastoral*, em vista do caráter simultaneamente coletivo e individualizado de dominação que elas permitem (Silva Junior, 2019). Essa forma de poder não se exerce apenas com os recursos retóricos, mas age em um nível mais silencioso e sutil, aquele sobre as futuras ações possíveis. Poder, por conseguinte, que se exerce paradoxalmente apenas sobre indivíduos que se pensam e agem como livres. Ora, tais tecnologias foram apropriadas fundamentalmente por setores conservadores da política, donde sua triste hegemonia na maioria dos países. Tal forma de poder está presente no pacto social neoliberal e seus efeitos sobre os modos de sofrimento.

Nesse sentido, é importante notar que a própria manutenção e sucesso do neoliberalismo já é um enigma sociopolítico. Pois seria de se esperar que a crise de 2008 tivesse abalado a crença cega nessa teoria econômica, uma vez que foi o dinheiro público que saldou as contas dos jogos de azar da especulação financeira. Ora, precisamente após essa

---

[2] Tema crítica e amplamente discutido por Christian Dunker no capítulo "A hipótese depressiva" neste livro.

crise de efeitos mundiais, a política neoliberal se fortalece pelo mundo. De fato, cooptada pela eficaz tecnologia da persuasão acima mencionada (Silva Junior, 2019), a população demonstrou uma reação praticamente unânime aos efeitos de pauperização da crise, dando um apoio quase incondicional a um novo conservadorismo neoliberal, abraçando assim o seu tirano como se fosse seu salvador. Reação não desprovida de sentido, se pensarmos que, nos governos de esquerda mais recentes, os pactos sociais e políticos entre os diferentes setores da população só estavam programados para funcionar em momentos de pujança econômica. Diante de momentos de crise, como aquele que o Governo Dilma enfrentou, a conta não foi dividida, e as elites foram como sempre poupadas. Diante de tal traição do pacto social, a adesão da população desfavorecida ao populismo conservador foi prevista antes mesmo que acontecesse nas urnas (Safatle, 2017). Esse foi pelo menos o nosso caso.

Esses três fatores apontam para um esforço necessário para a compreensão do cenário social brasileiro a partir de seus modos de sofrimento. Uma análise dos diferentes modos de praticar a violência pode ser indicativo para entendermos o que mudou em uma camada mais profunda e pouco visível de nossa sociedade. Com efeito, um dos maiores desafios da pesquisa psicanalítica comprometida com a crítica social é precisamente aquele das relações entre a dimensão social e a dimensão singular e subjetiva do sofrimento (Safatle; Silva Junior; Dunker, 2018, Silva Junior, Zangari, 2017). Essa foi a preocupação central do texto de Hélio Pellegrino em questão, e é isso que se deve avaliar passados quase 40 anos, quando pode ser considerada como instalada a hegemonia global da política neoliberal, ainda incipiente na época da publicação do seu texto. Cabe lembrar aqui que há uma forma metodológica de engajamento social da psicanálise, presente em Freud desde o início de sua obra, que parte do princípio de que os sofrimentos que aparecem na clínica psicanalítica não podem ser separados do contexto social (Silva Junior, 1999). Princípio que não é apenas reflexo de uma posição ética e política, decididamente explicitada a partir de 1918 (Danto, 2019), mas que é um organizador do método freudiano de construção teórica apoiado em sua experiência clínica. De fato, uma vez que seus modelos de aparelho psíquico são construídos a partir dos fenômenos normais e patológicos em cada momento da cultura, tais modelos são sempre sociais no sentido estrutural do termo. Ao seguir esse método, a teoria psicanalítica freudiana assume igualmente a historicidade dos sofrimentos individuais e sua dependência do contexto social em que surgem. Podemos afirmar que não há patologia descrita por Freud que não pressuponha a ideia de uma organização social e política que a produza. Em outras palavras, a psicopatologia psicanalítica é simultaneamente uma descrição de *sofrimentos subjetivos* e uma análise crítica das *patologias do social*, ou seja, formas indiretas de crítica aos ideais e às normas sociais enquanto tais, e não apenas sinais do fracasso individual diante desses ideais e normas (SAFATLE; SILVA JUNIOR; DUNKER, 2018).

Este capítulo compreende duas partes. Inicialmente, apresenta as teses do texto de Hélio Pellegrino procurando inseri-las no contexto sociopolítico da época, isto é, no que o autor compreende como o pacto social brasileiro de então. Essa definição permite comparar o pacto social dos anos 1980, momento de ocaso do nacional-desenvolvimentismo, com o pacto social neoliberal, que se firmou a partir dos anos 1990, com o Governo Fernando Henrique Cardoso.

A noção de pacto social, no sentido aqui empregado, pode ser tomada como um correlato ao conceito de modos de subjetivação de Foucault (1994, p. 223), ou seja, formações discursivas e dispositivos sociais nos quais os sujeitos se constituem como tais. Conforme buscamos demonstrar ao longo deste livro, essa dimensão subjetiva não é alheia ao projeto neoliberal, pelo contrário, faz parte de seu funcionamento. Pois o neoliberalismo não é apenas uma teoria ou política econômica, mas uma "racionalidade política que se tornou mundial e que consiste em impor por parte dos governos, na economia, na sociedade e no próprio Estado, a lógica do capital até a converter na forma das subjetividades e na norma das existências" (DARDOT; LAVAL, 2019). Desse modo, pode-se falar que tal racionalidade política exige a produção de um sujeito, com valores morais e formas de sociabilidade adequados a ela. Há um sujeito que foi produzido especificamente pela formação discursiva neoliberal, com suas formas de verdade, seus valores morais, suas instituições sociais. Nesse sujeito, uma ideia precisa de liberdade está presente, a saber, a liberdade se não como independência comportamental, pelo menos como não submissão moral do indivíduo às normas sociais.³ Fundado sobre um modelo de liberdade associal do sujeito, o pacto social no neoliberalismo se organiza sobre uma base contratual, estabelecida supostamente entre sujeitos puramente racionais, em que a submissão moral à Lei não tem lugar. Uma vez traçadas algumas diferenças entre o pacto social brasileiro dos anos 1980 e aquele vigente hoje, será possível examinar como essas diferenças incidem nas patologias do social de cada um desses momentos.

Passando à segunda parte deste trabalho, uma questão central do texto de Hélio Pellegrino é aquela da violência. Hélio Pellegrino parte de um princípio de exclusão mútua entre violência e cultura. Hoje uma nova posição é convocada nessa discussão, e seu argumento está descrito em outra face do complexo de Édipo, pouco explorada, mas presente no pensamento de Freud. Para Freud, o complexo de Édipo certamente produz pacto civilizatório e condição da cultura, mas também gera um problema para esta. Pois, com a introdução da pulsão de morte no aparelho psíquico, os efeitos do pacto civilizatório conquistados pelo processo edípico passam também a representar uma ameaça à própria cultura. Não se pode regatear essa questão em Freud, pois ela é particularmente importante para que se entenda certas patologias do social do neoliberalismo. Além disso, tal transformação na teoria da psicanálise exige que se pense em outras estratégias para o tratamento da crueldade sem álibi dessa pulsão. Um comentário permitirá ilustrar essas outras estratégias a partir do filme *Bacurau*. Finalmente, a reação obscena de Jair Bolsonaro do dia 28 de abril de 2020, seu despudorado "E daí?" diante da informação de que o Brasil atingira um recorde de mortes por covid-19, poderá ser avaliada em sua coerência com a subjetividade neoliberal.

Hélio Pellegrino e a codependência entre o pacto edípico e o pacto social

O diagnóstico de Hélio Pellegrino articula uma série de problemas sociais presentes na época a uma situação socioeconômica precisa. Escrito em um estilo claro, simples, mas contundente, o texto retoma, em sua primeira parte, a hipótese freudiana do complexo de Édipo como processo

---

³ Vide capítulo "Matriz psicológica da episteme neoliberal", neste livro.

de socialização por excelência. Levando a discussão para além dos clichês de desejar a mãe e odiar o pai, Hélio Pellegrino recupera a dimensão socializante do Édipo para a teoria psicanalítica e complementa a hipótese freudiana da entrada de cada um na civilização pelo Édipo ao afirmar uma dependência mútua entre o pacto edípico e o que ele chamou de pacto social. Sem dúvida, uma das originalidades desse texto é a proposta de uma relação de homologação mútua entre o pacto civilizatório, a Lei da cultura, estabelecido pelo complexo de Édipo, e o pacto social, homologação que se concretizaria na idade adulta através das relações de trabalho:

> O trabalho é o elemento mediador fundamental, por cujo intermédio, como adultos, nos inserimos no circuito e intercâmbio social, e nos tornamos de fato e de direito sócios plenos da sociedade humana. *O pacto social sucede – e se articula com – o pacto sexual. Ele confirma e amplia a aliança com a Lei primordial. Ele está para a Lei assim como a crisma está para o batismo, na religião cristã* (Pellegrino, 1983, p. 10, grifos meus).

A riqueza desse modelo está no fato de ele poder ser invertido. Assim, se o sujeito freudiano se constitui como um ser social através do processo edípico, ao perder as estruturas sociais nas quais se formou e se reconhece, ele sofrerá de um mal-estar que atinge sua própria constituição. Analogamente, se o sujeito é afetado na dimensão social de sua constituição, sua relação com a sociedade não pode deixar de sê-lo também. Em outras palavras, a ruptura do pacto social abala o pacto civilizatório em suas bases, tanto nos sujeitos como na sociedade.

Hélio Pellegrino indica que, no capitalismo, dois tipos de ruptura fragilizam o pacto social. Ambos se estruturam a partir na noção de trabalho, mas de modos diferentes. A primeira parte de uma crítica à estrutura da relação do capitalismo com o trabalho, e, apesar de não ser desenvolvida, é importante comentá-la para contextualizarmos sua posição política. Pellegrino retoma o conceito de *mais-repressão*, de Herbert Marcuse, conceito que diagnostica no capitalismo avançado a necessidade de um segundo nível de recalcamento, aquele das consciências, para além do recalcamento pulsional propriamente corporal exigido pelo trabalho. Conceito que aponta para um dos aspectos da forma de subsunção intelectual do trabalhador no mundo corporativo pós-industrial (Prado, 2003), pois não se trata mais da venda da força de trabalho, mas sim da gestão de suas habilidades intelectuais na exploração da mais-valia. Essa gestão depende de uma tecnologia simbólica, capaz de orientar identificações e desejos. Em vista da mais-repressão, o trabalho no capitalismo depende necessariamente de uma dominação do psiquismo do trabalhador. Se pensarmos com Honneth (2003) que a relação com liberdade é um elemento incontornável de qualquer diagnóstico de época, a mais-repressão é uma forma de dominação geradora de um estado cronicamente patológico no trabalhador da pós-grande indústria.

A segunda forma de ruptura de pacto social sustenta a interpretação psicanalítica de Hélio Pellegrino sobre o aumento da violência que a sociedade brasileira testemunhava no início dos anos 1980. Diante da penúria decorrente do desemprego, das agruras da migração, das péssimas condições de saúde que assolavam e assolam ainda hoje a vida dos desfavorecidos, Hélio Pellegrino denuncia a ganância financeira e a desonestidade despudorada dos políticos como marcos incontornáveis da quebra de pacto social do Estado com o trabalhador brasileiro.

As expressões concretas dessa segunda ruptura se dão na crescente precariedade das políticas públicas fundamentais, a saber, a educação e a saúde, fragilizando as estruturas institucionais da sociedade. Em suas expressões simbólicas, tais quebras do pacto social repercutiriam retroativamente no pacto civilizatório conquistado pelo Édipo de cada um. Com a fragilização do pacto civilizatório, toda e qualquer revolta, justificada ou não, seria expressa em atos violentos e no aumento da delinquência. Uma frase sua resume o argumento: "Se o trabalhador for desprezado e agredido pela sociedade, tenderá a desprezá-la e agredi-la até atingir um ponto de ruptura" (Pellegrino, 1983, p. 11).

Considerem-se mais de perto os dois tipos de ruptura com o pacto social destacados por Hélio Pellegrino. Pois, se sua análise se concentra na ruptura do pacto do capital com o trabalho, isso significa que, apesar de o capitalismo ser considerado como uma forma patogênica de trabalho, seguindo Marcuse, ele é também capaz de gerar discursos que funcionam como um pacto social, pacto que, a despeito de possuir uma dimensão patogênica própria, irá gerar uma patologia social adicional caso seja rompido. Pode-se descrever essa diferença do seguinte modo: se trabalho no capitalismo sempre gera um mal-estar, há sempre um modo de piorar a situação com a ruptura de seu pacto. No caso, isso teria se dado pela precarização da vida e por aquilo que Pellegrino denomina de *sociopatia de nossos governantes*. Assim, temos uma crítica ao capitalismo como tal, de um lado, e uma crítica à sua versão abrasileirada, de outro.

Para fazer avançar um pouco mais o argumento de Pellegrino, diga-se que ele é compatível com a descrição de uma terceira forma de sofrimento inerente ao contexto de sua crítica, mas não explicitada pelo autor. De fato, a ruptura com a esfera política não gera apenas um sofrimento advindo da precariedade das condições reais de vida, tampouco somente um sofrimento proveniente da traição de líderes políticos, mas também um sofrimento ligado simultaneamente à perda objetiva das instituições sociais e à perda do lugar subjetivo do sujeito na estrutura social.

Encontraremos um indício desse sofrimento na conclusão de seu texto, quando ele lança uma terceira crítica ao capitalismo, na forma da política de abertura do país a capitais estrangeiros e à privatização de empresas estatais, "opção [que] implantou em nosso País um modelo econômico de capitalismo selvagem, excludente e concentrador de riqueza, que arrastou à miséria e ao desespero a imensa maioria do povo. [Tornando o] trabalho em nossa pátria [...] degradado e aviltado" (Pellegrino, 1983, p. 11). Crítica que diz evidentemente respeito a uma forma globalizada do capitalismo, que começava naqueles anos a se mostrar de modo mais contundente através do mundo: o neoliberalismo.

Foi precisamente no início dos anos 1980 que os primeiros sinais da nova economia neoliberal começaram a se fazer presentes na política econômica nacional, substituindo a política nacional-desenvolvimentista, que enfrentava seus estertores. A apreensão da diferença entre essas duas formas do capitalismo e, portanto, entre natureza do pacto social vigente em cada uma delas é uma condição para que possamos entender as diferenças entre os sofrimentos sociais brasileiros dos anos 1980 e os atuais.

Os pactos sociais do nacional-desenvolvimentismo e do neoliberalismo

No nacional-desenvolvimentismo, vigente no Brasil desde a Era Vargas, o Estado era pensado como uma estrutura cuja função seria o enriquecimento da nação. Isso implicava que o Estado assumisse o próprio fortalecimento e enriquecimento como finalidades imediatas. Assim, fazia sentido que o Estado brasileiro possuísse grandes empresas, principalmente no nível estrutural, como energia, transporte e comunicação. A população, por seu turno, também faz parte desse enriquecimento, e é nesse sentido que o Estado deve se ocupar de sua saúde, sua educação, seus comportamentos e, também, de sua moral. O sociólogo Brasilio Sallum resume bem essa política econômica e seu ocaso nos anos 1980:

> A Era Vargas refere-se metaforicamente a um sistema de dominação enraizado na sociedade e na economia que se perpetuou por mais de meio século na vida brasileira. Começou a ser construído nos anos 30, atingiu o ápice na década de 1970 e desagregou-se paulatinamente a partir dos anos 80. [...] Ao longo desse período, o Estado passou a constituir-se em núcleo organizador da sociedade brasileira e alavanca de construção do capitalismo industrial no país. Quer dizer, tornou-se um Estado de tipo desenvolvimentista. Nos últimos anos da década de 1970, entretanto, essa estrutura complexa de dominação começou a sofrer um processo lento e descontínuo de desgaste (SALLUM, 2000, p. 25).

Observe-se que, nesse projeto político/econômico, o cuidado com a saúde do trabalhador não incluía seu protagonismo político. Nenhuma contradição, portanto, com o regime ditatorial de nossa história, cuja tolerância com manifestações populares só se deu no seu ocaso, desencadeado e reforçado pela incapacidade de gerenciar as repercussões nacionais da crise financeira mundial do final dos anos 1970. Estamos na lógica do *biopoder*, tão bem descrita por Foucault, em que o controle do crescimento da população é um elemento entre outros da ideia do Estado como um fim em si mesmo. Apesar de estar em franca decadência, tal política ainda foi forte o bastante para barrar uma virada súbita ao neoliberalismo com a Constituição de 1988, redigida sob uma chave fortemente ligada ao nacional-desenvolvimentismo. De fato, apenas no Governo Fernando Henrique Cardoso, iniciado em 1994, o governo brasileiro deu passos decisivos para aderir aos princípios neoliberais.

No neoliberalismo, por sua vez, o Estado deixa de ser pensado como um fim em si mesmo e passa a ser concebido como um regulador minimalista do mercado como tal. Assim, não faz mais sentido que ele possua grandes empresas, o que geraria uma competição desleal com a iniciativa privada. Sua função passa a ser aquela de proteger o mercado, tanto pela reformulação de leis quanto pelo monopólio do uso da força. Assim, uma polícia forte deve proteger o mercado de suas ameaças, inclusive aquela da população, que, por suas "más escolhas" permitidas pela democracia, pode vir a prejudicar o mercado livre. Vemos aqui como o campo semântico da palavra "liberdade", presente no termo "neoliberalismo", tem um sentido questionável. De modo coerente, a população, ainda que continue a ser pensada como recurso natural, passa a funcionar também em outra lógica, particularmente no que se refere à relação entre trabalho, desemprego e seus efeitos, como o sofrimento psíquico, o crime e o encarceramento. Lógica na qual não apenas sua mão de obra é continuamente explorada, mas também seus sofrimentos se tornam novos filões do mercado.

De fato, o nacional-desenvolvimentismo e o neoliberalismo se opõem claramente em suas respectivas políticas econômicas do trabalho. Para o primeiro, o ideal é a empregabilidade de toda a mão de obra economicamente ativa. Nesse caso, o raciocínio é que na medida em que produz o máximo, a população custa o mínimo e enriquece o país como um todo. No neoliberalismo, o ideal passa a ser outro. Milton Friedman, um dos principais arautos do neoliberalismo, defende não mais a empregabilidade total, mas a manutenção de um índice ótimo de desemprego, de modo a manter os salários os mais baixos possíveis, aumentando a oferta de mão de obra, enfraquecendo a força de negociação dos sindicatos e aumentando os dividendos provenientes diretamente da mais-valia. Assim, o desemprego, os baixos salários e outras formas de precarização do trabalho, que seriam "quebras do pacto social" no caso do nacional-desenvolvimentismo, transformam-se em "regra do jogo" no caso do neoliberalismo.

De fato, o desemprego talvez seja o melhor exemplo dessa mudança da relação do capitalismo com seus "restos". Não resta dúvida de que o desemprego esteja relacionado à precarização social e ao aumento dos índices de criminalidade, mas, na concepção neoliberal do que é o Estado, o custo estatal do sistema penitenciário pode ser revertido em lucro corporativo pela privatização desse sistema. No caso da saúde, o custo simbólico e moral das doenças ligadas ao desemprego pode ser revertido em lucro no negócio dos seguros saúde e da indústria farmacêutica. De fato, a medicalização da vida, a tradução da tristeza e da humilhação social (Gonçalves Filho, 1998) em depressão e outras patologias se tornou um dos negócios mais lucrativos das *big pharma* (Silva Junior, 2016).

Isso mostra que estamos aqui no polo oposto do Estado do bem-estar e seu pacto social. O que não significa que o neoliberalismo se realize sem qualquer pacto. Se o fato de não haver emprego para todos em nome do dinamismo econômico é elevado ao estatuto de regra aceita pela população, então podemos falar aqui da instituição de um novo pacto social.

Contudo, tal alteração não pode ocorrer sem transformações profundas nas opiniões compartilhadas sobre o que é política e quais são os valores que se tem para uma vida em comum. Transformações que não podem ser meramente retóricas, mas que devem mudar os espíritos, como disse certa vez Margareth Tatcher. Ora, para transformar espíritos, é preciso a produção de um novo discurso no sentido foucaultiano do termo, isto é, novas formas de relações com a verdade, com a moralidade, em suma, novas modos de subjetivação. Dito de outro modo, o neoliberalismo depende da produção de sujeitos que entendam como naturais as formas de precarização social que, no nacional-desenvolvimentismo, seriam rupturas do pacto social. Tal naturalização é obtida através de um longo processo de transformação das formas de vida, incluindo-se aqui o trabalho, a linguagem e o desejo. Por exemplo, o estado de desemprego passa a ser renomeado como um convite à iniciativa e ao empreendedorismo de cada um. Se ele é uma possibilidade do jogo desde o início, quando ele ocorre, sua causa só pode ser a incompetência do jogador. Em outras palavras, o responsável pelo desemprego é o próprio desempregado. Coerentemente, toda proteção ao trabalho deve ser ressignificada como proteção à preguiça, à falta de iniciativa, ou como infantilização do cidadão pelo Estado. Ou, para utilizar um termo recentemente introduzido nos discursos morais da economia do país pelo seu ministro Paulo Guedes, a estabilidade do funcionalismo público é uma forma de *parasitismo*. Coerentemente, articula-se a essa visão a ideia de que os impostos são uma apropriação indébita do Estado sobre os indivíduos. Discursos que se constituem sobre o princípio de que o sujeito e os outros, o indivíduo e a sociedade estão em uma relação de oposição e exclusão mútua.

Ora, "três ou quatro decênios de neoliberalização afetaram profundamente a própria sociedade, instalando em todos os aspectos das relações sociais situações de rivalidade, de precariedade, de incerteza, de empobrecimento absoluto e relativo" (Dardot; Laval, 2019). Retomemos a história dessa lenta, mas progressiva e sólida reconstrução discursiva do sujeito pelo movimento neoliberal, do seu início, nos anos 1970, até sua forma final, aquela do sujeito-empresa, vigente desde os anos 1990.

O nascimento do sujeito-empresa, sua versão de liberdade e o pacto social neoliberal

Retornemos aos anos 1960, quando o ego sobe à cena como um valor em si na cultura contemporânea. Nessa época, o ego, o si mesmo ou, ainda mais precisamente, o *self* começa a ser tomado como objeto de discursos que elevam o prazer e a harmonia consigo mesmo à categoria de um dever moral. Nesse tempo, tal reafirmação egoica tem aceitação social crescente e mesmo uma incipiente função revolucionária. Formas alternativas de viver em comunidade, de organizar relações amorosas em novos tipos de agrupamento, diferentes dos casais e das famílias tradicionais, assim como a descoberta do corpo e da sexualidade, redirecionam-se a partir de ideais de harmonia consigo e com a natureza. Das revoltas estudantis de Maio de 1968, em Paris, ao movimento hippie e o emblemático fato social que foi Woodstock, todos aspiram por novidade, pela ultrapassagem do antigo a partir da exploração da interioridade e da sensibilidade. Herbert Marcuse, comentado anteriormente, foi um dos grandes mentores intelectuais dessa forma de oposição ao capitalismo e suas patologias sociais, baseada na revolução tanto das estruturas institucionais do capitalismo quanto na da sensibilidade.

Mas as tentativas de oposição ao sistema pelos jovens dos anos 1960 foram violentamente reprimidas pelas forças do Estado. A partir daí, a semântica da revolução pela sensibilidade sofre uma guinada espacial que a dirige exclusivamente para a interioridade. Os efeitos da vida em uma sociedade corrupta e injusta deveriam ser extirpados não mais pelas manifestações e pela luta armada nas ruas, mas sim a partir de dentro, do interior dos sujeitos. O ativismo político explícito se metamorfoseou em uma forma de revolução interna que deveria, pela progressiva expansão em cadeia das novas sensibilidades, silenciosamente provocar a revolução almejada. No início dos anos 1970, a intimidade altera a estratégia da transformação social. Não se desce mais às ruas, pois a busca do aperfeiçoamento pessoal solitário vem em primeiro lugar. Uma onda de terapias de autoconhecimento se espalha pelo mundo, e junto delas a psicanálise. Na França, por exemplo, é nesse movimento de interiorização da revolução que muitos jovens decepcionados com o fracasso da revolução de Maio de 1968 abandonam o maoísmo e passam a frequentar os seminários de Jacques Lacan.

A ascensão dessa modalidade associal de indivíduo à realidade última, à frente da realidade social compartilhada, encaixar-se-ia com perfeição no projeto político neoliberal incipiente dos anos 1970, a saber, a ideia de que o governo devesse ser reduzido a um mínimo possível, e seus serviços e deveres fossem repassados a empresas privadas. Mas os sujeitos autocentrados de então ainda não eram pensados como indivíduo-empresa, como ocorreria a partir dos anos 1980. Ao longo da década de 1970, a retórica egoica faz sua lenta fermentação e se dissemina pelo espaço social, tornando-se o epicentro de discussões acadêmicas de vários campos, da economia às psicoterapias, dos recursos humanos à educação, imprimindo novos sentidos à egolatria da época.

Mas esse passo do *self* para o âmbito institucional não aconteceu por acaso.

Desde seu nascimento oficial, em 1947, com a fundação da Sociedade Mont Pèlerin, os teóricos do neoliberalismo destacaram a importância de uma atuação decidida na cultura, de modo a combater a ameaça da "ideologia socialista", como se diz hoje. Apesar de ter estado nos planos por mais 20 anos, será apenas a partir da década de 1970 que essas teorias começariam a se concretizar em interesses acadêmicos, em objetos de publicidade e em políticas governamentais, como na participação no golpe do Chile, feito por Pinochet, cujo Ministério da Economia era formado por egressos da Escola de Chicago, a mesma onde o supracitado ministro da Economia, Paulo Guedes, obteve seu doutorado. Ora, em sua difusão na cultura, o neoliberalismo deve redefinir o que é um sujeito e o tipo de liberdade que lhe cabe. Esse sujeito será exclusivamente racional em suas escolhas, e sua liberdade será pensada como uma autonomia sem heteronomia, isto é, como lei interior sem vínculo ou relação com a lei exterior. Essas novas definições de sujeito foram promovidas por um movimento de ampliação inédito do campo de objetos da economia realizado por alguns dos teóricos do neoliberalismo.

A mais radical delas foi realizada pelo Prêmio Nobel de Economia Gary Becker, segundo a qual o ego é pensado no interior de uma categoria epistemológica que o emancipa de toda espessura moral e o reduz a uma racionalidade exclusivamente prática. Para Becker, o ego é apenas *uma das formas de unidade decisória* entre possibilidades incompatíveis. Tal unidade decisória pode ser um sujeito, uma família, uma empresa ou uma nação. O importante para o laureado é que qualquer comportamento humano deva ser sempre considerado como uma "escolha racional entre objetivos excludentes visando a maximização de utilidades" (Becker, 1990, p. 5). Becker ficou famoso por ser o criador do conceito de "capital humano" (Becker, 1993), propondo a ideia de que a educação deva ser pensada como um investimento financeiro equivalente a qualquer outro. O exemplo da educação é apenas a faceta mais conhecida de sua obra, que propõe a equação custo-benefício como a categoria fundamental da existência em todos seus âmbitos. Assim, investir na própria formação ou numa viagem, na saúde ou no prazer imediato de um cigarro são escolhas de um ego racional que responderá pelos ganhos e perdas futuros de suas opções. Lentamente, mas de modo inevitável, o conceito de "capital humano" se espalha pela sociedade, ressignificando a função da formação acadêmica na vida social e deslocando o peso do conhecimento adquirido para os rendimentos que ele possibilita. A faceta performativa desse modo de subjetivação se revela aqui com clareza, pois, ao investir financeiramente na própria formação, o sujeito se concebe necessariamente como uma empresa que deve prospectar novos mercados e optar pelas possibilidades mais lucrativas e seguras.

Nos anos FHC, por exemplo, pudemos testemunhar esse princípio se transmutar em novas políticas públicas da educação superior brasileira. Políticas construídas pela redefinição da função da formação universitária a partir da ideia de *habilidades e competências* e pelo incentivo fiscal dado às instituições privadas. Esse é apenas um exemplo, entre muitos outros possíveis, para marcar no tempo o visto de entrada do sujeito empresa em território nacional. Mas voltemos ao ego proposto pelos teóricos do neoliberalismo.

Ainda que suas pesquisas tenham objetos presentes no cotidiano imediato das pessoas, como a educação, o grau de abstração da definição de Becker para o ego o inviabiliza para o uso de uma retórica apelativa ao gosto popular. Para que pudesse se tornar uma forma social capaz de votar, esse ego da teoria econômica de Becker sofreria ainda outra inflexão de sentido no final dos anos 1970 e início dos anos 1980. Dessa vez, uma inflexão explicitamente moral. Isso foi obtido com livros de sucesso como *A revolta de Atlas*, de Ayn Rand (2012), e o *best-seller* de outro Prêmio Nobel de Economia, Friedrich Hayek, *O caminho da servidão* (HAYEK, 2010). Esses e outros autores imprimiram uma nova guinada moral na retórica egoica do imaginário social, passando da ideia ainda abstrata do ego do autor de *Capital humano* para a semântica heroica do ego livre, empreendedor e conquistador incansável de novas oportunidades. No universo dos recursos humanos, esse novo ego serviu como uma luva na crise do petróleo do final dos anos 1970, momento que as empresas se concentraram em reduzir gastos com direitos trabalhistas nos programas de demissão em massa.

O ego neoliberal dos anos 1980 já estava assim devidamente vestido de um imaginário moral acessível ao grande público e, portanto, em condições de exercer seu papel cívico pelo voto. A ideia de que o Estado deveria compensar ou minimizar a injustiça social estrutural provocada pelo capitalismo não era mais uma verdade evidente para as massas. Toda função assistencial do Estado passou a ser olhada com suspeita, como uma forma de fomentar uma sociedade composta de sujeitos dependentes, preguiçosos e incapazes. Se nos anos 1970 ela é incipiente, no início dos anos 1980 esta narrativa é hegemônica na vida social dos países desenvolvidos, como demonstram as vitórias eleitorais de Reagan e Tatcher no início dos anos 1980.

A diferença na representação social do ego ao longo de 20 anos de gestação do sujeito neoliberal, desde o ego da revolução interior até o ego-empresa, pode ser bem resumida por duas máximas. Nos anos 1970, quando o apelo à sensibilidade e à autoexpressão ainda eram valores socialmente compartilhados, o *slogan* "Faça de sua vida uma obra de arte" ainda era possível. Nos anos 1990, o sujeito neoliberal estava crescido e pronto para atuar no mundo. Uma das melhores ilustrações do novo individualismo viria a ser dada, na década seguinte, pelo título de uma revista de grande circulação entre os nossos jovens: *Você S.A.*, sintagma do conceito de indivíduo-empresa, convocado pelo discurso anônimo e imperativo do mercado.

Fica claro que mais do que mera teoria econômica, o neoliberalismo é uma formação discursiva no sentido foucaultiano, que configura um novo pacto social. Segundo Foucault, uma formação discursiva é uma matriz de produção de discursos que atravessa diferentes âmbitos da cultura. Em primeiro lugar, seus jogos de verdade, isto é, sua concepção de ciência. Em segundo lugar, sua concepção do que é o Estado, ou seja, sua ideia de política, e, finalmente, seus modos de subjetivação, ou seja, os modos de objetivação do que é ser um sujeito. É nesse sentido que o neoliberalismo pode ser examinado como uma formação discursiva: uma concepção de governo protetor do mercado, uma concepção de ciência submetida à tecnologia e ao capital, e uma concepção de sujeito cuja liberdade depende do seu caráter associal.

Liberdade e pacto social no neoliberalismo: a mão invisível do mercado

Em vista de uma tomada de perspectiva histórica, retomemos a ideia de liberdade na Grécia antiga, onde ela era pensada sob dois vértices de significação. Por um lado, *eleutheria*, que define a condição da pólis não submetida à dominação exterior. Por outro, *autonomia*, que significa literalmente "lei própria", *auto-nomos*, e que diferenciava a ação racional do homem livre em oposição ao agir sem lei nem ordem próprias, submetido às forças externas, no caso do escravo, ou internas, a exemplo dos afetos. Mas os gregos entendiam a liberdade ligada à autonomia em um sentido muito preciso, diferente do nosso, e que merece uma especificação. A autonomia grega não podia ser separada de uma ideia de racionalidade no mundo. Não por acaso, o que entendemos hoje por *cosmos*, universo, em grego antigo significa "ordem". *Autonomia* e *ordem* eram inseparáveis. Assim, o homem autônomo, livremente racional, era também aquele que reconhecia a lei e o *cosmos* em si mesmo e que agia de acordo com essa ordem que o transcendia. Esse sentido de autonomia se altera na Modernidade, quando ocorre uma interiorização da razão, e o universo exterior perde seu valor de fenômeno da ordem imutável. Nessa moderna tópica, o sujeito livre é aquele que coincide com *a origem da lei e da ordem*. Mas essa definição de sujeito como sede da razão ainda toma como uma tarefa para si a exigência de pensar a moral social, como em Kant, por exemplo, e sua *Crítica da razão prática*. O neoliberalismo virá a alterar drasticamente essa tarefa ética da razão, reduzindo-a a uma forma de contrato civil entre os sujeitos sem responsabilidade pelo seu outro. Contrato social que passa a ser fundado sobre o direito individual à propriedade. Retomemos aqui um dos grandes teóricos do neoliberalismo, o austríaco Friedrich Hayek.

Hayek (1968) entendia que o Estado deveria limitar-se a garantir o bom funcionamento da livre-concorrência, definindo regras para garantir as condições do bom funcionamento da economia. A função do governo seria aquela da proteção das liberdades individuais, isto é, aquela capaz de garantir que os indivíduos pudessem agir unicamente motivados por seus interesses próprios. Claro está que a noção de liberdade em Hayek é sempre sinônimo de liberdade individual sem submissão ao outro ou à sociedade. Levar em conta a coletividade como uma realidade independente dos indivíduos conduziria necessariamente a experiências totalitárias, cujos paradigmas, para o autor, seriam o nazismo, o socialismo e até mesmo o Estado do bem-estar social do pós-guerra. Nesse conceito de liberdade fica claro que o modelo de sujeito é aquele de um indivíduo independente dos outros, não submetido a norma alguma e, em sua essência, concebido em uma relação de exclusão mútua com o outro.

A título de exemplo da hegemonia dessa noção de liberdade no neoliberalismo, gostaria de retomar aqui o sujeito da ação de Gary Becker, sujeito pensado exclusivamente como operador de cálculos de custo-benefício entre possibilidades excludentes. A liberdade implícita nessa noção de sujeito exclui *a priori* a ideia de uma submissão moral à lei e uma vinculação afetiva ao outro com valor fundante, isto é, como um elemento constitutivo do sujeito. O sujeito exclusivamente racional de Becker leva em conta suas relações com a lei apenas no interior de um cálculo entre os benefícios do crime e o risco do castigo. De fato, foi precisamente com essa operação conceitual que Gary Becker revolucionou o debate sobre a criminalidade em 1968, quando publicou seu artigo "Crime e castigo: uma abordagem econômica" (BECKER, 1968). É o próprio Becker que nos relata a origem de sua ideia:

> Comecei a pensar em crime na década de 1960, depois de dirigir até a Universidade de Columbia para um exame oral de um estudante de teoria econômica. Estava atrasado e tive de decidir rapidamente se colocaria o carro em um estacionamento ou se arriscaria a levar uma multa por estacionar ilegalmente na rua.

> Eu calculei a probabilidade de levar uma multa, o tamanho da penalidade e o custo de colocar o carro em uma vaga livre. Decidi que valia a pena correr o risco e estacionar na rua. (Eu não paguei por um tíquete pela vaga) (BECKER, 1968, p. 41).

Com esse exemplo, já é possível traçar em linhas gerais o modo como o neoliberalismo concebe seu pacto social. Se a grande bandeira do neoliberalismo é pensar formas de governo que garantam a liberdade individual, essas formas devem ser a cada vez submetidas a uma escolha do sujeito, e nunca impostas a ele. Trata-se de uma escolha racional, baseada em um cálculo custo-benefício. Em hipótese alguma a ideia de uma submissão ao governo por motivos morais seria compatível com a manutenção da liberdade individual acima da lei comum. Toda associação deve ser, por conseguinte, uma associação contratual racional, com definições de dívidas e formas de pagamento, assim como penalidades objetivas para o cancelamento dos contratos. Caberá apenas à escolha racional de cada um, escolha racional entendida como cálculo de custo-benefício, o respeito ou não a esse pacto. Na matriz conceitual do sujeito ideal do neoliberalismo, o *homo œconomicus* funciona em "uma mecânica certamente egoísta, mas sobretudo sem transcendência: ele não cessa jamais o processo de maximização de sua utilidade em nome de exigências apresentadas como 'superiores'" (LAGASNERIE, 2012, p. 154). Ela exclui precisamente a base afetiva sobre a qual o mito de Protágoras funda a política, a saber, o pudor e a expectativa de reconhecimento nela implicada.

Ora, essa noção de liberdade pensada como essencialmente impermeável a qualquer forma de alteridade tem sido o objeto de uma longa tradição crítica sobre as patologias do social. Axel Honneth (2003) tem o mérito de ter recuperado a vitalidade filosófica dessa crítica na atualidade, que se formaliza em Hegel, para quem essa noção de liberdade associal resultaria necessariamente no sofrimento de indeterminação, ou seja, uma forma de autoafirmação infinita e vazia, como também na inação crônica. O exemplo hegeliano disso que ele denomina de *patologias da liberdade* seria a subjetividade romântica.

Para Honneth, outros desdobramentos dessa crítica a uma noção de liberdade individual sem transcendência se encontram na tradição propriamente sociológica recente, com Christopher Lasch (1983), com o conceito de sociedade do narcisismo, e Alain Ehrenberg (1998) e sua denúncia do culto à performance em nossa cultura e a depressão como sua consequência. Teses que seguem o princípio comum de que os modos de sofrimento devem ser entendidos como modos de inadequação do sujeito frente aos ideais de seu tempo. Faz sentido: num tempo em que os ideais são a soberania absoluta da vontade individual sobre seu próprio destino, qualquer falha possui o valor de fraqueza, incompetência, covardia e falta de vontade.

O pacto edípico e a crueldade sem álibi da pulsão de morte

Apesar da importância dessa via de reflexão sobre as patologias do social, ela é marginal no fenômeno da violência tal como ele foi abordado por Hélio Pellegrino, uma vez que nos anos 1980 ela ainda não possuía uma dimensão propriamente sociológica no Brasil, isto é, objetivada em discursos que definissem o modo como as pessoas se viam. Cito o autor, que conclui comentando sobre os efeitos da quebra do pacto social sobre o pacto civilizatório:

> É essa a chave psicanalítica para compreensão do surto crescente de violência e delinquência que dilacera o tecido social brasileiro nas grandes cidades. Existe, em nosso País, uma guerra civil crônica sob a forma de assaltos, roubos, assassinatos, estupros – e outras gentilezas do gênero. *Esta guerra foi declarada e é mantida pelo capitalismo selvagem brasileiro, pela cupidez e brutal egoísmo das classes dominantes, nacionais e multinacionais, que o sustentaram e expandiram às custas da miséria do povo* (PELLEGRINO, 1983, p. 11, grifos meus).

Note-se que uma dupla lógica orienta a compreensão de Hélio Pellegrino sobre a violência. Por um lado, uma lógica de regressão no eixo da economia psíquica, posta em movimento pela quebra do pacto social e seu efeito desestabilizador do pacto civilizatório, ou edípico. Tal regressão leva o psiquismo a se satisfazer segundo o processo primário, ou seja, pela satisfação imediata. A impulsividade se torna o modo de satisfação tanto das pulsões eróticas quanto das agressivas, donde se infere uma das causas da violência. Por outro lado, esta última também resulta da instauração de relações sociais baseadas na lei do Talião: olho por olho, dente por dente. A "cupidez e brutal egoísmo das classes dominantes", nesse caso, é paga com uma "uma guerra civil crônica sob a forma de assaltos, roubos, assassinatos, estupros" pelas classes desfavorecidas. A satisfação aqui em jogo é a da justiça pelas próprias mãos, outro nome para vingança. Em que pesem as diferenças dessas duas lógicas, a primeira, pulsional, e a segunda, simbólica, elas se reforçam mutuamente e confluem para os fenômenos de violência enumerados por Pellegrino.

Passados quase 40 anos desse texto, cabe refletir sobre sua atualidade a partir algumas diferenças nas modalidades de violência presentes na sociedade brasileira atual e na de então. Uma nova modalidade de violência está indubitavelmente em vigor, em que chama a atenção seu caráter desumano, ou seja, tipos de violência em que as vítimas são privadas de sua humanidade no ato da agressão.[4]

Ora, a violência desumana, em que é inegável a maldade gratuita como um motor, é um fenômeno antigo como a humanidade. E, contudo, apenas a partir do século XVI foi que surgiram sinistras formas de articulação entre a violência desumana e a racionalidade, em genocídios ligados à colonização, à escravidão, ao Holocausto e à administração Stalinista. Essa articulação indica que a racionalidade técnica tem sido um instrumento inseparável da violência desumana.

Poderíamos compreender essa prontidão da razão a se colocar a serviço da agressividade apenas como uma das formas de expressão da racionalização descrita por Freud em *A negação* (FREUD, 1925), por exemplo.

---

[4] Alguns eventos marcantes pontuam o início dessa nova lógica da violência no território nacional. A título de exemplo, que se relembrem aqui de dois casos que marcaram a entrada da maldade gratuita na história nacional, pelo menos no que se refere ao espaço que tiveram na mídia. "Na madrugada de 20 de abril de 1997, cinco rapazes de classe média-alta de Brasília atearam fogo ao índio pataxó Galdino Jesus dos Santos, 45 anos, que dormia sob um cobertor numa parada de ônibus, confundindo-o com um mendigo. Galdino dormia num ponto da Quadra 703 Sul, após ter participado de uma manifestação por ocasião do Dia do Índio. Morreu horas depois. No interrogatório, Antônio Novely Vilanova, um dos autores do crime, declara que 'Na hora que passamos pelo cara [o índio] o assunto era pegadinha. Pensamos em fazer uma pegadinha. [...] A mídia divulga a gente como uns monstros. Eu não sou nenhum monstro'. No Rio de Janeiro, em 2007, cinco jovens classe média-alta avistaram uma mulher, uma empregada doméstica, aparentemente confundida por uma garota de programa, no ponto de ônibus. Foram até ela e espancaram-na. Sirlei, que estava indo ao trabalho, teve múltiplos ferimentos – inclusive um braço quebrado. No seu caso, os cinco acusados alegaram ter confundido a mulher com uma prostituta e afirmaram que a intenção do grupo era 'zoar as putas'" (BRULHART-DONOSO, 2011, p. 22-24). A lista é imensa e não se restringe ao território nacional, naturalmente.

Contudo, fundamentalmente a partir de 1920, Freud faz uma revisão das relações entre a dimensão simbólica e a dimensão pulsional dos discursos nas sociedades civilizadas. Nessa revisão, sociedades nas quais os processos de racionalização são hegemônicos, longe de realizarem apenas um melhor recalcamento de desejos socialmente inconfessáveis, são também aquelas mais sujeitas a expressões desumanas de agressividade. Forma de compreensão das articulações entre racionalidade e pulsionalidade, em que uma dimensão causal inédita é apresentada. Nela a racionalidade produz formas de violência que são ao mesmo tempo simbolicamente estruturadas e inumanas em suas expressões.

Esse ponto é central em nossa discussão. Pois essas expressões de maldade gratuita na cultura nacional são resultado de dinâmicas psíquicas diferentes daquelas descritas por Hélio Pellegrino. Dinâmicas que se alimentam e são mantidas pela racionalidade administrativa como princípio formal da política proposta pelo discurso neoliberal. Assim como no caso da hipótese de Pellegrino, que apontava como causa da barbárie social uma certa versão selvagem do capitalismo à brasileira, essas novas dinâmicas possuem uma dimensão na economia psíquica e uma dimensão social da economia que se fortalecem mutuamente. Em sua dimensão social, elas são sustentadas por um discurso moral que afirma que, para o sujeito livre, a submissão à lei é uma escolha racional, baseada em um cálculo de custo-benefício. Mas, em sua dimensão de economia psíquica, elas se nutrem de uma dinâmica que merece ser apresentada em detalhes no âmbito da teoria freudiana.

No coração da economia psíquica dessa forma de violência despertada pelo neoliberalismo está o conceito de *pulsão de morte*, que permitiu que se reconhecesse no psiquismo a presença de uma forma de crueldade sem álibi (Derrida, 2001), isto é, sem desculpas instrumentais. Sem que se leve em conta essa posição extremamente radical de Freud, algo essencial da contribuição psicanalítica sobre a violência será perdido. De fato, a partir de 1920, Freud dá à agressividade um novo estatuto, aquele de causa final. Assim, ela não será compreendida como efeito da frustração ou das injustiças sociais do capitalismo, mas é inerente ao próprio processo civilizatório.

Vejamos em suas linhas gerais seu argumento, apresentado nos capítulos IV e V de *O eu e o isso*, de 1923. Em primeiro lugar, Freud afirma que o complexo de Édipo depende da transformação dos investimentos libidinais nos pais em identificações que constituem o supereu. O segundo ponto de sua argumentação é que esse processo de transformação é também a condição necessária a qualquer sublimação, ou seja, para haver uma substituição dos objetos eróticos pelos objetos valorizados culturalmente, é preciso que sua carga libidinal seja primeiramente transformada em investimento narcísico através da identificação. Contudo – e esse é o terceiro passo do argumento –, tal transformação tem o efeito de enfraquecer Eros em sua capacidade de se vincular com a pulsão de morte. Isso significa que toda sublimação produz sempre a desfusão pulsional como resto. Com a desfusão pulsional oriunda da constituição do supereu, os alvos de Eros e da pulsão de morte se separam. Com isso, a pulsão de morte passa a buscar realizar seu destino de modo independente. No melhor dos casos, ela parcialmente se refusiona com Eros, estruturando o masoquismo moral no eixo entre o eu e o supereu, e parcialmente se dirige ao exterior sob a forma de sadismo.

Além de *O eu e o isso*, de 1923, pelo menos dois outros textos importantes de Freud, "O problema econômico do masoquismo", de 1924, e *O mal-estar na cultura*, de 1930, apresentam esse efeito indiscutivelmente nocivo do pacto civilizatório. Observe-se que não apenas as formas excessivas de idealização seriam patogênicas, mas também as formas necessárias dos ideais para a organização social, começando pelo supereu, de modo que é precisamente aquilo que permite o sujeito entrar na cultura, o próprio complexo de Édipo, que traz consigo o incremento da agressividade para além de qualquer funcionamento instrumental.

Trata-se de um modelo psicanalítico mais apropriado, do ponto de vista da economia psíquica, para a compreensão da relação entre o pacto social do discurso neoliberal no Brasil e as novas formas de violência, marcadas pela gratuidade do mal, que têm pontuado nossa história. A cultura da liberdade individual impermeável à alteridade, promovida pelo neoliberalismo, legitima socialmente a crueldade sem álibi da pulsão de morte. Trata-se de um movimento inverso àquele descrito por Pellegrino entre discurso social e economia pulsional. Lá, a ruptura do pacto social desencadeia a agressividade dos indivíduos. No neoliberalismo, a agressividade, a crueldade sem álibi, é legitimada pelo pacto social em jogo. Essa homologação discursiva racionaliza a violência como inerente à competição ou à salvação do mercado, como foi o caso do aperto de cintos em 2008 para salvar os bancos. Mas não muito. Sempre se pode perceber o ponto em que a crueldade se torna um fim em si mesmo.

Um desses momentos em que o gozo com a morte do outro veio à tona foi aquele do revoltante "E daí?" de Jair Bolsonaro. Desde o início, o governo assumiu suas responsabilidades com a saúde pública de modo ambíguo. Reflexo disso foi a substituição de dois ministros da Saúde com formação médica por um general da ativa. Oficialmente, as políticas de saúde dos dois primeiros ministros não se adequavam às necessidades da retomada econômica do país. Foi quando, no dia 28 de abril de 2020, em boletim divulgado pelo Ministério da Saúde, o número de mortes confirmadas por covid-19 chegava no Brasil a 5.017. Estávamos ainda longe das atuais marcas, superiores a 120.000 mortes, mas isso já era bastante escandaloso. Uma repórter aborda o presidente Jair Bolsonaro: "A gente ultrapassou o número de mortos da China por covid-19". Com uma resposta que chocou pelo seu despudor e deboche, Bolsonaro responde: "E daí?", finalizando em seguida com um chiste descarado entre o próprio nome e o mito de salvação: "Quer que eu faça o quê? Eu sou Messias, mas não faço milagre...".

Conforme demostrou Foucault (2017, p. 1645), na medida em que a biopolítica toma a vida da população como um bem do Estado, ela também dispõe de sua morte. Fazer viver, e deixar morrer são assim indissociáveis, e toda biopolítica é também uma tanatopolítica. A especificidade do pacto neoliberal e seu discurso foi legitimar o gozo com o deixar morrer. Claro está que legitimar gozo com a morte do outro sabota as bases de vínculos sociais consistentes, inviabiliza a política e ameaça a raça dos homens, como bem mostra o mito grego.

Há esperança? Sugestões para a recuperação do pudor

Mas o que diz Freud sobre o futuro da cultura? Pois, se o incremento da agressividade é um efeito da cultura, não podemos eliminá-lo sem dar cabo desta. E, contudo, também não podemos aceitá-lo. Pelo menos não em uma cultura com valores fundados na justiça social e no respeito pela alteridade do outro. Freud abre outras possibilidades para atenuar a agressividade sem negar sua existência, mas sem afirmá-la como um valor. De fato, é possível encontrar exemplos na sociedade que ilustrem essas estratégias intermediárias de enfrentamento do impasse entre cultura e agressividade.

No filme *Bacurau*, de Kleber Mendonça Filho e Juliano Dornelles (2019), por exemplo, o tratamento da agressividade é ilustrado em diferentes formas de pacto social. A cidade de Bacurau representa assim comunidades humanas locais, sem valor produtivo, que só entram no mapa neoliberal como alvos de pilhagem. As formas de expressão da agressividade sem álibi segundo as formas de pacto social que a metabolizam, a saber, o local comunitário, e o global, neoliberal, podem ser lidas nos diferentes regimes de visibilidade pelos quais a agressividade é tematizada no filme.

Por exemplo, a agressividade dos norte-americanos e do coordenador alemão do safári humano a ser realizado em Bacurau é transmitida por câmeras em drones, dispositivos que podem ir a qualquer lugar e mostrar a destruição para a tela do espectador, enquanto este permanece bem fixado em seu ponto de vista, apesar da extrema mobilidade das perspectivas que tem à mão. Metáfora de uma visibilidade que poupa o espectador de se colocar no lugar do outro, sendo assim possível matá--lo com a consciência tranquila, sem empatia nem pudor diante de seu olhar. Não é um acaso que essa forma de visibilidade seja a forma geral do olhar em nosso tempo, olhar em perfeita continuidade com a ideia de liberdade neoliberal como autonomia sem submissão moral à lei, cuja obediência se reduz ao cálculo entre os benefícios da transgressão e os riscos da exposição. O filme mostra a fraqueza dessa forma de pacto social contratual em dois momentos. No primeiro, quando os sulistas brasileiros evocam sua semelhança com os norte-americanos: "O sul do país é rico, industrializado, dizem. Somos iguais a vocês, brancos, descendentes de italianos, alemães". A resposta a essa demanda de reconhecimento que o colonizado faz ao colonizador é simplesmente uma gargalhada e uma rajada de tiros. O segundo momento que mostra a fragilidade desse pacto social se passa entre o próprio grupo dos participantes norte-americanos e o líder e organizador alemão do safári humano. Não encontrando ninguém de Bacurau em sua mira, o líder começa atirando num cachorro e depois passa a alvejar seus próprios clientes. Quando todos estes estão mortos, e nada mais tendo para matar, resolve enfiar o cano da arma em sua própria boca. Ilustração da lógica da pulsão de morte em ação livre, resumível na equação simples: *ou eu te mato, ou eu me mato*.

Temos também um tratamento da agressividade como experiência catártica, presente na repetição dos *10 mais* do personagem Pacote. Nessa experiência, incessantemente repetida pela mídia local, a saber, a grande tela ambulante da camionete que circula pela cidade e os celulares, o povo de Bacurau submerge em horas mortas. Retrato da absorção hipnótica do homem comum pela indústria cultural no cinema, na televisão, nas telas de computador e nos celulares e metáfora da imobilização política do espectador, através da exposição repetida da violência sobre os corpos.

Finalmente, é importante lembrar que temos, do início ao fim do filme, a presença do museu de Bacurau, espaço que mostra e lembra àquela comunidade o seu próprio passado. Museu que mantém na lembrança a violência do cangaço. Pelo museu, esse tempo é narrado e rememorado, mas não revivido. Nesse sentido, uma das cenas mais importantes no filme é aquela em que a mulher encarregada da limpeza do museu, após a chacina, diz à sua ajudante: "Limpe o chão, mas deixe as marcas de sangue nas paredes". Forma de inscrever na história a barbárie presente ao lado das barbáries do passado e assim lembrar que ela sempre estará ali onde estivermos. Barbárie que, inscrita, localiza cada visitante do museu como seu possível autor. Estratégia análoga àquela dos vidros que Francis Bacon colocou sobre algumas de suas telas mais fortes[5]: com o seu reflexo, tais vidros mostram o gozo que as imagens de corpos deformados produzem no olhar do próprio espectador. Talvez assim ele recupere seu pudor.

Referências

BACURAU. Direção: Kleber Mendonça Filho, Juliano Dornelles. Brasil; França, 2019. 2h10min.

BECKER, G. Crime and Punishment: An Economic Approach. *The Journal of Political Economy*, v. 76, n. 2, p. 169-217, Mar.-Apr. 1968.

BECKER, G. *Human Capital: A Theoretical and Empirical Analysis, with Special Reference to Education*. Chicago: The University of Chicago Press, 1993.

---

[5] Para uma leitura metapsicológica do nível de pulsionalidade que esse pintor chega a convocar, cf Sigal, 2000.

BECKER, G. *The Economic Approach to Human Behavior*. Chicago: The University of Chicago Press, 1990.

BECKER, G. The Economic Way of Looking at Life. Nobel Lecture. Dec. 9, 1992. Disponível em: <https://bit.ly/3mvcC16>. Acesso em: 17 set. 2020.

BRÜLHART-DONOSO, M. D. *Estudo psicanalítico sobre a gramática da maldade gratuita.* 2011. 99 f. Dissertação (Mestrado em Psicologia) – Instituto de Psicologia, Universidade de São Paulo, São Paulo, 2011.

DANTO, E. A. *As clínicas públicas de Freud: psicanálise e justiça social*. São Paulo: Perspectiva, 2019.

DARDOT, P.; LAVAL, C. A "nova" fase do neoliberalismo. *Outras Mídias*, 29 jul. 2019. Disponível em: <https://bit.ly/3ltKv0T>. Acesso em: 1º maio 2020.

DERRIDA, J. *Estados da alma da psicanálise: o impossível para além da soberana crueldade*. São Paulo: Escuta, 2001.

EHRENBERG, A. *La fatigue d'être soi: dépression et Société*. Paris: Odile Jacob, 1998.

FISCHER TASCHENBUCH VERLAG, 1982. B. III. p. 213-272.

FISCHER TASCHENBUCH VERLAG, 1982. B. III. p. 273-330.

FISCHER TASCHENBUCH VERLAG, 1982. B. IX. p. 271-286.

FOUCAULT, M. *Dits et écrits IV*. Paris: Gallimard, 1994.

FOUCAULT, M. La technologie politique des individus. *Dits et écrits IV*. Paris: Gallimard, 2017. p. 1645.

FREUD, S. *Das Ich und das Es* [1923]. *In*: *Studienausgabe*. Frankfurt-am-Main:

FREUD, S. Das ökonomische Problem der Masochismus [1924]. *In*: *Studienausgabe*. Frankfurt-am-Main: Fischer Taschenbuch Verlag, 1982. B. III. p. 339-354.

FREUD, S. Das Unbehagen in der Kultur [1930]. *In*: *Studienausgabe*. Frankfurt-am-Main: Fischer Taschenbuch Verlag, 1982. B. IX. p. 191-270.

FREUD, S. Die "kulturelle" Sexualmoral und die moderne Nervosität [1908]. *In*: *Studienausgabe*. Frankfurt-am-Main: Fisher Taschenbuch Verlag, 1982. B. IX. p. 9-32.

FREUD, S. Die Verneinung, (1925) *In*: *Studienausgabe*. Frankfurt-am-Main: Fischer Taschenbuch Verlag, 1982. B. III. P. 371-378.

FREUD, S. *Jenseits des Lustprinzips* [1920]. *In*: *Studienausgabe*. Frankfurt-am-Main:

FREUD, S. Warum Krieg? [1933] *In*: *Studienausgabe*. Frankfurt-am-Main:

GONÇALVES FILHO, J. M. Humilhação social: um problema político em psicologia. *Psicologia USP*, São Paulo, v. 9, n. 2, p. 11-67, 1998.

HAYEK, F. A. *O caminho da servidão*. São Paulo: Instituto Ludwig von Mises Brasil, 2010.

HAYEK, F. A. *The Confusion of Language in Political Thought*. London: The Institute of Economic Affairs, 1968.

HONNETH, A. Patologias da liberdade individual: o diagnóstico hegeliano de época e o presente. Trad. Luiz Repa. *Novos Estudos CEBRAP*, n. 66, p. 77-90, jul. 2003.

LAGASNERIE, G. *La dernière leçon de Michel Foucault: sur le* néolibéralisme, la thérie et la politique. Paris: Fayard, 2012.

LASCH, C. *A cultura do narcisismo.* Rio de Janeiro: Imago, 1983.

PELLEGRINO, H. Pacto edípico, pacto social. *Folha de S.Paulo*, 11 set. 1983. Folhetim.

PRADO, E. F. S. Pós-grande indústria: trabalho imaterial e fetichismo. *Crítica Marxista*, n. 111, set. 2003.

RAND, A. *A revolta de Atlas.* São Paulo: Arqueiro, 2012.

SAFATLE, V. *O circuito dos afetos: corpos políticos, desamparo e o fim do indivíduo.* São Paulo: Cosac Naify, 2015.

SAFATLE, V. *Só mais um esforço.* São Paulo: Três Estrelas, 2017.

SAFATLE, V.; SILVA JUNIOR, N.; DUNKER, C. (Org.). *Patologias do social: arqueologias do sofrimento psíquico.* Belo Horizonte: Autêntica, 2018.

SALLUM, B. O Brasil sob Cardoso: neoliberalismo e desenvolvimentismo. *Tempo Social: Revista de Sociologia da USP*, São Paulo, v. 11, n. 2, p. 23-47, out. 1999 (editado em fev. 2000).

SIGAL, A. M. Francis Bacon e o pânico: uma falha no recalque primário. FUKS, L. B.; FERRAZ, F. C. (Orgs.). *A clínica conta histórias.* São Paulo: Escuta, 2000. p. 217-232.

SILVA JUNIOR, N. Metodologia psicopatológica e ética em psicanálise: o princípio da alteridade hermética. *Revista Latino-Americana de Psicopatologia Fundamental*, São Paulo, v. 3, n. 2, p. 129-138, abr.-jun. 1999.

SILVA JUNIOR, N, ZANGARI, W. (orgs.) A psicologia social e a questão do hífen [livro eletrônico]. – São Paulo: Blucher, 2017. 284 p.

SILVA JUNIOR, N. Epistemologia psiquiátrica e marketing farmacêutico: novos modos de subjetivação. *Stylus Revista de Psicanálise*, Rio de Janeiro, v. 33, p. 227-239, 2016.

SILVA JUNIOR, N. Metodologia psicopatológica e ética em psicanálise: o princípio da alteridade hermética. *Revista Latino-Americana de Psicopatologia Fundamental*, São Paulo, v. 3, n. 2, p. 129-138, abr.-jun. 2000.

SILVA JUNIOR, N. The Politics of Truth and Its Transformations in Neoliberalism: The Subject Supposed to Know in Algorithmic Times. *Filozofski Vestnik*, Ljubljana: SAZU Filozofski Institute, v. 40, n. 3, 2019.

SILVA JUNIOR, N. Um ponto cego de *O mal-estar na cultura*: a ciência na era da instalação. *Estudos Avançados*, São Paulo, v. 31, n. 91, out. 2017.

Sobre os autores

Antonio Neves | Psicólogo pela PUC-SP e granduado em filosofia pela USP, mestrando em Psicologia Social pelo Instituto de Psicologia da USP. Membro do Latesfip e da Rede Clínica Laboratório Jacques Lacan. Psicanalista em formação pelo Departamento de Psicanálise do Instituto Sedes Sapientiae.

Augusto Ismerim | Psicanalista, graduado em Psicologia pela USP. Foi bolsista FAPESP de iniciação científica, investigando as relações entre a psicanálise de Lacan, a filosofia da mente e as ciências naturais. Membro do Latesfip desde 2018, atuando no subgrupo dedicado ao estudo das práticas psiquiátricas contemporâneas.

Christian Dunker | Psicanalista, professor titular em Psicanálise e Psicopatologia no Instituto de Psicologia da USP. Analista membro da Escola dos Fóruns do Campo Lacaniano, duas vezes agraciado com o Prêmio Jabuti, youtuber e articulista da Boitempo e da UOL-Tilt, coordena o Latesfip.

Clarice Paulon | Psicóloga e mestre em Psicologia pela USP, especialista em Gestão em Saúde Pública pela UNICAMP e doutora em Psicologia Clínica pelo Instituto de Psicologia da USP, com estágio sanduíche na Universidade de La Republica, Montevidéu, Uruguai. Pós-doutoranda no Instituto de Psicologia da USP.

Daniel Pereira da Silva | Doutor em Economia pela UNICAMP, É professor da FECAP. Tem como área de estudos a Economia Política e desenvolve, desde sua dissertação e SUA tese, estudos que propõem pensar o sujeito da economia capitalista a partir de uma abordagem psicanalítica.

Daniele Sanches | Psicóloga, psicanalista, mestre em Psicologia Clínica pela PUC-SP, com auxílio de pesquisa CNPq. Doutora em Psicologia Clínica pelo Instituto de Psicologia da USP, com auxílio de pesquisa CAPES, e pós-doutoranda na mesma instituição.

Fábio Franco | Mestre e doutor em Filosofia pela USP, pós-doutorando em Psicologia Clínica no Instituto de Psicologia da USP. Tem experiência em Filosofia e Psicanálise, atuando principalmente nos seguintes temas: psicanálise, teoria das ciências humanas, filosofia política e teoria social.

Fábio Luís Ferreira Nóbrega Franco | Doutor em Filosofia pela USP, pós-doutorando vinculado ao International Research Group on Authoritarianism and Counter-Strategies of the Rosa Luxemburg Stiftung e ao Instituto de Psicologia da USP. Psicanalista membro do Fórum do Campo Lacaniano de São Paulo.

Fabrício Donizete da Costa | Psiquiatra pela UNICAMP, especialista em Psicoterapia pela UNIFESP, mestrando em Psicologia Social no Instituto de Psicologia da USP. Praticante da psicanálise de orientação lacaniana, é também pesquisador do Latesfip, onde investiga a interface entre Psiquiatria, Psicanálise e Neoliberalismo.

Heitor Pestana | Psicólogo e psicanalista, mestre em Psicologia pelo Instituto de Psicologia da USP, membro do Latesfip e do Núcleo de Estudos e Trabalhos Terapêuticos (NETT/USP).

Hugo Lana | Graduado em Filosofia pela USP e em Psicologia pelo Mackenzie, é mestre e doutor em Psicologia Clínica pela USP, instituição onde é coordenador da Rede Clínica do Laboratório Jacques Lacan da e pesquisador do Latesfip.

Julio Cesar Lemes de Castro | Graduado em Jornalismo pela USP, com mestrado e doutorado em Comunicação e Semiótica pela PUC-SP e pós-doutorados em Psicologia Social na USP, em Comunicação e Cultura na UFRJ e em Comunicação e Cultura na Uniso.

Leilane Andreoni | Psicanalista, mestre em Psicologia Social pelo Instituto de Psicologia da USP, com pesquisa em temporalidade, negatividade, filosofia da psicanálise e feminismo.

Luckas Reis Pedroso dos Santos | Psicólogo, é mestrando em Psicologia Social e do Trabalho no Instituto de Psicologia da USP. Membro do Latesfip, pesquisa a dimensão psicológica do aprimoramento humano, transhumanismo e os processos de subjetivação na contemporaneidade neoliberal.

Marcelo Ferretti | Psicanalista e professor de Psicologia e de Filosofia da FGV/EAESP. Coordena um dos sub-grupos de pesquisa do Latesfip e também integra o Projeto Laborar, dedicado ao atendimento de pessoas em sofrimento decorrente do trabalho e vinculado à Clínica do Instituto Sedes Sapientiae.

Marcia Fogaça | Psicanalista, psicóloga pelo Instituto de Psicologia da USP, mestre e doutora em Educação pela USP na linha de pesquisa Psicologia e Educação. Pesquisadora associada do Laboratório de Estudos e Pesquisas Psicanalíticas e Educacionais sobre a Infância Instituto de Psicologia da USP.

Mario Senhorini | Psicanalista com graduação em Psicologia pelo Mackenzie e especialização em Sociopsicologia pela FESPSP. Mestrando no departamento de

Psicologia Social e do Trabalho do Instituto de Psicologia da USP. Coordenador do Círculo de Estudos da Ideia e da Ideologia (CEII) e membro do Latesfip.

Nelson da Silva Jr. | Psicanalista, doutor pela Universidade Paris VII, professor titular do Instituto de Psicologia da USP. Membro do Departamento de Psicanálise do Instituto Sedes Sapientiae e coordenador do Latesfip.

Paulo Beer | Psicólogo e psicanalista, doutor em Psicologia Social pelo Instituto de Psicologia da USP. Membro do Latesfip e da SIPP/ISPP) e coordenador do Núcleo de Estudos e Trabalhos Terapêuticos (NETT).

Pedro Ambra | Professor na PUC-SP, membro da Société Internationale de Psychanalyse et Philosophie (SIPP) e pesquisador do Latesfip. Doutor em Psicologia Social pelo Instituto de Psicologia da USP e em Psychanalyse et Psychopathologie pela Université Paris Diderot.

Rafael Alves Lima | Graduado em Psicologia pela USP, mestre e doutorando em Psicologia Clínica pelo Instituto de Psicologia da mesma instituição. Membro da Rede Clínica do Laboratório Jacques Lacan e do Latesfip, ambos da USP.

Renata Bazzo | Psicanalista, mestre em Psicologia Social pela PUC-SP e doutora pelo Instituto de Psicologia da USP, com estágio na Universidade de Paris 7 – Denis Diderot. É pesquisadora no Latesfip. Publicou artigos e resenhas sobre psicopatologia, psicanálise e metapsicologia freudiana.

Ronaldo Manzi | Graduado em filosofia pela PUC de Goiás e psicanalista pelo Centro de Estudos Psicanalíticos. Mestrado em Filosofia pela USP, doutor em Filosofia pela mesma instituição e pela Radboud Universiteit Nijmegen, Holanda. Pós-doutor em Filosofia e em Psicologia Social pela USP.

Sonia Pitta Coelho | Graduada em Psicologia pela USP, doutora em Álgebra pela mesma instituição. Fez Especialita em Fundamentos Epistemológicos da Psicologia e da Psicanálise pela UNICAMP.

Viviane Cristina Rodrigues Carnizelo | Bacharel em Comunicação Social e em Filosofia pela USP, e mestranda de Filosofia na mesma instituição. Psicanalista em consultório particular, no Centro de Reabilitação Hospital Dia e no Ambulatório de Transtorno Somatoforme do Hospital das Clínicas da USP.

Vladimir Safatle | Doutor em Filosofia pela Université de Paris VIII e professor titular do Departamento de Filosofia da USP. Suas publicações versam sobre psicanálise, teoria do reconhecimento, filosofia da música, filosofia política, filosofia francesa contemporânea e reflexão sobre a tradição dialética pós-hegeliana.

Yasmin Afshar | Mestra em Filosofia pela USP, atualmente é doutoranda em Filosofia Social na Universidade Humboldt de Berlim e associada ao Centro Marc Bloch, instituto franco-alemão de ciências humanas.

Agradecimentos

A Maria Rita Kehl, por suas intervenções em nossos encontros; Ana Paula Salviatti, pela leitura preliminar; aos pesquisadores do Latesfip Cerrado, que testemunham os efeitos de transmissão desta experiência; a José Guillermo Milán-Ramos e aos alunos uruguaios que tornam possível a Jornada do Latesfip na Universidad de la República em Montevidéu; a Lucas Bulhões, que filmou, editou e produziu o material audiovisual de nossos encontros; aos amigos da Sociedade Internacional de Filosofia e Psicanálise, em particular Philipe Van Heaute, Monique David Ménard e Beatriz Santos, que acolheram nossas apresentações em Paris e Estocolmo, bem como a todos os alunos e colaboradores que passaram pelo Latesfip durante esses anos.

Este livro foi composto com tipografia Adobe Garamond Pro
e impresso em papel Off-White 80g/m² na Formato Artes Gráficas.